栄　親

友　衰

危　成

安　壊

命業胎

宿曜占法で子供を育む

上住節子
萩原敬子
前田康晴 編著

大蔵出版

はじめに

人は、幼少期から青年期への人生の成長期に、一生をかけてどんな生き方をし、どんな活動をしたいのかなど、いろいろな夢や理想を追い求めます。そしてその夢を実現すべく、壮年期に渾身の力をふりしぼって、現実と向かい合い、晩年には、その成果を摘み取って、悠々自適の静かな生活を楽しむとされています。

ところが、皆がみなこのように華麗な人生を創造できるとは限りません。その人のもって生まれた資質や能力や環境や運の流れによっては、一生夢も理想もなく、想像を絶する奈落の世界に呻吟することにもなりかねません。

そして世を恨み、人のやっかいになって、晩年を失意のうちに過ごします。

これほど極端ではないとしても、幼少期から様々な不幸を背負って人生を旅する人が、世の中にはたくさんいます。

ある種の家庭では、両親の間に夫婦としての敬愛の情など存在せず、自分たちの分身であるはずのあどけない乳幼児にさえ、親としての慈愛の情を持たず、時には、自分の功利的な欲望を満たす手段に、子供を利用しようとさえします。当然、子供の方にもまた、親に対する感謝や報恩の念など、毛頭ありません。兄弟姉妹も、家族の一員として一体になって互いに助け合おうとせず、父子と兄弟姉妹が、仇敵同士のようにいがみ合うことさえあります。

このような環境で成長すれば、尊く厳かな人格を具えた一箇の人間として、凛とした態度をとれず、良くない友だちと交わったり、〝いじめ〟たり、〝いじめ〟られたりするようになります。そして立派な先生や先輩に巡り会う機会もなく、美しい師弟愛や友情を築き上げることもできず、異性も官能の対象として求めるだけで、純粋な恋愛など経験することもありません。こうして生涯の〝魂の郷里〟とも言うべき青春時代を、無為と徒労のうちに過ごしてしまいます。

私たち人間の一人ひとりが〝小宇宙〟だといわれます。それは、人が宇宙の創造活動の一部だからです。私たち自身、両親の創造活動の過程でこの世に生をうけ、一箇の独立した〝小宇宙〟として、一生涯を創造活動に打ち込んで、自らの個性を無限に開花させていきます。

そして、例えば幼児期には、両親から骨肉の愛を学び、幼少期には、将来、対人関係の基礎ともなるべき兄弟姉妹の愛情と、友人への情義を身につけ、自我に目覚める青年期には、矛盾に満ちた現実に悩みつつ、学問に打ちこみ、師弟愛や異性への憧憬と恋愛を育むといったように、自らの成長過程のそれぞれの時期に、それぞれのテーマ（課題）を、周囲の人びとの助けも借りて、時にはスムーズに、時には悪戦苦闘をしながらこなしていきます。

それをサポートするのが、子育てであり子供の教育です。


それには、ご両親や兄姉、先生や先輩たちが、まず自らはっきりとした人生のテーマを持ち、同時に一人ひとりの子供の個性や資質を、しっかりと把握していなければなりません。その際、非常に強力なサポーターとなるのが『宿曜経（しゅくようきょう）』なのです。

私が『宿曜経』との関連で、子育てと子供の教育について述べたいと思うようになったのは、このような経緯からでした。

幸い、三十数年間大学で教鞭を執った私に加えて、永年《宿曜占法》の勉強をしてこられたお弟子さんの中に、子供の教育に斬新で豊かな経験をお持ちの萩原敬子さんや、高校で教えておられる前田康晴先生がいらっしゃいますので、第一章で私が子育てと教育の理想的な在り方を述べ、第二章でお二方に、それぞれの「宿（しゅく）」のお子さんたちへの対応の仕方の一例を、具体的に分かり易く記していただき、それにコメントを付しておきました。

萩原先生は、永年小・中学校で教鞭を執（と）られ、特に中学校では、高校時代に全国英語弁論大会で優勝された経験を活かし、オーラル＝コミュニケーション教育など、ユニークな教育法を実践されました。そして退職後は、インターネットのホームページ＝デザイナーとして活躍。その一環として「上住節子有心庵・運命学講座」（英語版も含めて）の作成、更新に携（たずさ）わっておられます。

県立高校教諭の前田先生は、千葉県立高校初の課外授業として、「訪問介護員二級取得講座」を開設するなど、斬新なアイディアを導入されて、平成十八年度文部科学大臣優良教員表彰を受賞されています。小論文の作成指導についても定評があり、指導を始めて五年目にはゼロから五名の国立大学合格という、奇跡的な成功を納められました。

最後に、『宿曜占法―人生喜怒哀楽―』に続いて、今回も本書の出版をご企画いただき、いつものように親身にご指導下さいました大蔵出版の谷村英治氏と、草稿の細部にまで目を通してくれた夫・充弘に心からお礼を申し上げます。

親として、兄や姉として、あるいは教師として、子供教育の理念とでも申しましょうか、あるべき子育ての在り方を追求されている方々や、日常的なトラブルの解決に苦慮されている皆さまに、本書が分かり易い道標となってお役に立てば、これに過ぎる喜びはございません。

平成十九年六月軫宿の日

上住節子

目　次

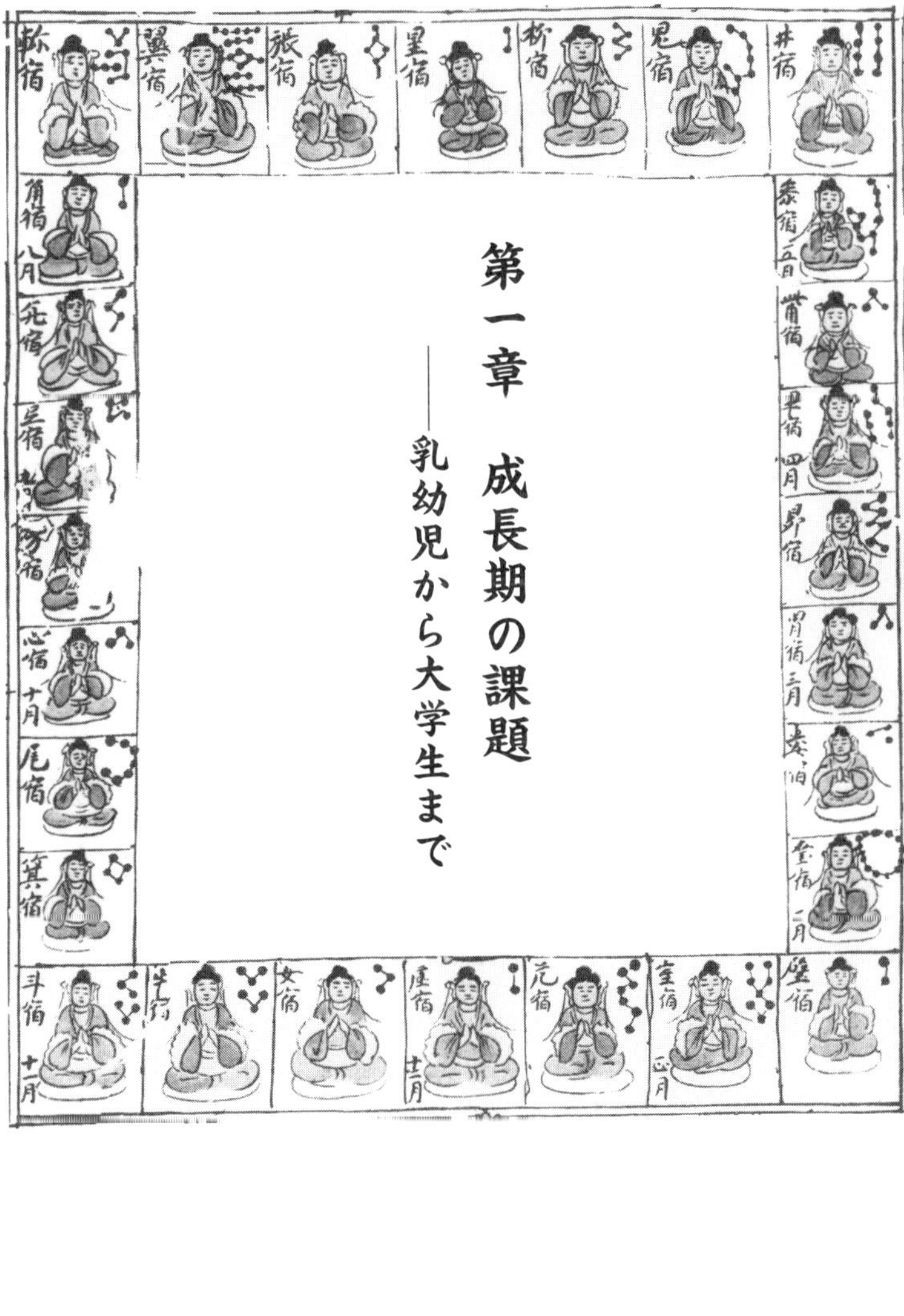

第一章　成長期の課題

——乳幼児から大学生まで

一　家　庭＝骨肉の愛

——乳幼児期のテーマ

敷島（しきしま）の
大和（やまと）の国（くに）に
人（ひと）ふたり
ありとし思（おも）はば
何（なに）かおそれん

愛する二人が家庭を創（つく）る時、そこには幸せと活力が満ち溢（あふ）れています。結婚して家庭を創るのは、宇宙の創造活動そのものであり、二人の人生にとって最も輝かしい出来事です。

やがて二人は赤ん坊を創って人の親となり、子育てを通して、人としての創造活動をさらに展開していきます。それだけに、二人は結婚に際して、どのような家庭を創るのか、はっきりとした理想像を持っていなければなりません。

家庭は、夫であり妻である一対（いっつい）の男女が、尊厳な人格を持つ一人の女性として、そして男性として、お互いに尊敬し愛し合いながら、それぞれの持って生まれた資質と能力（これを「命（めい）」といいます）を、一生を通じて最大限に開花させていくための、共同の場です。

本来、男性の資質は、肉体的な剛健さと才知に秀（ひい）で、闘争的で自我が強く、家庭の外に名利と物欲を求めて自己を顕示しつつ、自らの家族を養っていくところにあります。しかしその行き着くところは、孤独と荒廃です。これに対して、女性は純真で慈愛に富み、しなやかな感性と没我（ぼつが）の心で常に家庭を調和と統合に導いて、宇宙の創造活動の根源に復（かえ）すものとされてきました。

このような男女が、それぞれの特質を活かしつつ、自らに欠落するものを互いに補い、助け合って、人生を切り開いていく場が家庭なのです。そしてこのような家庭が形成されていて始めて、順調に子供を育てることもできるようになります。

あくまでも対等に相い恃（たの）み、相い助け合う一箇の人格として、尊敬し愛し合いつつ、お互いを人間として成熟させていくという、誠意と熱意に満ちていることが、結婚の、そして子育ての前提なのです。

1　乳房と温もり――母の慈愛

このような家庭で生まれた赤ん坊が、この世で初めて体感するのがお母さんの乳房であり、心身の温もりです。この二つを通じて人は生命の糧を授かり、純粋無垢な慈愛――骨肉の愛――を知ります。この時、乳児の世界では、お母さんの乳房と心身の温もりこそが、全てなのです。

この二つこそ、人が生涯を通じて一箇の人間として、自らの人格を形成していく上で、基底となるものです。したがって、乳幼児期の育児のテーマは、この骨肉の愛の中でも最も根幹となる、母の温もりと、混ざり気のない慈愛の情を、乳幼児が自分の心の底に、知らず知らずの間に深くふかく刻み込むことができるかどうか、ということです。

そして、この母の慈愛を幼児期を通じてずっと育み続けることに成功したお母さんの子供は、やがて小学校に通うようになっても、決して人を〝いじめ〟たり、〝いじめ〟に荷担したりするようなことはないはずです。

夜中に突然目を覚ましては、オッパイを求めて泣きじゃくる乳児に優しく応え、時には眠い目をこすりながらオムツを取り替えるお母さん。お皿をひっくり返して、顔中くしゃくしゃにしている幼児に微笑みながら、スプーンを口に運ぶお母さん。思わぬ時に高熱を出した幼児に、我れを忘れて看病するお母さん——親にとって、子供は何よりも愛おしく可愛い宝物です。まだろくにものも言えない乳児が、この母の慈愛の情を体に感じながら、人としての感性を徐々に身に着けていきます。そして幼児期に入ると、母の慈愛に対する感謝・報恩の情に目覚め始めます。

田舎にいる時、私は時たま夫と一緒にファミリーレストランに行きますが、そんな時、やっとテーブルの上に顔をのぞかせて、夢中になってスープをすすっている、いたいけな幼児を、まだ年端もいかない若いお母さんが、何とも言えない愛おしげな微笑みを浮かべながら、見守っている光景に出会います。

すると、何気なく仰ぎ見た幼児は、カエデのような手で、スプーンをお母さんの口に運んでいきます。母の愛と、それに応えようとする幼児の心（孝心）に、思わず涙ぐんでしまいます。

親の慈愛に報いようとする、この敬虔な報恩・感謝の情こそ、人が成長して行くにつれて成熟させていく、あらゆる道徳的な行為の素となるものだと、先人たちも教えてきました。

2　挨拶とご飯の食べ方——父の教え

幼児期に入ると、子供は初めて母以外の人間の存在に、はっきり気づきます。自分と「人との関わり」の始まりです。先ず父親が、そして兄弟姉妹が、幼児の世界に現われます。そして、ここからが父親の出番です。

この時期、父親が真っ先にすべきことは、おじぎをして人に丁寧にごあいさつをする仕方を教えることです。これこそは、人が自分の周りの人に応待し、環境やひいては社会に対応する仕方の、最も基本となるものです。この社会への関わり方を、真っ先に幼児に教えるのが、父親の最も誇るべき仕事です。

自分の資質や能力（命）と運の流れを知った上で、周りの人びとにどのように応待し、様々な出来事や事象にどう対応していくかが、人の一生の禍福や貴賤を、どんなに大さく左右するかを、先人たちは昔から口を酸っぱくして教えてきました。

そして、人と真正面から向き合い、目を真っ直ぐ見ながら、敬愛の情を込めてお辞儀をするのが、挨拶です。この挨拶の仕方を教えることを通じて、誠意と敬愛の情をもって、物事と真正面から向き合うことを、無意識のうちに幼児に会得させるのが、父親の仕事なのです。

次に教えるのは、食事のマナーです。これも母親が口うるさく教えるものではなく、父親が威厳を持って、優しく教えるべきものです。特に和食は、お箸の使い方はもちろん、ご飯から始まってお汁へと、お箸をつけるお皿の順番まで決まっています。

このマナーを身に着けながら、幼児は、物事には順序というものがあり、自分の周りの世界（社会）には、ルールなり秩序というものがあることを、知らず知らずのうちに会得していくものです。そしてこれは、人の一生を通じて、周囲に自然に溶けこみ、和やかで、居心地の良い環境を、自分で自分の周りに作っていくための出発点となるのです。

逆に、この秩序感覚を身に着けられなかった人が、成長して虐(いじ)められたり、孤立したりすることになります。

その後、子供は成長するにつれて、父親から威厳と情義を持って教えられ身に着けた、この食事のマナーが発揮する威力を、ひしひしと実感するようになり、それにつけても、きっと父親への感謝の念を深めていくことでしょう。

人生には、母親の無我の慈愛への感謝と共に、父親の持つ威厳や精神的な権威への敬愛と謝恩の念が必要です。そしてこの父親への敬愛の情が、やがて成長するにつれて、兄や姉や、先生（師）や、上司・先輩に対する尊敬と感謝の念へと発展していくものです。

3　肉親の愛――兄と姉の友愛

幼児期のテーマとして、両親の骨肉の愛と共に、非常に大切なのが、同じ血を分けたお兄さんやお姉さんから受ける兄弟愛・姉妹愛、つまり「肉親の友愛」です。

兄弟姉妹は、両親の創造活動によって、同じ身体から同じ血を分けて生まれ出た人間です。したがって、お互いに相い思い、相い寄り、そして理解し合い、分かち合い、助け合って、自らを成熟させていこうとする、一心同体の感情を共有しています。

これが兄弟姉妹の愛であり、これこそ幼児が少年・少女になって、他人(ひと)と感情を共有し合いながら、スムーズに共同生活を営む際の〝友愛〟の基本となるものです。

特に兄や姉の弟・妹に対する、肉親としての友愛の情が濃やかで、深ければ深いほど、その弟・妹は成長するにつれて、より柔軟で調和のとれた人間関係を築いていくことができます。学校でももちろん敬愛の情を持って友人と付き合い、一生涯心を許せる良友にも出会うことになります。しかし逆の場合、年を取ってからいくら努力しても、心根に残忍さと冷酷さが残ってしまい、時として破壊的な人間になっていきます。

4　杜子春の物語

子供への両親の愛が、どんなに純粋で深いものなのかについて、私たちの両親がよく話してくれた物語に、中国の『杜子春伝』があります。

昔、杜子春という青年がいました。彼は底なしの放蕩者で、親からもらった財産を使い果たし、親類からも見放された末、ボロをまとって長安の街を彷徨っていました。

泊まる所もなく、自分の「不運」をつくづく歎いていると、どこからともなく一人の老人が現われて、「何をそんなに歎いているのかね」と尋ねます。そして彼の愚痴をじっくりと聞いてくれてから、「一体どれくらいのお金があればいいのかね」と、救いの手を差しのべます。

杜子春が「三百万」とふっかけると、老人は黙ってうなづき、翌日約束の場所でそっくり三百万をくれた上、名も告げずに立ち去ります。

ところが放蕩な生活が身に染(し)みついてしまっていた彼は、また遊び仲間を集めて贅沢三昧(ぜいたくざんまい)に耽(ふけ)り、瞬(またた)く間(ま)に無一文になってしまいます。

すると老人がまたどこからともなく現われて、今度は一千万をくれます。が、もちろん三・四年後には元の木阿弥(もくあみ)で、市中をうろつく生活に戻ってしまいます。しかし不思議なことに、昔の場所でまた老人に出会いますが、今度は三千万をくれた上で、「さあ、これでこれまでの生活から抜け出せなかったら、今度こそいよいよお前さんはお終(しま)いだ。身が立ったら来年の七月十五日・中元の日に、老子廟(ろうしびょう)の前で会おう」と言い渡します。

そこで杜子春はとうとう決心して生活を改め、家業を再興して、親戚の世話からご先祖さまのお祀(まつ)りまでし、一年後に約束の場所に出かけます。すると老人は、都から四十里以上もある、雲台峰という山奥の住家(すみか)に一緒に来いといいます。

ついて行くと、そこは世俗を離れた、青雲たなびく、厳(いか)めしくて潔(きよ)らかな所で、家の中には、高さ三メートル近い薬炉(やくろ)があって紫色の焔(ほのお)が光り輝き、その前後には青龍・白虎が番をしています。

老人は杜子春に丸薬三つをお酒と一緒に飲ませてから、虎の皮の上に坐らせ、「どんな悪鬼・夜叉・猛獣・地獄が現われ、お前の親類縁者がどれほどひどい目に遭(あ)わされようと、決して口をきいてはならぬ。それに耐え抜けばお前は仙人になれる」と言い残して立ち去ります。

すると忽(たちま)ち猛獣や毒蛇が現われて、次から次へと跳(と)びかかってきます。それが終わると今度は雷雨や怒濤が押し寄せてきますが、彼は静坐したまま耐え忍びます。さらに白刃で取り囲まれたり、大将軍と名のる武将の一行に、彼の目の前で妻が煮る・焼くのひどい仕打ちを受け、泣き叫んで助けを求めたりしますが、それでも口を開きません。結局、妻は夫を呪いながら死んで行きました。それを見ていた大将軍は杜子春の頸を斬り落とし、魂を閻羅王（閻魔大王）のもとへ送ります。

閻羅王は彼に様々の刑を科しましたが、決して声を立てませんでした。そこで最後に杜子春を、王勤の娘として物言わぬ女性に生まれ変わらせました。それでもやがて成長すると、同郷の高級官僚・盧珪と幸せな結婚をして、数年後、賢い男の子を産むことになります。

ところが、父の盧が幼児を喜ばそうと、どんなに手を尽くしてあやしてみても、妻は大の努力に何の反応もしません。そんな妻に激怒した彼は、幼児の両足を持って、石に叩きつけ、頭を打ち砕きます。血があたりに飛び散るのを見て、杜子春は、老人との約束も忘れて、思わず〝アッ！〟と一声高く叫んでしまいます。

ここで杜子春は夢から醒めますが、ちょうど夜中の二時頃で、薬炉の紫煙が室内に立ちこめています。老人は「書生め、とうとうしくじらしおったかい」と嘆じて、「お前が一声漏らさなければ、仙人になれたものを……お前は喜怒哀懼悪欲全てを忘れることができたが、まだ親子の情愛だけは捨て去れない。人間の世界でしっかりやりなさい」と言い残して、去って行きました。

この物語の老人は父親を象徴し、どんなに出来の悪い、不肖の子供でもそれを赦して、どこまでもかばい助けながら、人間本来の創造的な生活に復帰させようとする、教育者としての父親の愛情を描いています。そして全ての苦しみに耐えた「物言わぬ母」の、最後の〝アッ！〟という叫びは、慈悲深い母性愛を表わしています。

両親のこの慈愛に報いようとする謝恩の情を、子供は生まれながらに授かっています。あまり知られていませんが、幕末、全国の志士たちから絶大な信頼を得ていた、水戸藩の英才・藤田東湖が、安政二年（一八五五年）の大地震で、家屋の下敷きになった老母を、一身を賭して助けた話は、私たちの涙をさそいます。

安政二年十月、関東大震災にも匹敵するマグニチュード七の大地震が、江戸の市街を直撃しました。死者一万人以上、倒壊家屋約一万五千戸に及んだと言われます。

東湖はこの地震で倒れた家屋から何とか脱出しましたが、年老いた母が逃げ遅れて、屋敷内にいると知るや、敢然と倒れた家屋にとって返し、老母を自分の下に囲い、坐って両手をついて肩で鴨居を受けながら、片手で庭先に投げ出します。

しかし直後に強いひと揺れが来て遂に力尽き、圧死してしまいます。享年五十歳でした。（『見聞唱義録』）

親は、宇宙の創造活動そのものでなければなりません。常に我が子の心境を細かく理解してそれを温かく受け容れ、子供が一箇の独立した人格として、自分自身に忠実に成熟していくよう、あらゆる努力を惜しんではなりません。

そのような両親に育てられた幼児は、学校に上がるようになると学問に打ち込み、余程のことがない限り、先生や同級生に対する敬愛の情を失わず、みんなに尊敬されながら、温かい人間関係を創っていくものです。

私たちの家庭は、厳しい父と、いつでも甘えられる慈悲深い母と、そして頼もしくて優しい兄姉と、孝行な弟妹たちの、創造的で明るく、活力に溢れた〝場〟でありたいものです。

二　学　校＝純粋な自分を生きる

――小・中・高校時代のテーマ

1　学問と教育――学校と先生

学問とは、自分自身を知り、純真な自分本来の姿に生きて、自分が両親から授かった資質と能力を最大限に開花させることです。人は、幼児期を過ぎて少年期に入ると、小学校に上がって学問を始めます。

中国の古典『論語』には、「昔の学問をする人は、自分自身のために学問をしました。ところが今の人は、他人のためにします」（「憲問」）とあります。また親鸞聖人は、「親鸞は父母の孝養のために念仏を唱えたことは一度もない」（『歎異抄』）ともおっしゃっています。

これは、小さな我執や、功利的な物欲の手段としてではなく、自分自身に生まれつき具わっている品格を高め、能力を最大限に発揮して、人として高貴にしかも雄大に生きるためにこそ、学問をし、念仏を唱えるのですよ、ということです。これが学問であり、そのことを教えるのが〝教育〟です。

学校は、小学校であれ、中・高校であれ、大学であれ、全てこの学問と教育の場なのです。そして、小学校は最も大切な、学問の基本を教える所です。

これを西洋風に分析すると、人格の形成と説明することもできるでしょう。この分析法によれば、古代ギリシャの時代から、人間の「命」（資質と能力）は、美と善と真という三種類の活動に分類されてきました。そしてこの三つの根源にあってこれら一切を統括し、人間そのものの在り方を問うのが哲学です。

美は、美しいものを探求する感性を象徴し、感性を洗練することによって、美しい情念を養い、自分の言葉遣いや、立居振舞から、果ては処世上の出処進退までをも美しくすることです。

善とは、強い意志の力を鍛えて、正義や善を実行することです。そして真は、知性によって真偽・正邪を判断する能力を身に着けることです。

この知・情・意の三種の働きの中で、プラトンやアリストテレスなど古代ギリシャの偉大な哲学者たちが、一様に強調したのは、音楽と体育――つまり音楽を通して美しい感情を育(はぐく)むことと、体育によって、断乎として善を行なうための勇気と強い意志力を持った肉体を鍛えることでした（プラトン『国家』、アリストテレス『政治学』）。

つまり、清く澄んだ、静かで高貴な感性と、強靭(きょうじん)でしなやかな肉体に支えられた勇気と強固な意志を育てることが、教育の二つの大きな柱だったのです。そこでは、知性は人格の形成上、二次的なものとされました。

ところが、近代になって、経済活動と結び付いた科学と生産技術が飛躍的に発展するのに連れて、人びとは知識や情報の収集と、物質的な利益の追求に熱中し始め、自分自身の魂の躍動によって美しく生きていくという、学問や教育の本来の目的を見失うようになってしまいました。

教育者もまた、効率の良い、受験教育のための教育法や、教育論にばかり力を注ぎ、行政も時として、企業の国際競争力強化のための労働力培養に教育行政の重点を移したりして、学問や教育の本義を軽視しがちになりました。

さらに深刻な問題は、本来、自分の分身として、最も純粋な心と慈愛の情を持って我が子を教育せねばならないはずの父母が、人間にとって二次的な価値しか持たない社会的な虚栄や、物質的な功利のための、そしてもっとも甚(はなは)だしい場合、自分が取れなかった資格やレッテルを、我が子を使って取得するための手段としての受験勉強だけにしか、興味を持たなくなっていることです。

こうして、最も尊厳であるべき一箇の人格として評価した場合、自分の子供が、精神的・肉体的に、あるいは感性や意志の面で、どんなに貧弱で軽薄に育っていても、学校の成績さえ良ければ、それだけで満足しているという、何とも悲しい風潮が蔓延するようになりました。

その結果、教育行政上のいろいろな病弊や不祥事が持ち上がり、教育の現場でも、自己疎外によって自分自身を失った子供たちが、精神分裂を起こして、無力感に苛まれ、〝登校拒否〟や〝引きこもり〟に逃げ込んだり、逆に学校や家庭での〝暴力行為〟や〝いじめ〟へと走っています。

中国が生んだ偉大な哲人政治家・王陽明は、明王朝末期すでに『抜本塞源論』を著して、学問と教育が利益を求めるための生活手段に堕落しているのを憤り、「功利の毒が幾千年もの間に人の心髄に染み通って、人間の根本的な考え方まで支配している」（功利の毒、人の心髄に淪浹して習もって性となること幾千年なり）。これが社会の最も本源的な病弊だ、この本を抜き源を塞がない限り、人間は救われない、と歎いています。

確かに今日の風潮が続く限り、どんなに巧妙に表面を繕い、小手先の手直しをしてみても、このままでは、人は自らが陥った誤りによって自滅するしかありません。

この現象から抜け出す唯一の方法は、迂遠なようでも、人が一人ひとり、乳呑み児の頃の母の温もりと慈愛の中で微睡んでいた頃の、あの懐かしい純真な自分に立ち復って、本来の自分の心に目覚め、純真な自分自身を生きること――つまり、本来の学問に返ること――しかありません。

2 可能性を引き出す――良き師、良き友

人は小学校を終えて、やがて中学から高校に進学するようになると、少しずつ自分自身に目覚めてきます。そして、人間として如何にあるべきか、どのような人になりたいのか、一生涯を懸けてどんな生き方をしたいのか、どんな活動をするのか、自分を取り巻く社会とどう関わっていくのかなどについて、人間としてのあるべき貌を探求し始めます。

それと並行して、純真無垢な少年・少女の心の中に、美しいもの、真実なるもの、善なるものを求める意欲が、頭をもたげてきます。しかし初めて自我に目覚め、自らの力で考え始めた青少年にとって、これはあまりにも難し過ぎる問題です。

こうして、矛盾に満ちた現実と理想との解きがたいギャップの中で、苦悩と孤独に陥り、特に男性の場合、この悩みは青年期に入って、ますます深刻さを増してきます。そしてこの悩みは、時として両親さえも理解してくれることはありません。

ここで私たちは、中国の楚の時代の詩を集めた『楚辞』に思い当たります。

私は真面目に生きたものでしょうか。

それとも有名人に取り入り、うまく調子を合わせて、出世街道を歩んだものでしょうか。

世俗に超然として、一人理想を守るべきでしょうか。

それとも世俗に伍してお金を儲け、楽しく暮したものでしょうか。
千里を駈ける名馬のように、意気昂然と突っ張りましょうか。
それとも娼婦のように、媚び諂って、安穏に生きたものでしょうか。
黄鵠と翼を並べて、世界に雄飛しましょうか。
それとも鶏やあひると餌を争うべきでしょうか。

これは、遂に世をはかなんで汨羅の淵に身を投じた、中国戦国時代の楚国の政治家、詩人・屈原が、秦の張儀の謀略を見抜いて、懐王に必死に諫言したにも関わらず、聞き入れられず、かえって江南に追放された時、その無念の心を決するために、太卜鄭詹尹に占ってもらったという形をとって、屈原の思いを述べた、有名な『楚辞』「卜居」の大意です。

こんな時、ちょうど深い奥山の谷間から吹き下ろす涼風のように、疲れて果てた青年の魂に、清新な活力と一筋の光を吹き込んでくれるのが、良き師（先生）であり、良き先輩であり、良き友なのです。

良き師、良き先輩は、理想と現実の綾なす人生の深みにすでに踏み込んで、そこから光明を見出してきた人たちであり、良き友は同じ悩みを分かち合い、理想の光を共に探求してくれる仲間です。

彼らこそ、自己とは何か、人生とは何か、社会といかに関わるべきかを教えてくれて、本人が気付かない資質や能力や可能性を発見してくれる人たちです。それはちょうど卓越した歌手が、私たちに素晴らしい音の世界に目覚めさせてくれるようなものです。

本書でも、学生時代、音や光（色）や文章に対する潜在能力を先生や先輩から引き出してもらって、音楽家や画家や作家などへの道を歩んだ人の話を、いくつか見出すことができますし、先生や友人のお陰で、〝いじめ〟を克服しただけでなく、人をまとめる資質を伸ばしてもらって、自信を深めていった例などにも接することができます。

少年・少女期から青年期にかけて、良き師、良き友に私淑し教えられることは、良き両親、良き兄姉に愛されるのと同様、人の一生にとって非情に大切なテーマです。

三　青　春＝理想と憧憬
――高校・大学時代のテーマ

1　偉大な人への私淑――自由・闊達・雄壮な学生時代

青年時代に入ると、人はいっそう切実に自分自身を確立しようとします。そして自我に目覚めれば目覚めるほど、美しいもの、善なるもの、真なるものにより強く憧れます。

ゲーテは、美の極致を〝静寂なる偉大と高貴なる簡素〟と詩いましたが、静かで貴く、清く美しく、純粋な魂の核心に必死に迫ろうとする青春こそ、やがて人の生涯を通じて〝魂の故郷〟となるものです。

ところが、現実は矛盾と汚濁に満ちた渦のようなところで、青年は自らの理想とのギャップを前に、この汚濁の世界に唯一人生きる無力な自己の孤影に、ただ慄然と佇むばかりです。

この孤独と苦悩を救って、光明を与えてくれるのが、父母であり兄姉であり、そして良き師、良き友であることは、すでに述べました。しかし、不幸にして、現世の矛盾と汚濁を超克した素晴らしい品格と、気迫と信念を身に着けた良い師、良い友に巡り会うチャンスがない時、人は、過去の偉大な哲人や先覚者たちに学び、私淑して、自らの苦境を切り開こうとします。

そして、ソクラテスや孔子から人生の哲理を学び、モーツァルトやベートーベンや、ゲーテやシェイクスピアや、ルノアールやマチスによって美の世界に遊び、あるいはキューリー夫人やクララ＝シューマンを通して卓越した女性像に接し、釈迦やキリストに依拠して信仰の世界に入って、不動の識見を身につけ、感性を洗練させながら、一歩いっぽ人間として成熟していきます。

このように、先哲・偉人から受ける恩恵は、父母や師友のそれに比べて、決して勝るとも劣らないものです。

ここでよくよく考えねばならないのは、世の中が、清純・明澄な青年が心の中で考えるほど美しくも、単純なものでもないということです。それだけに、余りにも狭隘な理想主義や、馬鹿正直な道徳観・正義感だけで、盆栽の松のようにコセコセと小さく固まった、生真面目なだけの道徳家になってしまったのでは、この複雑な世界で、自由に雄々しく羽ばたくことができない、ということです（前掲の『楚辞』参照）。

したがって、青年は、純粋であると共に雄壮で、常に物事の末梢にとらわれず、自由で、活気に溢れた自分自身に忠実でいられる強さを、養っていかねばなりません。

中国の古典『荘子』に、九千人の部下を従えて、略奪・暴行を恣にし、諸侯からも恐れられていた大盗賊・盗跖の、面白い物語（『荘子』雑篇・盗跖第二十九）があります。彼は古代中国随一の哲人・孔子の友人・柳下季の弟とされています。

ある時、孔子は、友人柳下季に道でばったり出会いました。——

孔子——あなたは、世間では才子と言われています。なのにあなたの弟さんは〝盗人の跖〟などと呼ばれて天下に害を与え、みんなから嫌がられています。先生の手に負えないようなら、私がひとつあなたに代わって、お説教をしてみましょうか。

柳下季——とんでもない。先生、子が父たり兄たる者の言うことを聞かないとすれば、他人の先生が説得できるわけがありません。

それに跖めは、生まれつき泉のように湧き出る野心（心湧泉の如し）と、疾風のように強い意志と、黒を白と言いくるめる弁舌とを持っています。

先生、決して行かれてはなりません。

それでも強いて出かけていった孔子を、盗跖はこう罵倒します。

跖――孔子よ！　一体お前は勝手に言葉を考え出しては、仁だの義だのと訳の分からぬことをぬかして、口商売を独占し（天下の弁を掌り）、それを後世に教えるという。そして働きもしないで、舌で太鼓を叩いては、善だの悪だのともっともらしい似非の作り事を言って廻って（矯言偽行）、権力者を丸め込み、地位と名誉を得ようとしていやがる。お前こそ大泥棒だ。なのに世間はお前を盗丘（孔子の名）と言わないで、俺を盗跖とぬかしやがる。

どうだ、俺がひとつ人間の情というものを教えてやろうか。目は美しい色を、耳は美しい声を、そして口は美味い味を、意志は実現を欲するもんだ。それを無闇に抑えるものではないわい。

一体人間はせいぜい長生きして百歳までだ。六十歳まで生きればいいとこだ。そのうち、病気だ心配事だのと言って、笑って過ごせるのはせいぜい一月のうち四・五日に過ぎぬ。オヤッと言う間に、一生が終わってしまう。

なのに人間本来の欲望も満たさず（志意を説ばせず）、寿命を養うこともできぬような奴は、みな人間として真っ当な生き方をしているとは言えぬ（皆道に通ずる者に非ず）。

お前の言う愛情だの慈悲だの、情義だの感謝だのという代物は、みなうわべだけを飾って中身のない、もっともらしい似せの作り事で、人の本来の在り方から外れている。一つの下らんことに拘りすぎて、全体を顧みないから、そういうことになるのだ（狂狂汲汲詐巧虚偽の事なり）。ちっとも人間本来の生命を全うするものではないわい。まるで論ずるに足りん。

挨拶もそこそこに逃げ帰った孔子は、途中で柳下季に出くわします。

柳下季――どうです。私の言った通り、全然取り合わなかったでしょう。

孔子――そうです。私は無病の者にお灸の押し売りをしてしまいました。すんでの事で、虎に頭をぱっくりやられるところでした。

この物語は、生命力に溢れて、自らの原始的な欲求のままに強烈に生きようとする一人の野人と、世間のしきたりや道徳的な規範に従って、謹厳に生きる「有徳の士」とを主人公に仕立てて、世間の実相を風刺したものです。

そして、この風刺を通して、人はあまりにもコセコセした教育や、時代遅れの社会規範にがんじがらめにされて、自分の欲望をただただ抑制するのではなく、それをスムーズに満たしつつ、生具の能力をフルに開花させるべく、自由に、強烈に生き抜くべきだと教えているのです。

未熟で感じ易い青年に対して心すべきは、いわゆる「可愛がり」過ぎたり、面倒を見過ぎたり、あるいは自分の枠内にはめようとして、細々とした事柄ばかりを取り上げ、うるさく小言をくり返したりして、こぢんまりと小さく固まった、「良く出来た」無気力な人間や、ひ弱な人間にしてしまってはならない、と言うことです。

そのような誤りさえ犯さなければ、人に虐(いじ)められたり、親離れできなくてきちんとした家庭も作れないような青年が、この世からいなくなるはずです。

2　青春！　そして恋――かけがえのない人への憧れ

おじいさんは
　山に薪(まき)をとりに行きました
おばあさんは
　川に洗濯(せんたく)に行きました

（昔話「桃太郎」）

これは、私たちが幼児の頃、おばあちゃんがよく話してくれた、昔話・桃太郎さんの冒頭の一節です。

大昔から、男性は外に出て働き、家族を守り養うことが本業でした。そして女性は家にいて夫や子供の食事を作り、身の回りの世話をして、家族を一つにまとめていました。

それは、家庭が、永遠にものを創り出していく宇宙の生命活動の一部であり、その活動には「陽(よう)」と「陰(いん)」の二つの働きがあって、その二つが互いに頼り合い助け合うことによって、はじめて生命活動が成り立つと考えられてきたからです。

例を桜の木にとりますと、桜は毎年二・三月頃になって春の陽気が少しずつきざして来る頃、蕾を徐々にふくらませます。そして四月の春本番に美しくパッと咲き誇り、夏にはいかにも見事に葉を茂らせます。これが「陽」の働きです。

やがて秋風と共に実を結んで紅葉し、冬の到来で幹と枝だけになって、厳しい寒気を乗り越えます。この時期の桜には、一見春や夏のような表面的な活気が感じられません。ところが、春と夏の間にも光交合によって葉から得た滋養分を、枝や幹を通じて着々と根に送り込んでは、土台を固めていたのです。そして秋と冬の間に、この土台に貯えた養分を使って、ゆっくり来春への準備を続けているのです。

滋養分を根幹に送り込み、内に貯えて次の発展（来春の開花）を準備するこの働きを、「陰」の働きと言います。この陰・陽二つの働きが互いに助け合い一つに融合することによって、桜は何百年もの間あの大木へと成長し続けられるのです。もし「陽」の働きだけに偏ってしまえば、たちまち枯死してしまいます。

この「陽」の働きが男性の、そして「陰」の働きが女性の本質――本来あるべき貌――を象徴しています。

したがって、男性は肉体的に強健で、精神的に雄々しく、強靭な意志の力を具えて、理知に勝り、戦闘的・対立的で、外に出て華々しく闘っては名を挙げ、理財を稼いで、家族を守り養うものとされてきました。

これに対して女性は、繊細な感性と慈悲深い情念を持ち、柔和でしなやかに万物を包容し、時として冬の厳しさにも堪え忍びながらエネルギーを内に蔵えて、一家をまとめて行くものとされてきました。

そして男・女の持つこの二種類の働きは、お互いにとって無くてはならないものとして平等に扱われ、だからこそ古来、男性も女性もお互い同士を尊敬し合ってきました。

このような考え方に立って、私たちの祖先たちは、限りない憧れと敬愛の情を持って、異性に対する恋心を育んできたのでした。

ところが今は違います。平均的な青年男女にとって、恋愛の一般的な対象は、〝可愛くて面白い〟男の子であり、女の子だと言います。この〝理想像〟が象徴しているのは、肉体的には華奢で背丈は平均的かそれよりやや小柄な、肩を張らずに気楽に付き合える人です。

この人物像からは、清純な青春時代の張り詰めた緊張感や、理想の異性に対する、身を焦がすようなやるせない憧れの感情などというものは、全くうかがえません。

これは、戦争とそれに続く戦後経済復興という、緊張に次ぐ緊張の後に日本全体が陥った、弛緩の時代が生み出したのどかな風潮を反映する、新しい青春気質とでも言えるものかも知れません。

かつて私たちのご先祖さまも、江戸時代の中期、元禄の世に同じ経験をしています。当時、戦国時代も終わって、太平の世がうち続いた結果、現実的で享楽的な風潮が蔓延し、特にエリート集団であった武士はこれと言ってすることもなく、あるいは細身の一刀を帯びて遊興の巷を徘徊したり、あるいは家族に華やかな格好をさせて芝居見物に公金を遣ったりし始めます。

学界でも、主知主義的な朱子学が巾をきかせ、学者は文字の解釈や暗誦に熱中するか、さもなくば皮相な知的遊戯や破壊的な人物批判に耽って、人びとをますます疲弊させ、社会を退廃と混乱へと追い込んでいきました。

そして世間では、湯女と呼ばれる風俗業が栄え、優男がもて囃されました。

このような世相の中で、夢も理想もなく、冷え切った半眼で世の中を見ることしかできなくなった、多くの青年男女が救われる道は、結局もう一度男性としての、あるいは女性としての本来の在り方に復るしかありません。その上で、尊厳な人格を持つ一箇の人間として、理想の異性を求め合って、活き活きとした宇宙の創造活動と融合することです。

今日、青年にそれを教えられるのは、何よりも先ず気骨のある父親であり、良い先生であり、先輩です。そして青年たち自身が発憤して、自らの理想を高く掲げて、自分自身に復り、自分自身を純粋に力一杯生きることです。

注——冒頭に紹介しました〝敷島の大和の国に人ふたり、ありとし思はば何かおそれん〟という歌は、私が女学生の頃、先輩から教わったものです。

この歌は、二人が結ばれることの心強さを詠んだものですが、元々『万葉集』巻十三の「相聞」にある恋歌〝敷島の日本(やまと)の国に人二人、有りとし思はば何か歎(なげ)かむ〟(詠み人知らず)に由来すると思われます。

それは〝広いこの日本の国に、あなたというお方はたった一人しかいらっしゃらない。そのかけがえのないあなたが、私の方を振り向いて下さいません。もしあなたと同じお方がもう一人いらっしゃるのなら、私はどうしてこんなに悲しみ歎きましょうや〟という意味です。

このように私たちの祖先は、一回起的な一人ひとりの人の尊さ、かけがえのなさについて、すでに充分な自覚を持っていたのです。

四 敬愛の情
――育児と教育の核心

これまで、乳児(ちのみご)から青年までのそれぞれの時期に、人が必ず直面しなければならない課題と、それへの対応の仕方について述べてきましたが、最後に敬愛の情について述べます。冒頭からくり返し指摘してきましたように、この敬愛の情こそは、単に成長期だけでなく、人生の全ての時期を通じて一貫している、人間としての最も重要な課題なのです。
特に乳幼児期から少年・少女期にかけて、一箇の人格として、両親や兄姉、先生から尊敬と愛情を込めて扱われてきた人は、自然に自分自身の人間としての存在の尊さ、高貴さを自覚し、自分自身に対する自信のようなものを、知らず知らずのうちに身に着けて成長するものです。

このように育てられた人は、子供の頃から、すでに春の奥山（みやま）の深い泉のように静かで波一つなく、それでいて、春風のように麗（うら）らかな雰囲気を漂（ただよ）わせています。

そして長ずるにつれて、しっとりと落ち着いた、高貴で温かい、それこそ「水晶の器に秋水を貯え、白玉の盃に氷をのせたように」清純明澄な、得（え）も言われぬ気品を具えて、周りの人びととの間に、美しい人間関係を作っていきます。決して人の侮（あなど）りを受けたり、ぞんざいに扱われたりすることはなく、たとえそのようなことがあっても、全く動じません（『宿曜占法新聞』平成十八年六月一日付第四号、発行者上住節子、参照）。

ところが、逆に幼少期から両親や兄姉に充分な敬愛の情を注がれず、邪魔者扱いをされたり、逆に猫可愛がりに甘やかされて、ペットのように育てられた子供は、自信が無くて落ち着かず、幼児の時から、すでにソワソワとしていて、常に心の中に小川の浅瀬のようなさざ波が立っています。一日中、余計なことをペチャクチャとしゃべりまくり、振舞（ふるまい）がそそっかしくて、しょっちゅう物に身体をぶつけたり、転んだりして、生傷（なまきず）が絶えません。

少年・少女期に入っても、やらずもがなの細々としたことにばかり関わって、肝心なことに思いが至りません。人との関係も、つまらぬ事に悩んだり、巻き込まれたりして、トラブル続きです。

この傾向は年と共に長じ、青春期には、妙に陰気で、闘争的で、敵対的であったり、刺々しくて瑣末なことにすぐにカッとなったりする、包容力のない何とも貧相な人間になってきます。あるいは逆に、急に落ち込んだり、始めから〝負け犬〟のようにオドオドとして、弱々しかったり、人に寄りかかってばかりいたりします。

そしてこのように育った人は、たとえ周りの人から敬愛の情を持って接しられても、それを感じることができず、いつまで経っても〝大人〟になれないで、多くの場合、転々と職場を替わったり、家に閉じこもって両親の脛を嚙り続けたりして、放浪者のような独り者の、不安定な生活を送ります。

また、異性を欲望の対象としてしか考えず、憧れの異性と一生心に残るような清純で深刻な恋に堕ちることも、滅多にありません。まして、生涯心の支えとなる先生や先輩の教えに接することなど、先ず考えられません。

一方、温かい家庭で両親や兄弟姉妹の敬愛の情に包まれて育った子供たちは、やがて青春期に入って、良き師、良き友、良き恋人に恵まれ、両親からも一層誇りを持って接せられるようになります。そして社会人となってからは、良き師、良き先輩として、子弟や後輩を導き、自らも静かで落ち着いた奥床しい家庭を創って、良き夫婦、良き父母として、次の世代の創造化育に勤しみます。

敬愛の情こそは、時と場所、年齢と性別を超えて、育児と教育の根底にある、最も大切な人間の情なのです。

次章では、これまで描いてきましたような人間模様の様々な局面を、人のタイプを二十七の「宿(しゅく)」に分類する《宿曜占法》の手法に則(のっと)って、より具体的に展開いたします。

第二章　宿曜占法による子育てと教育

一　宿曜占法の占い方

1　宿曜占法について

『宿曜経』は、弘法大師空海さまが、西暦八〇六年に中国から日本に請来された密教の経典で、正式には『文殊師利菩薩及諸仙所説吉凶時日善悪宿曜経』と言います。

このお経は、古くから高僧や貴族の間で、仏事を行なう日の吉凶を決めたり、僧侶たちの資質や能力を見るのに、密かに使われてきました。その中で特に人の資質や能力、及び人間関係についての占いに重点を置いて、私がまとめたものが《宿曜占法》です。

《宿曜占法》では、月が天空を一巡する間に二十七の星（昴・畢・觜・参・井・鬼・柳・星・張・翼・軫・角・亢・氐・房・心・尾・箕・斗・女・虚・危・室・壁・奎・婁・胃）に宿り、人はその生まれ日に月が宿った星（宿星）の性格を授かって、この世に生まれ出るものとされています。そしてこの星（宿星）を、本人にとっての「本命宿」と言い、略して「宿」（しゅくとも読む）と言います。

したがって、自分自身の「宿」を知り、子供たちや周りの人びとの「宿」を知れば、それぞれの性格や行動の仕方を知ることができ、その歪みをどう是正し、長所をどう伸ばして、周囲の人びとへの対応の仕方をどう調和させていくかを、簡単に見出すことができるようになって、子育てや子供の教育に大変役立ちます。

《宿曜占法》の内容とその占い方についての詳しい説明は、『宿曜占法―密教占星術―』、『宿曜占法Ⅱ―密教の星占い―』など、巻末で紹介している私の五冊の著書（共に大蔵出版発行）で既に行なっていますので、ここでは、自分と子供や周りの人たちの性格と行動様式、および相性を知るために、

①　自分の「宿」と自分以外の人の「宿」を、巻末の「本命宿早見表」で見出す方法と、

②　人間関係（相性）を占う「三九の秘法」

について、簡単に整理しておきます。

なお、詳細に関心をお持ちの方は、前述の拙著を是非ご一読下さい。

2　宿曜占法の占い方

①　自分の「宿」を「早見表」で見出します。

まず自分の「宿」（「本命宿」）を、巻末の「本命宿早見表」（以下「早見表」）から見出します。それには「早見表」の生年の頁を開いて、誕生月の列と誕生日の列が交わるところを見ます。そこが「本命宿」（「宿」）です。

例えば、二〇〇七年（平成十九年）七月十二日生まれの人の「本命宿」の出し方は、次の通りです。

(a) まず「二〇〇七年・平成十九年」の頁（二九五頁）を開きます。

(b) 次に誕生月が一月から十二月まで左端の縦列に記してありますから、その列の七月を見ます。

(c) そして誕生日が、一日から三十一日まで最上段と最下段に記してありますから、その列の十二日のところを見ます。

(d) 最後に、七月と十二日が交わるところを見ます。そこに「参宿」があります。

これが、二〇〇七年（平成十九年）七月十二日生まれの人の「本命宿」です。

なお、一九六九年（昭和四十四年）以前のお誕生日の方の「本命宿」を調べるには、別売の『宿曜占法・本命宿早見表』（一九〇〇年（明治三十三年）～二〇二〇年（平成三十二年））（大蔵出版発売）をご覧下さい。

[2] 自分以外の人の「本命宿」を「早見表」で見出します。

次に同じ方法で、自分以外の人――例えば、家族とか、先生とか、子供の友人など――の「宿」（「本命宿」）を、「早見表」から見出します。すると、例えば、次のような「宿」が出てきて、

例　夫　――　井宿（せい）

妻　――　房宿
長女　――　尾宿
長男　――　室宿
次男　――　女宿

夫婦や親子、子供の一人ひとりの資質や能力、及び運勢や、お互いの人間関係がどうかなどが分かります。

③　親子、兄弟姉妹、師弟、友人などの人間関係を「宿の相性表」で見ます。

《宿曜占法》で、お互いの相性を見るには、『宿曜経』の中の「宿曜文殊暦序三九秘宿品第三」に述べられている、「三九の秘法」というきまりがあります。

そして、「三九の秘法」では、各宿の人間関係を《栄・親》、《友・衰》、《危・成》、《安・壊》、《命・業・胎》、《命・命》の六種類に分けます。

これを本書では例えば、本頁の右下のような表で表わしています。

人間同士の相性を見るには、本書の各宿の項にあるこの「相性表」を使います。

例えば、②の例で井宿である父親（ないし夫）を中心に見ますと――

夫（井宿）は妻（房宿）と《栄・親》の間柄なので一生涯仲良く暮らせる非常に良い間柄です。父

井宿の相性

星宿			相性度	
房	壁	鬼	栄	◎
危	亢	参	親	◎
虚	角	觜	友	○
心	奎	柳	衰	○
箕	胃	張	危	△
斗	翼	昴	成	△
尾	婁	星	安	×
女	軫	畢	壊	×

☆命＝井　業＝氏　胎＝室

（井宿）と長女（尾宿）・次男（女宿）は《安・壊》の間柄ですから、父親は心して子供の良い資質を活かし、自分も注意しなければなりません。長男（室宿）とは《命・業・胎》の関係で、父は長男に甘くなりがちなので幼い時からの育て方が大切になります。

一方、妻あるいは母（房宿）から見ますと、長女（尾宿）と《友・衰》の関係で、友だちのように接することができます。長男（室宿）とも《栄・親》の関係なので、二人の子供とは大変良い関係が保てます。ただ、お互いにわがままにならないように常に気をつけます。また、次男（女宿）とは《危・成》の関係なので、お互いに理解し合って、助け合わなければなりません。

さらに長女（尾宿）から見ますと――

長男（室宿）・次男（女宿）とは共に《安・壊》の間柄なので、姉弟仲良く暮すようによほど気をつけなければなりません。

このように家族内でもいろいろな関係が分かります。

次に、各「宿」同士の関係について述べます。

①《栄・親》の間柄［◎］

一番良い関係を末永く保てる間柄です。お互いに栄え、親しむという意味がありますから、結婚生活なら共に白髪になるまで親しみ合い、親子・兄弟・姉妹の間ではお互いに仲良く、恋人同士なら相性が良くて結婚に進む可能性が大きく、友人同士なら仕事の面はもちろん、一生利害を超えて協力し合っていける間柄です。
自分たちの性格を良く知り合いながら、わがままに過ぎないで幸運を享受しましょう。

②《友・衰》の間柄［○］

夫婦、親子、兄弟、姉妹、子弟、友人、同僚、恋人などの間柄で、良い親しい関係を作ることができます。友人や恋人のような親しみを持って話し合うことができます。その関係が、たとえ途中で続かないことがあっても、ケンカをしたり、恨んだりすることはありません。しかし、どんなに良い間柄だといっても、お互いの長所を認め合い、相手のことを考える気持ちが大切です。

③《危・成》の間柄［△］

お互いに、ライバル意識を持ちながら、お互いの関係を続けます。良くも悪くもお互いの出方次第です。家族間ではそれぞれの気持ちを考え、事業や仕事の相手とは、上手に折り合いをつけながら手を組むことができれば幸いです。

親子の場合は、お互いに合わない点を知って、カバーし合うことがキーポイントです。または、お互いに気質をよく知っておけば、足りないところを補い合って結束を強め、対外的な意味でも良い関係を作ることができます。

④《安・壊》の間柄［×］

この間柄の人同士は、初め急速に惹かれ合います。恋人の場合は、いわゆる一目惚れです。しかし、結婚して夫婦になった場合、五・六年目頃から、裏切りとか足の引っ張り合いとかで、別れるようなことが出てきます。そこを通過すると、その後は、いわゆる〝腐れ縁〟の間柄になって、一方が良ければ他方が困難な目に遭うといった状態が続きます。そのような現象は時々逆転します。ご本人たちは仲が良くても、周りの人びとに迷惑を振りまいたり、損害を与えたりすることもあります。また他動的に仲の良さを壊されることもあります。しかし、利害や結婚が絡まなければとても仲良くできるという、不思議なこともあります。

親子の場合は、親が子供を自分の思う通りの職業に就かせようと余り無理をしたり、子供が親ばかりをあてにして生きようとすると、自分たちだけでなく、周りにも迷惑をかけたり悪い状態を引き起こします。

⑤《命・業・胎》の間柄

自分が〈命〉で、相手が〈業〉か〈胎〉の、どちらかに当る場合、これを《命・業・胎》の間柄と言います。前世で深く関わっていた仲間同士なので、現世でも深い関わりができます。しかしこの間柄は、多くの場合とても良い仲間同士か、大変に悪い仲間同士かのどちらかに片寄ることになります。

関係が良くても悪くても、たいていは〈業〉に当たる宿が〈命〉の人に尽くすとか追いかけるとか、〈命〉の宿が〈胎〉に尽くすとか、ということになります。とても良い場合は問題がありませんが、悪い場合には、〈業〉の人が〈命〉の人に、〈命〉の人が〈胎〉の人に、しつこく着きまとったり、辟易するくらいに尽くしたりします。

親子の場合は、親が子供の面倒を見過ぎたり、子供が親離れできなくなったりしながら一生を過ごします。関わり過ぎてお互いが困るようなことになりがちです。良い場合は、お互いに助け合って暮すので結束も固くこれほど仲の良い夫婦や親子、兄弟は他に例を見ません。

この間柄は、「占法盤」を時計回りに見るとすぐに分かります。尽くされて良い場合と逆の場合とがあるはずです。もし、良くない相手や仲間でしたら、早いうちに抜け出さなければなりませんが、初めのうちは、異常に結束が固いのが特徴です。

⑥《命・命》(同じ宿同士)の間柄

同じ「宿」同士ですから相手の心情も分かり、理解もできて、たいていは仲良くできます。

この間柄では、例えば夫婦や親子の場合、同じ価値観を共有して生活できますから、問題はないでしょう。友だちも同じです。

ところが、同じ「宿」同士ですから、お互いの嫌な面を知っているだけに、ケンカをすると一時的には激しいものになります。その時は、自分の心の中や行動をよく反省して、率直に話し合うと良いでしょう。気心がよく分かるので、たいていは次第に理解し合うようになります。そしてお互いの間柄の由来をよくよく考えてみれば破局は避けられるでしょう。

3　占う際の注意点

ここで注意していただきたいのは、人間同士の関係は、決して一元的で単純なものではないということです。それだけに《宿曜占法》でも、多元的で、複眼的な視点が求められます。

まず、各「宿」それぞれについて見ますと、同じ「宿」でも、「吉」の善い資質をたくさん授けられている人から、「凶」の悪い資質を山ほど授かっている人まで、千差万別です。したがって、日常的な言動も、表面的には異なって見えることが多々あります。

男・女で表われ方が異なる場合もあります。

例えば、「女宿」の場合、男性は優柔不断な面が多少表に出るのに対して、女性は非情に個性的で、全てを自分で取り仕切らないと気がすみません。

また、「張宿」の場合、女性が一様に善い資質を授かっているのに対して、男性は二つのタイプに分かれます。一方は非情に清廉潔白なのに、他方は大変執拗で意地悪です。このように、「宿」によっては、男女で違った資質が表面化する場合があるのです。しかし大切なことは、それにも拘わらず、同じ宿の人の資質には、確固たる共通点があるということです。この点を第一に把握していただければと思います。

次に、一つの宿の人を、他の二十六宿の人がどう見ているかも、それぞれにみな違っています。それは、他の二十六宿の人が持っている資質のどの部分が、敏感に反応するかによります。

さらに《宿曜占法》では、生まれつき持っている「吉」の資質を活かして、「凶」の資質を抑えることを、開運あるいは立命のための重要な行ないだとしています。それは、一人ひとりの努力で、自分の宿命を少しずつ変えることができるからです。

この事は、人間関係でも同じです。

例えば《栄・親》の間柄で、宿命的に親しい関係であっても、お互い好き勝手にわがまま放題をしていたのでは、到底いつまでも親しい関係を続けられません。

また、《安・壊》の間柄だと分かっても、そのことだけで、すぐ、これまでの善い間柄を壊すことにはならないのです。お互いの努力で〈壊〉という「凶」の要素の入る余地を作らないことができるからです。

それにはまず、自分と相手の資質をよく知って、相手の嫌がることから止めることです。そうすれば、相手の態度も驚くほど変わるに違いありません。

4　占断のこつ

最後に、占う上での〝こつ〟について述べておきます。

i　まず、ご自分の「宿」の基本的な要素（性格・長所・短所など）と特徴（好みの食べ物や、話し方、目の動き、癖や、動作・表情など）をよく把握しましょう。私の著書の中で、ご自分の「宿」について書いてあることが当たっているかどうかを、他の人に聞いてみるのもよいでしょう。自分だけは違うと思っていることが多いものですから。

ⅱ　次に自分以外の各「宿」についても十分知っておきましょう。

ⅲ　その上で、家族、先生、上司、友だち、同僚など、周りの方々の「宿」を調べてみましょう。なるべくたくさんの人を見ることによって、職業・年齢に関わらず、それぞれの「宿」に一定の共通点があることを見出すことができるでしょう。

その際、先にも述べましたように、「宿」が同じでも、その中に〝松・竹・梅〟―上・中・下―のランクがあることに気付かれるでしょう。「宿」の善い資質ばかりを備え持っている人、良いところと良くないところをほどほどに発揮している人、悪い本性だけを多く抱えこんでいる人など、いろいろな人がいらっしゃることが分かります。

ⅳ　最後に「宿」同士の関係を調べてみましょう。前述の六種類の関係を見ていきますと、多角的な判断をできるようになります。

ⅴ　開運の基本は、自分なり、その「宿」の人が、今どの程度自分の「宿」について知っていて、どのように動いているのかを知ることです。

ⅵ　誰かを占ってあげる場合、占者はいつも、質問者に対して、明るいアドバイスができるように心がけましょう。

それには質問者のお話は、よく聞いてください。そうすれば、その「宿」の人についての、また周りの人びととの間柄についてのより深い判断と、幸運へのより具体的なアドバイスを導き出せます。

できれば《宿曜占法》についての私の四冊の著書も併せてお読みいただければ、開運を重視する私の《宿曜占法》の全体像を、より深くご理解いただけると存じます。

以下、各宿の子供の占い方の具体例を述べますが、子供によって、各宿生来の資質の表われ方は千差万別です。ですから、本書に示されている具体例を、そのまま自分のお子さんに当てはめることはできません。

各宿本来の共通する資質を充分理解した上で、ご自分のお子さんへの表われ方を良く知って、善い面を活かし、善くない点を少なくするよう、努力してください。そうすれば、お子さんの一生をより素晴らしいものにすることができるでしょう。

二　宿曜占法による子育てと教育の実際

昴宿

昴宿の人は、二十七宿中一番の「幸運の宿」です。物質運に恵まれ、社会的にも良い位置につくことができます。一生を通じて他人からの助けもあり大吉です。自分で勝ち取るのとは違い、天から与えてもらう幸運と言えます。ラッキーな宿に生まれたことに感謝しながら生活することが、昴宿の人にとってはとても大切です。

男性・女性ともに高級品を身に着けることを好み、なかなかのグルメです。文学や芸術方面に力を発揮します。いくら生まれ持った幸運の宿といっても、社会のルールに反し、感情を剥き出しにして生活すれば、運も逃げて行きますので、感情的な高まりを抑えて平穏に生活するように、自分でコントロールすることが開運のためのキーポイントです。

昴　宿（ぼうすく）

八歳なのにダイエット実行

ぽっちゃりとした、可愛(かわい)い昴宿の女の子・Yちゃんがいました。建築関係の会社役員をしている畢宿のお父さん、通訳をしている英語ペラペラの翼宿のお母さん、それに二歳年上の勉強ができてしっかり者のお姉さんのI子さん（井宿）との四人家族でした。

Yちゃんは小さい頃からヴァイオリンのお稽古に通っており、とても好きで上手でした。レッスンの前に「練習したの？」「弾きなさいよ！」なんて、両親が一言も注意したことがないくらい、よく練習します。発表会の舞台の上では、お母さんの手作りのドレスを着て、いつも可愛らしく、そして上品に上手に弾いていました。

お母さんの仕事の関係で、外国人のお客様を招待して、家でパーティが開かれることもしばしばありました。そのパーティの時は、Yちゃんの演奏とI子さんのバレーがいつも余興として披露されます。目が大きくて綺麗で、お嬢さま風のYちゃんはいつもパーティの席上で輝きました。

昴宿の相性

星宿			相性度	
軫	女	畢	栄	◎
箕	張	胃	親	◎
尾	星	婁	友	○
角	虚	觜	衰	○
氐	室	井	危	△
房	鬼	壁	成	△
亢	危	参	安	×
心	柳	奎	壊	×

☆命＝昴　業＝翼　胎＝斗

幸せいっぱいを絵に描いたような家庭でしたが、Yちゃんには一つだけ悩みがありました。

お姉さんのI子さん（井宿）は、小学校に上がると、いつも学校から帰るとすぐ机に向って勉強し、成績優秀です。学年が進むにつれて、バレーの他に英語も習いに行っていて、学校の勉強が終わるとその後は英語の勉強です。小学生なのに、もう英検五級、四級も取ってしまいました。

Yちゃんはというと、成績は中の上というところで、今一つトップクラスというところまではいきません。お母さんに「宿題やったの？」と言われながらやっとのことで済ませた後は、本を読んだりお絵かきや工作をやったりしています。お母さんはYちゃんにも英語を習わせようとしましたが、どうもあまり好きになれず辞めてしまいました。

こんなことから、お母さんはこの二人を比べてのお説教が始まりました。

「I子は成績が良くってどんどん勉強するのに、あなたときたら本を読んだりお絵かきばかりしていて、ちっとも勉強しないんだから……」とか、「I子は英語の勉強一生懸命頑張っているのに、あなたときたら辞めてしまうんだもの。これから将来何をやるのにも、英語はとっても必要なのよ」などなど、事あるごとにお姉さんと比べて、愚痴や不満を言うようになってしまいました。

言われれば言われるほどYちゃんは悔しくって、

「何でお姉さんといちいち比べるのよ！」

と、急にワァーワァー泣きわめいたり、無理なわがままを言ったり、友だちとケンカしたりするようになりました。小さい時可愛かったYちゃんの顔は、次第にいつも不満げで、ほっぺたは膨らみ、目じりはつり上がっているようになってしまいました。いつもキリキリ、ツンツンしているので、友だちから「コンペイトウ」と言うあだ名まで付けられてしまいました。

こんな場合、普通の子育ての常識としては、兄弟姉妹を比べて叱ったりすることは絶対慎まなくてはなりません。でも、このお母さん（翼宿）とYちゃん（昴宿）は、《宿曜占法》では《命・業・胎》の〈業〉の関係にあります。Yちゃんが〈命〉でお母さんは〈業〉です。お母さんは悪気はなくても、ついYちゃんのことが気になって何かと口出しをしてしまう関係です。

ある日、Yちゃんは急に「ギャー！」と叫んで自分の部屋から飛び出し、リビングにいるお母さんに飛びついてきたことがありました。何事かと思ったら、お姉さんのI子さんがYちゃんの大切なヴァイオリンの弦に触り、音が狂ってしまったと言うのです。こんな時、いくら親が

「そんな事ぐらいで、泣かないで。許してあげなさい」

と、注意しても、昴宿の子は聞く耳を持ちません。あくる日になって機嫌の良い時に親はじっくりと、

「昨日の事はこうじゃない？」

と、言い聞かせるしかありません。日頃お母さんにお姉さんと比べて怒られていたことが、よりYちゃんの悔しさに拍車をかけたのでしょう。

昴宿は、食べることに興味があります。大人でも精神的なストレス解消にすぐ食べ物に手が行ってしまうと言われています。子供のYちゃんの場合も同じでした。お母さんに叱られたりすると、よけい悔しくて、ケーキや美味しいお肉などをいっぱい食べてしまいます。パーティが開かれた時など、

です。特に留まるところを知りません。嬉しくて嬉しくていっぱい食べます。本当にその時だけは幸せそう

そのせいか、八歳の頃には肥満児になってしまいました。

そんな最近のYちゃんを、《栄・親》の関係のお父さん（畢宿）はとても心配するようになりました。畢宿は心が広くて、竹を割ったようなさっぱりした気性と言われています。ある時、ケーキを三つもペロッと食べて、四つ目まで手を伸ばそうとするYちゃんを見て、ポロッと

「こんなに太って、それでそんなにいつもむくれた顔していたら、お嫁に行けないぞ」

と、からかい半分で言ってしまったのです。畢宿のお父さんは、心配しているのに、子供にきついぐらいの言葉を投げかけてしまうところがあり、日頃から結構いろんなことを言っていたはずです。しかし今回は、Yちゃんは、特に強いショックを受けたのでした。「お父さんなんて大嫌い」と泣きながら、自分の部屋に走って行ってしまいました。

「それなら、やせるしかない！」と、一人でしみじみ考えます。

そしてある日突然、お風呂に長い時間かけるようになったのです。八歳の子に一時間は長過ぎると思い、お母さんは心配で見に行きました。すると、いつもよりずっと熱いお風呂に、出たり入ったり、一心不乱にくり返しているのです。それも、何十回もやっているようで、もう顔は真っ赤です。どこから聞いてきたのか分りませんが、とても無理をするダイエットを実行していたのでした。

お母さんは大急ぎでYちゃんに水を飲ませ、お風呂から出しました。

「どうして、こんな無理をするの？」

と、お母さんが聞くと、

「だって、太っているとお嫁さんに行けなくなるって、お父さんが言ったんだもの……」

と、涙が止めどもなく流れました。お父さんは心配していたのに、つい口から出てしまった言葉がこんなに深刻だったとは、お母さんも気がつかなかったのです。お父さんの行き過ぎた言葉にプライドが傷つけられたのかも知れませんし、昴宿特有の美的感覚が許さなかったのかも知れません。このように、表に出さなくても、心の中は、激しいものを持っているのが昴宿の特徴です。その点を理解して、表面だけでは判断せず、その子の気持ちを深く掘り下げて受け止めてあげたいものです。


それからお母さんは、お父さんに「本当はこの頃のお前の様子、心配していたんだよ。ごめんね。許しておくれ」と、謝るように頼みました。自分自身もYちゃんとI子さんを比べて叱り過ぎたことを反省しました。そして、「肥満は自分の責任である」と考え、食事作りに気をつけてゆっくりとダイエットさせることにしました。畢宿のお父さんの言葉は、結果的にはYちゃんの健康につながることになり、今ではYちゃんも感謝しているようです。Yちゃんは、お母さんがお姉さんのことばかりでなく、自分のことも一生懸命考えてくれていることに気がつきました。

すっかりスマートになって、顔も元のように穏やかになったYちゃんは、五年生になると卒業生を送る会の余興として、お母さん手作りの素敵なドレスを着てヴァイオリンを演奏し、全校生徒から大きな拍手を浴びキラキラと輝きました。ヴァイオリンの発表会でも、次々に難しい曲に挑戦しました。

高嶺の花

中学生になったYちゃんは、お洒落にも関心を持つようになり、美しさはますます精彩を放ちました。成績優秀のJくん、男子バレー部キャプテンのNくん、ブラスバンド部部長のBくん等々、そして傍目ではとても無理と思われる男子生徒までもが、いつもYちゃんの周囲を取り巻き、まるで女王さまのように振る舞いました。

高校へ進んでも同じような状態ですが、当の本人は「うーん、やめとく！」とか、「どうしても友だちとしてしか考えられないわ！」とか言って、一対一での付き合いをしようとしません。昴宿の女性は感情の起伏が激しく、相手にも完璧なものを要求してしまうので、モテているように見えて、一人に絞るのが難しいのかも知れません。

きっと感情が豊かなので、その点ピンとくる人であればオーケーが出たのだと思いますが、結局デートまで持ち込める生徒は何人いるのか分りません。これからはいろいろと恋愛問題も複雑に出て来て、両親を心配させるでしょう。高嶺の花のように見えて、自分がこうと思うと危険な恋に突っ走る要素もある昴宿女性のことですから。

ともあれ、Yちゃんはこのようにしていろいろな両親との葛藤を経ながらも、親子の愛を獲得して、「将来ヴァイオリニストとして生きたい」と、頑張っています。

（秋原　敬子）

アドバイス

昴宿の子供の特徴は、鋭敏な感受性を持っていることです。文学・芸術方面に才能を発揮する子供がたくさんいます。お話の仕方も大変に上手です。もともと吉祥の星なので、もし良い人間関係を築くことができれば、大変良い未来を期待できます。

この宿の人は、感情的になり、他の人の気持ちを推し量れず自己中心的になったり、すぐ怒ったりします。それさえなければ、良い人間関係を築けますから、それが子育ての一番の課題となります。

このお話の中で、昴宿の子供の気持ちを一番悲しくさせたのは、お母さんにお姉さんと比べられたことです。その時の不満がたくさんものを食べたり、「ギャーッ」と叫んだりする原因となりました。お母さんにとって、どの子供も可愛い宝物です。無条件に可愛いはずです。しかも幼児といえども、一箇の尊い人格です。尊敬と慈愛の情を持って接するのが、親の在り方です。子供の扱いに差別があったり、兄弟姉妹を比べたりするのは、親として許されないことです。それでないと、大人になっていがみ合う寂しい兄弟姉妹になってしまいます。また姉は妹に対して、同じ血を分けた分身として、肉親の愛を持って、妹を導くべきです。

幸いに、ここではお母さまが早くそのことに気がついて対処でき、幸運でした。

上住節子

畢宿

畢宿の人は、二十七宿中一番強いエネルギーを授かっていますので、体力・気力ともに十分です。そのため、心に決めたことは必ずやり遂げ、好い結果に結びつけることができます。それが、仕事の面において発揮されると好い業績を残し、大成することになるでしょう。自信を持って仕事に打ち込んでください。さらに、その余録を人に施し社会貢献をすることが大切となります。そうすると人びとから尊敬され、社会的地位が高くなります。しかし、この有り余るエネルギーを持って欲望のままに行動しますと相手を傷つけること（肉体的にも精神的にも）を平気でするようになり、人びとが周りから去ってしまい識らず知らずのうちに孤独に陥ることになります。とにかくこの強いエネルギーを悪用せず、人びとのためになる良い方向に開花させることが大切になります。

畢　宿（ひっすく）

高校三年間を部活動・勉強・受験にと充実した日々を過ごし、見事、超難関有名国立大学に現役合格を果たしたA君についてお話しましょう。

彼は、高校三年間、硬式テニス部に所属し、戦績は三年生の時の高校総体で県大会個人戦ベスト8、団体戦ベスト8、ダブルスベスト8に入賞しました。部活動において私立高校優位の中、公立高校の生徒としては大変良い成績を残したのです。欠席も三年間で一日だけでした。それも部活をやり過ぎて熱射病になり、ドクターストップがかかりどうしても一日だけ体を休めなければならなかったからです。

学業も優秀で常に上位にいました。その勉強方法は、三年間、塾や予備校に一切通わず、学校の授業を中心に受験用の学習参考書を勉強し、通信添削でその既習内容を確認するというものでした。また、学校が計画立案して実施する有名予備校の大学入試模試もかかさず積極的に受験して

畢宿の相性

星宿			相性度	
角	虚	觜	栄	◎
斗	翼	昴	親	◎
箕	張	胃	友	○
亢	危	参	衰	○
房	壁	鬼	危	△
心	柳	奎	成	△
氐	室	井	安	×
尾	星	婁	壊	×

☆命＝畢　業＝軫　胎＝女

いました。

こればかりか、彼はいつも明るく周囲の人に優しい言葉がかけられる思い遣(や)りのある生徒でもありました。クラスの役員も三年間、副委員長を務めましたが、裏方に徹し出しゃばることをせず自己の責務を全(まっと)うしたのです。

私は教師として、なぜA君が「人生を一所懸命に生きる素晴らしさを感じ、何事も最後までやり通す強い心（モチベーション）を持ち、家族や他人に対する思い遣りも十分にある」生徒に育ったのか、そのことに興味を覚えました。このような生徒に育てた両親の教育方針やその指導について知りたくなったのです。きっとここには〈宿(しゅく)〉の資質を上手に伸長させることのできるヒントがあるのではないかと考えたからです。

そこでなんとか、A君の両親からその育て方を聞けないものかと考えました。すると、母親が学校の役員をしており、その新旧役員の引き継ぎ会に出席することが分かりました。運良く、私はその担当でしたので、その機会を利用しようと思い立ちました。そして、その日、私は来校した母親に大学合格のお祝いを述べながら、A君の育て方についてお話を伺いたいと申し出ました。母親は「会議終了後でしたら」と快く承諾をしてくれたのです。

最初は、幼稚園の頃の話を聞かせていただきました。

そこで母親は、

「幼稚園の頃ですか。何も特別な教育はしませんでしたよ。ただ、いつも息子と時間を共にしながら〝私たちにとってあなたは必要で大事な存在である〟という話をくり返しましたね。まぁ、自然な感情の吐露ですが……。また、〝人は生きているというだけで価値がある〟ということについても話しましたね」

と言うのです。私は、なるほどと思いました。両親のこの言葉によって、A君は自己評価力を高めることになったものと判断しました。この自己評価力とは、自己の存在の意義を客観的に知る力のことです。A君は、これによって自分の存在意義を実感し、肯定的で積極的な人生を歩むための自信が形作られたのでしょう。

このことから、幼稚園の頃は勉強よりも両親の愛情たっぷりな言葉かけと、スキンシップなどによる十分な「心の育成」が大事になるように感じました。

次に、小学校の頃の特筆すべきことを話していただきました。

小学校では、スポーツが好きで、小学校四年生から学校の部活動の野球を始めて、六年生まで一日も休まず練習したそうです。しかし、好きと上手は違うようで、公式戦ばかりか、練習試合にも一度も出場できなかったということです。それでも練習をし続けたということには感心しました。まさに、一度決めたら最後までやり通そうとする善なる資質が現われた結果でしょう。五年生の時には、クラス代表のミニバスの選手に選ばれ、野球部の練習の合間をぬってミニバスの練習もしたそうです。ガードポジションという役割でレギュラーとなり、彼はその面白さにのめり込み、帰宅は六時を過ぎることが日常でした。しかしそのような中にあっても、学校の成績はクラス順位（五段階評価の評定平均値の順位）が三番より下がることがなかったそうです。そのため、多くの保護者からどこの塾に行っているのかとよく質問されたと言うことでした。ところが、A君は塾に通ったことがなかったのです。それでもこの成績が維持できたのは、どんなに部活動で疲れて帰ってきても授業の予習・復習をきちんとやったことにあると言うことでした。

また、母親は、

「幼稚園の時と同じように、小学生の時も何も特別なことはしませんでした。今、思いますに一年生の時から六年生まで持ち上がっていただいたクラス担任との出会いも好かったですね。その先生は、良い先生で部活動を奨励し、勉強も熱心に教えてくれ、バランスよく指導していただきました。息子のAだけでなく多くの子供たちが慕っていました。そのせいか、クラスにいじめはなかったように思います。どうしても先生方の多くは、片方に偏りがちですよね。そうなると価値観が偏ってしまうでしょう」

確かに、教育はバランスが大事です。A君は、良い指導者に恵まれたようです。その意味では、出会いも大事になります（難しい場合もありますが……）。

他に何か特に注意したことを聞いてみました。

「そうですね。注意したといえば、小学生にもなると親の考え方に影響を受けますので、モラルを大事にし彼の前で他人を批判したりすることはしませんでした。少なくとも、子供は親の真似をしますから、親がルールを無視するような行動をしたりマイナス思考を口に出すと子供までそうなりますので、気をつけました」

（私）「それはいろいろ気を遣いましたね。私もそうですが、つい愚痴が出てしまいますからね」

（母）「確かに。人の悪口を言うと心安らぎますので（笑い）それができないのはストレスが溜まりますよね（笑い）」

私は、この話はどの〈宿〉の子供を育てる時でも心すべき点だと考えています。特に〈畢宿〉は、凶なる資質が開花すると平気で社会的ルールを無視し嫌われ者となりますから、これを抑制する点を育てる際のポイントにしたのは良かったと考えました。教育とは、〈宿〉の凶なる資質を押さえ込むことにありますから。

次に、中学校の頃の特筆すべきことを聞いてみました。

中学校では軟式テニス部に入部し、これも毎日練習に明け暮れ、三年生の春の総体では県大会個人戦でベスト８（軟式テニスはダブルスのみ）に入賞しました。ここでも、小学校の時と同じように塾には通いませんでしたが、その成績は全校一五五名のうち、常に十番以内だったそうです。Ａ君は「勉強は予習と復習をして、よく先生の話を聞いて理解できればいい。後は、学習参考書と通信添削をやるから大丈夫」というのが口癖だったようです。さすがに三年生の高校入試を控えた時には、ほとんどの子供たちが塾や予備校に行っているので、ご両親も心配になり「塾に行ってもいいんだよ」と言いました。するとＡ君は「僕は行かないよ。今のやり方がいいし」と拒絶したということでした。ご両親も話し合って、Ａ君に任せることにしたそうです。結果、見事に合格しました。

高校でも私の見た限りでは、そのスタイルを崩していなかったようです。両親は、小学校の頃からA君が自己のスタイルを確立していたので、高校でも塾や予備校に行くことを無理に勧めず、部活動と両立させたようです。それが、このような好い結果を生んだものと考えられます。

そこで〈宿〉の関係を調べてみましたら、父親は〈危宿〉、母親は〈胃宿〉で、どちらもA君とは《友・衰》の関係でした。A君を育てる際、何事においても強制せず応援だけしたのは、彼の性格の形成や大学入試の成功から考えると正解だったようです。なぜなら、親子が《友・衰》の関係にある場合は、指導するのではなく、あくまでも助言を中心にし、決定権は相手に渡しておく方が良い関係を保てるケースが多いからです。A君の両親は《宿曜占法》の教えを学んでいたわけではありませんが、親として見事にそのポイントを見通していたようです。

最後に、大学受験についても聞いてみました。

「そうですね。父親は受験校をどうするんだ。何を勉強したいんだとあれこれ言いたかったようですね。でも、今までもそうですが、私たちの育て方の一つとして人生には選択する力が必要だと思って育ててきましたので、本人に考えさせる部分を多くしました。でも、話を聞く時間は多くとりました。高校生ともなると、あまり話してきませんでしたが（笑い）。その姿勢だけは、本人に見せておきました」

この話で大事なところは「選択する力」を育（はぐく）んできたことが受験に多大な影響を与えたということでしょう。自立とは、言い換えれば「選択して生きていく」ということですから。

（前田　康晴）

アドバイス

上住節子

畢宿の子供は、自分の納得したことをどんなに辛くても我慢し最後までやり遂げるという善なる資質を授かっています。「私はこれをやりたい」と思ったら大人顔負けの根気強さを発揮するのです。これを伸ばすためには、子供の頃からゆっくりと言い聞かせて納得させてから、物事に取り組ませるとよいでしょう。相手が子供であっても、教え諭し共感を求める態度で接することが大事になります。反面、納得しないことは絶対にしようとしません。そのため、大人の目には頑固者と映ったり、子供らしさがないとも言われます。さらに、冷静沈着に将来を見据えて堅実に計画を立て着実に進めるという面もあります。このことが初めは仕事が鈍くぐずぐずしているように思われますが、この誤解もすぐに解消しますので安心してください。

ここには、A君の子供時代から高校時代までの成長と大学受験合格という結果。それを見守る両親の姿が興味深く語られています。この話のポイントは二つです。一つは、部活動や勉強など何事にも積極的なA君を信じて子育てをしたこと。次に、ご両親ともA君と《友・衰》の関係であったため、その教え導きはアドバイスのみに徹し、自立心を促したことにあります。親子の関係でも押し付けや厳しい指導が成功するとは限らないのです。この話のように、その子供の授かった善なる資質をよく考えることが大事となります。

觜宿

觜宿の人は、思慮深く頭脳明晰で学識があり、積極的に好きな学問をします。また、清らかで慎み深く挫折に強いという善なる資質も授かっています。さらに財運にも恵まれているため、着実に自分で莫大な財を築くことができます。そこで、この強運を世俗的な権力や金銭を追い求めることだけに使うのではなく、社会奉仕のために用いるようにすれば社会からも認められ、高い評価を受けられるでしょう。

その反面、感情的になったり人を傷つけたり、さらにいざこざを起こしてそれを楽しむという「凶なる資質」がありますので気をつけましょう。また、見栄っ張りです。とにかく争わないことがこの〈宿〉の開運には大切なのです。争うと強運から見放されてしまいます。

觜　宿（しすく）

心の安定の源は母親との関係

私には、薬局を経営している従妹がいます。その彼女が、ある時、電話をかけてきました。それも涙ながらにです。そして高校生の長女A子のことで相談にのって欲しいというのです。私は了解し、明日、自宅に来るように話しました。

当日、力なく一人で来た従妹は、次のような話を始めたのです。

「昨日、二学期の期末テスト二日目。テストが十二時で終了したのでA子はいつもより早く下校し、近くの○○デパートに寄り道をしました。その日の午後三時頃、デパートの警備員さんから〝A子さんが万引きをしたので、引き取りにきて欲しいのですが……〟という旨の電話がありました。私は、あわてふためいてデパートに向かい、三〇分後、デパートの警備員室に着いたのです。

その部屋の扉を開けると、そこには椅子に座ったA

觜宿の相性

星宿			相性度	
亢	危	参	栄	◎
女	軫	畢	親	◎
斗	翼	昴	友	○
氐	室	井	衰	○
心	奎	柳	危	△
尾	星	婁	成	△
房	壁	鬼	安	×
箕	張	胃	壊	×

☆命＝觜　業＝角　胎＝虚

子と、それを諭すように話をしている私服の女性の警備員さんがいました。学校には連絡しなかったようで、先生方は来ていなかったため、正直、少し安心しました。私は〝申し訳ございません。警備員さん、申し訳ございませんでした〟と涙ながらに謝罪し深々と頭を下げました。A子も、さすがに私のその姿を見て反省しているようでしたが、ふて腐れている態度は同じでした。そこで、挨拶もそこそこにその警備員さんから事情を聞くことにしましたが、A子のいる前では何かと話しづらいので別室で話をすることにしました。

最初に、警備員さんから保護者かどうかの確認があり、次に、万引きの品の説明がありました。品物は、洗顔クリームやリップなどの化粧品を四点。パンを二点。それに、お菓子やチョコレートを三点でした。さらに、警備員さんは〝万引きの仕方を見ていますと、ちょっと常習の感じがしますね〟と言葉を添えるではありませんか。

私は、この〈常習〉という言葉に驚き、言葉を詰まらせ涙が溢れ出そうになりました。〝家庭ではそのような様子が見えませんでした。申し訳ございません〟と涙声で応えるのがやっとでした。警備員さんは〝実は、捕まえた後の態度が大変に悪いので、警察や学校に届けようとも考えましたが、事が大きくなるのも、高校生ですから将来に影響すると思ったので連絡はしていません。私どもとしましても大げさにしたくありませんからね〟といい、好意的にこの問題を処理していただくことができました。

これに対し、感謝の言葉を述べると、また、警備員さんは取り調べ時の暴言についても詳しく説明してくれました。〝万引きした品物を出させた時、逆に怒り始めて〝何もしてねぇよ。クソババァ〟。〝ウゼェンダヨ〟。〝警察でも何でも呼んでみろよ〟。〝こんなの買ってやるよ。いくらだよ〟。と暴言を吐くものですから、懲らしめようと思いまして〝担任か学年主任の先生を呼びますよ〟と言ったら、少しずつおとなしくなりましたね〟と。私はこれにも驚き、立ちすくんでしまいました。このような予想外のショッキングな話を聞いて、真っ青になって涙ながらに警備員室に戻りました。警備員さんも、保護者である私が来たことによってA子を帰宅させることにしてくれました。そこで、ふて腐れているA子を連れて帰って来たのです。

このようなことがあったので、私は夫とも相談をして、これからどのようにしたらよいかを聞かせて欲しいのです」

実に私もこの話を聞いてショックでした。なぜなら、A子のことは子供の時からよく知っていて、躾の行き届いたしっかりした娘だと思っていたからです。また、両親とも薬剤師で、父親は病院の薬局勤務、母親は自宅で薬局を開業していますので、経済的には何ら問題はありませんでした。A子が長女であったので、薬局を継がせるために幼少の頃から勉強に力を入れて育て、多くの塾にも通わせていたので優秀な成績でした。当然、高校も進学校に進学しました。何ら問題のない高校生だと考えていたのです。

この話を聞いた私は、どうしたものやらと考え、自宅が近かったのでおおよその話を聞いた後、その日はそれで帰ってもらい、二日後にもう一度A子と一緒に来るように話しました。

従妹が帰った後、すぐに《宿曜占法》の教えでＡ子の性格を深く調べることにしました。二度と万引きをさせないようにするにはどうすればよいかというヒントを見つけようとしたのです。

そこで先ず、Ａ子と両親との関係が大事になるので〈宿(しゅく)〉を割り出し、その関係を分析しました。それは、子供が問題を起こす場合、まず家庭の中にその原因があることが多いからです。

Ａ子は〈觜宿〉、父親は〈柳宿〉、母親は〈室宿〉でした。親子の関係を見ますと、Ａ子と父親は《危・成》、Ａ子と母親は《友・衰》でした。これより、Ａ子と父親とは、好みが違ったり本質的に異なった面が多く、一緒にいると父親の小言によって彼女は心落ち着かなくなるようです。母親とは、良い関係を保ち、母親は娘の良き理解者であることが分かりました。ここから、Ａ子が問題を起こしたのは父親との関係によるものと判断したのです。最後は、次の相談の時に確認することにしました。

二日後、従妹がＡ子と一緒に来ました。二人には何か明るい雰囲気がありましたので、その理由を聞いてみました。すると、

「娘と久しぶりに二日間ゆっくり話をしました。今まで私がどうもあまり娘の話を聞かず、少し厳しく接し過ぎたようです」

と言い、Ａ子も、

「反省しましたよ。お母さんの泣き顔を見たら、しまったと思ったし。実は、今までも万引きを時々してたんだ。これを機会に止(や)めることにします。それに、取り調べの時の悪い態度も反省しました。どうしてあんな態度をとったのか、自分でも分かんないんだ。普通の状態じゃなかった

からかなぁ」

と言いました。実はこれは〈觜宿〉の凶なる資質の一つなのです。A子は大変な場面に置かれたため、理性による抑（おさ）えが効（き）かず、その凶の側面が知らず知らず顔を出してしまったのです。

そしてこの話の中で、事前の判断に間違いがあることに気付きました。それは、母親（従妹）とA子の関係についてです。私は、家庭の中で母親はA子の良き理解者だと判断したのですが、そうではなかったようです。従妹の「久しぶりに」という言葉がそれを証明していました。どうも、従妹はA子が長女であるために、妹よりも勉強面でも生活面でも厳しくきちんと育てようとし、必要以上に突き放してしまったようです。本来は、良き理解者の役割を果たさなければいけないのに、それを果たしていないことに実はこの問題の起こる原因があったのです。彼女はそこにストレスを感じていたようです。

そこで、私はこの二人の関係を《宿曜占法》の教えが説くような良い関係に戻せば、ストレス性万引きの癖（くせ）が治るものと考えて、従妹に次のようなアドバイスをしたのです。

「確かに、あなたはA子に期待していますから、いろいろな面できちんとさせようと思ったのでしょう。今、反省しているように、ちょっと厳し過ぎましたね。きっと、薬剤師として家を継いでもらいたいからでしょう。ここまで強い気持ちを持っているということは、あなたが跡取りだったからだよ。そこで、あまり押しつけずに、もう少しA子の話を聞いてあげて進路についてもじっくりと話をした方がいいよ。そうしないともっとストレスが溜まってしまうから。そうなると、友人にも当たり散らすようになってしまうので気をつけた方がよいと思うよ。友だちから嫌われてしまう可能性も否定できない。最も悪いのは、このままではＡ子の本来持っている良い資質や才能・能力を開花させることはできなくなるからね。くり返しになるけど、もっと話を聞いてあげたら」

従妹はこのアドバイスが素直に腑(ふ)に落ちたように、

「分かったわ。もう少し肩肘(かたひじ)を張らずに子育てをしてみます。本当にありがとうございます」

Ａ子も、

「この二日間よかった。今まで、なんか母親に言いたいことも言えなかったのでストレスがあったけど、いろいろな話がたくさんできたのでなんかすっきりした感じ。お母さんと語り合えたのはよかった」

と言うのです。二人は笑顔で帰宅しました。それから以後、Ａ子が万引きをしたということを聞かないので、親子関係が円満になり、問題が解消したのでしょう。

私は、この親子が《宿曜占法》の教えにあるような本来の関係を取り戻したので、Ａ子の凶なる資質が抑えられ、良い方向に進んだものと考えています。

その後、Ａ子は無事、従妹の母校である難関薬科大学に合格しました。頭脳明晰であるという善なる資質や本来の強運にも守られ好い結果となりました。このように開運することによって、順調に人生選択ができたようです。

（前田　康晴）

アドバイス

觜宿は、どんな困難にも粘り強く対応する心の強さを持ち合わせています。友だちの間では気前がよく、みんなの話を聞いて正当な意見を言うので頼りにされます。将来は正直で必ず約束を守るなどの善い資質を活かして、実力で着実に財産を増やし、人びとにも信頼される人生を送ることができます。しかし感情的になって怒ったり、いざこざを起こしたり、意地悪をするようになった場合には、福運は確実に去って、ただ忙しくめまぐるしい人生になってしまいます。

ご両親は觜宿の子供に対して、自分たちの愛情と優しさを見せてあげましょう。それから人と争ってはいけないことを、よく説明してあげてください。頭の良い子供なので理解できるでしょう。自分のためにも良いことは即実行する子供です。

お話の中では、A子さんは母親にもっと優しくしていろいろと話し合って欲しかったのに、それが叶(かな)えられずストレスが溜って万引きをしてしまいましたが、その時に母の涙を見て親の愛を感じたのです。それで母親がA子に対して厳し過ぎたと反省したのをきっかけに、母と娘は仲良く話し合うようになりました。A子さんは母親の愛情を受け止めて、觜宿の人の善い資質をすぐに発揮し始め、自分のしたことをきちんと反省した上で、新しく前向きに出発しました。

上住節子

参宿

参宿の人は、二十七宿中働き者の三大宿の一つです。白刃の上を歩いて渡れる剛胆さも具えています。これには周りの人は驚かされますが、そのうえ聡明（そうめい）でしかも正義感と愛情に溢（あふ）れています。この資質を活かして普通ではできないような困難の大きい仕事に果敢に挑み、成し遂（と）げるのが、天から授かった宿命です。

一方、自分がこれはと思うと、体のことや周囲の人びとの思惑も省（かえり）みないで突き進むところがありますから、周囲に迷惑をかけないよう、常識的でバランスのとれた、現実的な生き方をして、人のために働くのが、幸福になれるキーポイントです。

参　宿（しんすく）

宿題の答え教えて！

Kちゃんは参宿の子供の特徴として、即席の踊りやお芝居が好きで、作文や絵が上手です。彼女は、特にサイケデリックな絵を画くのが得意で大人を驚かせました。表現力も豊かで怖いもの知らずです。あるお祭りの晩、姿が見えなくなってしまいました。家族が心配して探したあげく見つけたのは、大人に混ざってちゃっかりやぐらの上で盆踊りを踊っているKちゃんの姿です。

三・四歳くらいのある時、お姉さんの着ているものが欲しくなり、それをもらいました。ところがどのように着たらよいのか分かりません。胴や足の先から頭をつっこんだり、両足を手に通したりして大奮闘するのですが、よく分かりません。こんな時、意地を張って、テコでもお父さんやお母さんに「教えて！」とは言わないKちゃんです。一方、Kちゃんと鬼宿のお姉さんは《友・衰》の間柄で、仲良し姉妹です。お互いがお互いの行動を理解し合える関係です。妹にとって、姉は時には、ライバルであり、憧(あこが)れの

参宿の相性

星宿			相性度	
井	室	氐	栄	◎
觜	角	虚	親	◎
畢	軫	女	友	○
鬼	壁	房	衰	○
星	婁	尾	危	△
胃	張	箕	成	△
柳	奎	心	安	×
昴	翼	斗	壊	×

☆命＝参　業＝亢　胎＝危

対象です。そんなKちゃんの気持ちは小さい時から芽生えており、大人になっても続いています。お姉さんが学校から帰ってくる頃になって、やっとこのシロモノの着かたが分かりました。「お姉ちゃん！　これってブラウスみたいに上に着るのじゃなくて、こうやって履くのね！」と、報告しました。

参宿のKちゃんの何が何でも発見してやるんだという執念や追求力には、目覚ましいものがあります。簡単に答えを教えないで、こんな時、子供の創造性を育むために、〝両親は黙って見守るべし〟です。幸いKちゃんのお父さんは翼宿で、お母さんは張宿でした。二人は《栄・親》の関係で、子育てに関してはお互いの気持ちを良く理解し合えるところがあります。

小学校の時、Kちゃんには近くに住んでいるIちゃんという昴宿のお友だちがいました。二人の間柄は《安・壊》の関係（『宿曜占法Ⅱ』参照）のせいか、仲良くなったり、けんかをしたりをくり返しながらも離れることはありませんでした。ある日、KちゃんはIちゃんからの電話を受け取りました。

「Kちゃん、宿題の答えがどうしても分からないの。教えて！」

――まあ、今日だけならいいか――と思って、

「いいわよ。これはね、〇〇だから××というわけで、答えは□よ」

と、教えてあげたKちゃんでしたが、Iちゃんの次の言葉にびっくりしました。

「ありがとう。でもね、理由はいいから一番から十番まで、全部答えだけ言って！」

二、三回は我慢して教えてあげましたが、それから毎日「宿題の答え教えて！」の電話がかかって

来るようになったのです。正義感の強い参宿のKちゃんはどうしても我慢できません。

「もういやっ。どうしてこうなるのかを教えてあげるけど、でも答えは自分で考えてよ。それでなければ自分の勉強にならないじゃない！　自分でやらないで先生には〝やってきました〟って見せるなんてずうずうしいにもほどがあるわ。私はちゃんと分かるようにしてあげたいのに！」と言ってガチャッと電話を切りました。すると、Iちゃんは急いでKちゃんの家にやって来ました。

「宿題やって！　Kちゃんは授業中はいつも先生の話を聞かないで椅子をガッタンガッタンしてひっくり返ったりしているのに、なんで勉強が良く分かっているの？」

「知らないわよ。自分のことは自分でやりなさいよ」(……私はあなたの子分ではありませーん)の言い合いが続き、最後は取っ組み合いの大げんかになり、Iちゃんが首にかけていた真珠っぽいネックレスはバラバラになりました。

お父さんはKちゃんのほっぺたをはたきに来るし、おばあさんは「おやめ！　おやめ！」と、おろおろします。参宿の子供は荒っぽいところがあります。このように《安・壊》の二人は小さいながら周りの人に迷惑をかけるのが特徴です。Iちゃんの家は豊かで経済的に恵まれていてなんでも買ってもらえたのに比べて、愛情に溢れた両親ではありましたが、すべてを失った戦後の事とて、欲しい物をどんどん買ってもらえなかったKちゃんは、時々我慢できなくなり爆発しました。

でもKちゃんのお母さん(張宿)は、心濃(こま)やかで工夫が上手です。こんな時どのように対応したかお話しましょう。そんなKちゃんにお母さんは愛情深く、できるだけのことをしました。Iちゃんが大きなミルク飲み人形を持って来た時は、Kちゃんに手作りで可愛いお人形を作ってあげました。はじめはミルク飲み人形を羨ましがっていたKちゃんも、これができるとすっかり満足して、二人で仲良くそれぞれのお人形を抱いてお父さんに写真を写してもらいました。また小学校高学年になった時、Iちゃんが大きな襟のついたぼたん色のコートを着て来た時のことです。これもKちゃんは羨ましくてしかたありません。するとKちゃんのお母さんは、そのコートをIちゃんのお母さんに借りて型紙を研究して作り、似たような色の生地を買い、同じようなコートを縫い上げてしまったのです。これにもKちゃんは大満足でした。

ともすると歪んでしまいそうになる心が、こういったお母さんの努力でひねくれてしまうことから救われました。参宿の子供は反抗的になりやすいので、親は子供の心をケアしてあげることがとても大切で、なかなか育てるのに苦労します。お母さんの、執念とも言うべき粘り強いケアには、Kちゃんはいつも脱帽して納得してしまいます。これが、参宿と張宿の《危・成》の間柄が良い状態で現われた例です。

いじめっ子は勉強で負かせ

さてKちゃんは中学時代、男の子たちに学校の行き帰りに待ち伏せされ、「チビ、死ね！」などと悪口雑言を浴びせられるなどの〝いじめ〟にあったこともありました。そんな時も負けず嫌いであっため、小さな体で「なに言ってんのよ！」と、ひるむことなくくってかかるので、いじめっ子のからかいはいっそうエスカレートしました。そんなことが続いたので「私は絶対負けない。勉強で見返してやる！」とばかり頑張ったKちゃんでした。その頃は期末テストの点数の合計が学年で何番か、廊下に貼り出されるのが普通です。「よしっ。絶対一番になって貼り出されてやる！」と心に誓いました。そしてある時、とうとう実現させてしまったのです。でも怒りやすくなったり、何かと八つ当たりすることも多くなりました。

中学時代は非常に心の揺れ動く時期です。ひとたびひねくれが悪化すると、家庭内暴力や不純異性交遊・夜の巷徘徊・シンナー・スケバン・バイク乗り回し等々といくらでも発展します。特に参宿の本性はそんな要素を多分に含んでいますから。こんな時〝勉強で負かしてやる〞という方向で解消できたのは、両親の愛情深い見守りがあったからでしょう。写真家のお父さん（翼宿）はKちゃんと一緒に野山にスナップを撮りに行ったり、写生や釣りに連れて行ったり、犬を飼ったりしてKちゃんの気持ちが安定するようによく面倒を見ました。

高校生になったKちゃんはそのお陰で、もう精神的に落ち着いて、いじめられたことなんかきれいに忘れて好きな英語の勉強一筋に集中しました。参宿の集中力は、自分でこうと思い込むと、周囲の人たちが圧倒されるほど恐ろしいことがあります。もうそうなると、なりふり構いません。積極性という面でも相当なものです。Kちゃんは英会話学習で大人気のラジオ番組をいつも聴いていましたが、番組に出演者を募集しているということで応募し、とうとう出演にこぎつけ、人気の外国人講師とお話しました。

また、こんなこともありました。Kちゃんはお姉さんから英文のタイプライターをもらいました。気に入ってしまって、寝ても覚めてもタイプを打ち続け、最後には腱鞘炎になってしまい、腕が痛いのも我慢して打ち続けました。お医者さんに行った時には「腕を切る寸前」とまで言われました。このように夢中になると危険を顧みないのが参宿です。親としてはそんなことにも注意して見ていてあげないとなりません。

大学はもちろん英文科に進学し、卒業すると教員になりました。教員人生にもいろいろな、良いことと悪いことの起伏がありましたが、旅行好きの楽しい夫と結婚し、四十年近くも勤めて退職しました。今は二人ののんびり生活です。

Iちゃんはどうなったかですって？　Iちゃんはと言えば、昴宿そのものの〝ブランド〟人生を送りました。服飾・美容・装飾品・バッグ・住居（青山・麻布・六本木など）すべて一流でした。結婚相手に選んだ男性まで一流大学出でした。

IちゃんとKちゃんの二人の関係は五十年たった今でも時々続いており、まさに腐れ縁でなかなか切れません。お互いに、たまに連絡し合ってみたくなるのです。つい最近も二人は会って、Iちゃんから「エーゲ海クルーズのツアーに行くの」と聞いたKちゃんは、「主人と一緒にお友だちの家に泊めてもらって、ヨーロッパに一ヶ月くらい旅行するの」と言いました。《安・壊》の関係の参宿と昴宿の張り合いはこれからも続きそうです。

（萩原　敬子）

アドバイス

上住節子

参宿の子供は、何事も呑み込みが良くて手早く、一心不乱に頑張るので、すぐ上達します。それで、学術・芸術・語学・デザインなど、どの方面に進んでも将来大成する要素が大いにあります。幼い頃からよく子供を観察して、興味のある方面を伸ばしてあげるように仕向けるとよいでしょう。

ただし、自分のしたいことを通そうとするあまり他人に迷惑をかけないよう、周囲とのバランス感覚を身に着けさせるように導いてあげる必要があります。参宿の子供にとっては、親の生き方・育て方が、良いにつけ悪しきにつけ左右しますので、親自身がそのことを行動で示さなくてはなりません。この子供が、尊敬している大好きな身内の人から話をしてもらうのも良いでしょう。

怖いもの知らずで、いったん育て方を誤ると、とんでもない方向に走ってしまう要素もありますので、このお話のお母さんのように常に気をつけていて、例えば、仲良しのお友だちが良いものを持っていて羨（うらや）ましいのではないかな、と思ったら、すぐにお人形やコートを作ってあげたように、危ないなと感じた時には、早めに対処することが大事です。

二十七宿中働き者の三大宿の一つですから、労働と共に休息の習慣をつけ、人生にゆとりを持つことが、この宿の人の一生の課題です。

井宿

井宿は「宿徳の星」と言われ、たとえ災難に遭（あ）っても結局は以前にも増して幸せな運に恵まれます。

井宿の人は、頭が良くて、理路整然と自説を展開し、他のどの宿の人より理論的です。また、情報の収集・整理が得意で、しかも集めたデータを効果的に使います。

デリケートで、物事に過敏に反応します。自然、草木や小動物を可愛（かわい）がったり、静かで落ち着いた環境を愛するようになります。

理論的で弁が立つので、目先の損得や相手の感情を無視して、理詰めで人を追い詰めるところがありますので、人を思い遣（や）る温かい心を養いましょう。「理」より「情」を重んじる人になって欲しいものです。

井　宿（せいすく）

席替えで幼稚園に登園拒否

Jくん（井宿）は普段、子煩悩のお父さん（室宿）と、しっかり者のお母さん（觜宿）の言うことを良く聞く、頑張りやさんの良い子です。お父さんは室宿の特徴そのもので、男らしくさっぱりしていて、表面は荒っぽいようにも見えますが、子供の事となると、無邪気で親バカ丸出しです。幼いJくんを肩車して歩くのが大好きでした。Jくんがけんかに負けて家に帰って来たことがありました。お父さんはすぐさまJくんの手を引いて、けんかに勝った子供の家に文句をつけに行ったほどです。

お母さんはJくんが四・五歳の時から毎朝早く起きて、規則正しい生活をさせるのを日課にしていました。觜宿の人は頭脳明晰で、女性は親戚や隣近所の付き合いも手抜かりなく、また家事も子育てもきちんとこなします。そんなお母さんの期待に応えて、文句一つ言わずお母さんの言う通りに物事をこなす子供です。しかもできないことがあると、悔し涙をこぼしてでもやり通そうとする子でした。で

井宿の相性

星宿			相性度	
房	壁	鬼	栄	◎
危	亢	参	親	◎
虚	角	觜	友	○
心	奎	柳	衰	○
箕	胃	張	危	△
斗	翼	昴	成	△
尾	婁	星	安	×
女	軫	畢	壊	×

☆命＝井　業＝氏　胎＝室

も油断がならないのです。幼稚園に行っていたのですが、ある日突然Ｊくんは「絶対行かない！」と言って、テコでも動かなくなりました。困ったお母さんはさっそく幼稚園に行って先生に聞いてみますと、「昨日、女の子が転入して来たので、その子が慣れるまでと思って席を後ろに取り替えてもらったのですが、……」と言うのです。とうとう、小学校に入るまで行きませんでした。この事について両親はＪくんに何も言いませんでした。プライドを傷つけられた子供の心が分かっていて、幼稚園に行くように諭すなどとは到底無理なことと知っていたのでしょう。井宿の子供は自分の誇りを傷つけられるのをとても嫌うかと思うと、時として寂しがりやの面が強く出てくるので、両親はきめ細かい精神的なフォローが必要です。

小学校に入ったＪくんは、勉強は自分がいつでも一番、しかも級長にならないと気が済みません。勉強が難しければ難しいほど一生懸命やりました。いつも机に貼りついて勉強しているので、お姉さんから〝かまぼこ〟と呼ばれていました。お父さんはＪくんが可愛くて、目に入れても痛くないほどでした。いつも鉛筆を五本位ずつ削ってくれます。息子がいつも成績が良くて級長に選ばれるのが内心嬉しくてしかたなかったのでしょう。級長選挙の前の晩は心配で寝られなくて、おかげでお母さんまで熟睡できません。

Ｊくんは心の中で、自分の進学の道は国立大学の最高峰しかないと思い込んでいましたから、その目的に沿って勉強していただけなのです。また一方、スポーツも大好きで、校庭で野球をやっている時など大変な騒ぎでした。昼休みの時間など、「行けーっ！」、「走れーっ！」とか、「ランナー回れーっ！」、「ボールよく見て打てーっ！」というJくんの声が校庭に轟きわたってあまりにもうるさいので、先生方は広い校庭のどこにJくんがいるのかすぐに分かりました。職員室から出て行ってJくんを叱ったほどです。

そうかと思うと草花が大好きで、Jくんの手にかかると、いったんしおれかけた花も元気を取り戻すのです。どの子供もそうですが、井宿の子供は特に自然の中で人間性が培われる面が強いとされています。小さい時からできるだけアウトドアーなどに連れ出し、自然に触れさせることが大切です。Jくんはその点、友だちと思う存分野山を駆け巡る環境にいたのです。

お父さん（室宿）とお母さん（觜宿）は《友・衰》の関係で、お父さんはお母さんの凛としたところ、家庭をきちんと守ってくれるところにいつも一目置いていました。お父さんと井宿のJくんは《命・業・胎》の〈胎〉の関係です。Jくんがお父さんに尽くす関係にあります。Jくんが頑張ったのもお父さんの愛情を親身に感じていたからでしょう。お母さんとJくんは《友・衰》の関係にあります。お母さんはJくんが勉強しやすい環境や食事をいつも整えてあげていました。そのようなお母さんの気持ちをよく分かってあげることができました。

Jくんの中学・高校時代には、感性がますます磨かれ、知的な分析力もついてきました。クラスの中のいろいろなトラブルを解決したり、反目し合っている仲間をまとめていく能力が自然のうちに着いてくるようになりました。

その後Jくんは志望の大学に入り、良い先輩と先生を得て、人生に大きな志を抱くことができました。子供時代から培われた物事をよく見分けて理論化し、熟慮してから行動すると言う習慣は、政治評論家としての一生を支えている大きな原動力となっています。

宿題は親に手伝ってもらうな！

Nくん（井宿）も、子供の頃Jくんと同じガキ大将でしたが、Nくんの場合は腕力をふるって友だちを泣かしてしまうのです。スポーツは何でも好きで、試合で負けると自分がミスをして悪いのに、悔しくて、友だちに暴力をふるってしまいます。つまり非常な負けず嫌いでした。尾宿のお父さんは大工の棟梁です。仕事はがっちりこなすやり手で、お弟子さんたちにもとても厳しく容赦しません。そして家庭では亭主関白でワンマンです。

食事時には、お母さんや子供たちに向かっていつもお説教を始めるのです。すると、お母さん（鬼宿）はお父さんの言い分をよく分かって認めてはいるのですが、子供たちが反抗してしまわないように、一生懸命優しく言い聞かせたり、励ましたり、かばったりして、フォローします。その上、Nくんの腕力の被害を受けた人たちがやって来た時は、お父さんよりむしろお母さんの出番です。子供を信じる気持ちの強さには、たいていの人は納得して退散してしまいます。仏壇もいつも清潔にしてお花を供えている、信仰心の篤いお母さんでした。そして家事を熱心にこなす働き者です。

お父さんの緻密な仕事ぶりには、お母さんも一目置いていました。二人は《友・衰》の関係にあります。お互いの良いところを認め合うことができるのです。なおNくんとお母さんは《栄・親》の関係です。お母さんは、腕白だけど根は優しいNくんのことが良く分かっています。

Nくんは正義感が強くて曲がったことが大嫌いです。夏休みの自由課題の宿題で模型を作った時は、上手にできなくて涙をポロポロこぼして泣きながらでも、お父さんに手伝ってもらわないで、自力でやり遂げました。宿題については、「宿題なんだから、おまえが自分でやるのが当たり前だろ!」というのがお父さんの考えで、Nくん自身もそう信じていました。ある時など、仲良しの友だちのお母さんが、Nくんが作ったものを見て「まあ。上手に出来てるじゃないの。どうせお父さんに手伝ってもらったんでしょ」と言ったのを聞いて、「ぼくは手伝ってもらってなんかない。点なんか悪くついたっていいから自分のことは自分でやってるんだ!」と、泣きながらその子のお母さんに泥をぶっかけてしまいました。そのおばさんはさすがに反省したのか、黙っていました。Nくんのお母さんは、普段大変礼儀正しく、けじめをきちんとつけさせる人でしたが、子供の気持ちが分かったのか、そのことで叱ったりはしませんでした。

Nくんは大きな体をしているのに、小さい動物を飼うのが大好きで、家の中はネコやら、魚・かめ・ひよこ・熱帯魚なんかでいっぱいだったのです。ある時など、お祭りの縁日で赤・青・緑といろいろなひよこを売っているのを見て、あれを育てたらどうなるのだろうかと疑問を持ったのです。三色のひよこを買ってきて大事に育てていたら、間もなくみんな白い羽根になりました。一体あの色は何だったのだろうと、その時は不思議でたまりませんでした。やがて大きくなってから、当たり前な話に「なんて自分は馬鹿だったのだろう」と思ったのです。でもお祭りで売っているひよこなど、死んでしまう場合も多いのに、よく育てたものですよね。こんな一面も井宿の子供にはあります。両親はこのような優しい心を大切に育(はぐく)んであげたいものです。

Nくんは小学校の高学年になって、空手を始めてからは文武両面を身に着けるようになって行きました。中学・高校時代は部活に明け暮れましたけど、勉強も数学や物理が大得意で、一生懸命頑張りました。放課後は部活（剣道部）、家に帰って食事をすると、空手道場に行って稽古、九時半頃帰ってから疲れた体にムチ打って勉強、日曜日までも部活か空手というふうに厳しい毎日でしたが、体を動かすことが好きで、負けると悔しくって余計頑張ってしまうNくんでした。

一方、仏教や古代の歴史にも大変興味を持つようになり、本をたくさん読んだり、探訪の旅もするようになりました。

弱いものいじめは絶対許せなかったので、弱い子に悪口雑言(あっこうぞうごん)を浴びせたり、物隠しなどしていたずらする悪ガキは、とことん何も言えなくなるまで、時には腕力にものを言わせてやっつけたこともあります。こういったことをやればやるほど、友だちの間で信頼を得て行きました。

大人になったN氏（井宿）は会社勤めをしています。会社は、情報収集の能力を高くかって、重要な調査報告の仕事というと、N氏が指名されるようです。奥さんは「夫婦げんかをしてもあなたには勝てないから、する前から諦(あきら)めているわ」などと言っています。やはり、井宿は子供の頃から人を説得するのが得意で、それが一生続くのかも知れません。

（萩原　敬子）

アドバイス　上住節子

井宿の子供は、幼い時から好奇心に満ちて、感性が鋭く頭は緻密です。気持ちはデリケートで、内心特別な誇りを持っています。子供ながら一つのことを掘り下げて考えるたちなので、親は井宿の子供にいい加減な返事をしてはいけません。特に母親は心から優しくしてあげましょう。何よりもしてはいけないのは、理由なくして叱ったり怒ったりすることです。なぜ悪いのか理由をよく話し、それから子供の言い分や話をよく聞いてあげることが大切なポイントです。威圧的なことを言ったり、体罰などはもっての他となります。

そして、この子供の好きなことや学問への関心を、決してそがないように心がけてください。

自分より目上の人や幼い子供に優しくしたら誉めてあげましょう。将来のために役に立つことになります。身体はそう強健ではありませんので、自然に親しむようにして、丈夫な子に育てたいものです。

この子供の将来は、自分の身に着けた学問を活かす職業を目指すと良いでしょう。

この二つのお話の中で、Ｊくんの両親もＮくんの母親も実に良く子供の心を理解していました。そのことが子供の良さを伸ばしてあげることができた第一歩でした。

鬼宿

鬼宿（きすく）

鬼宿は「大地の守護神」と言われ、鬼宿生まれの人は、慈悲深くて、周りの人びとを育て養う資質を授かっています。

鬼宿の人は、二十七宿の中で星宿と並んで働き者の宿です。幼い時にははにかみやですが、大人になるにつれて社交的になり、周囲に明るさをもたらします。自分が精神的に束縛されるような職業に就くことはありませんが、好きな学問や仕事にはものすごく打ち込みます。しかし、自由気ままにいろいろなことをして、人生を台無しにする人もいます。人のためになってあげればあげるほど後年になって、危うい時に救いの手を差しのべられ、大きく助けられます。

信仰心を強く持ち、努力して徳を積み、宗教家・教育者として大成する人がたくさんいます。

恐がりやの鬼

《栄・親》で夫婦仲の良い星宿のお父さんと奎宿のお母さんを持つ、鬼宿の女の子・Uちゃんのお話です。Uちゃんはお父さんとは《友・衰》、お母さんとは《栄・親》の間柄で、丈夫で機嫌の良い赤ちゃんでした。近所の人が「ちょっと赤ちゃん貸してね」と言っては連れて行ってしまうので、お母さんはハラハラしたものです。

Uちゃんはお父さんの〝腰巾着〟と呼ばれるほど、お父さんにくっついて歩きました。そうかと言って、お母さんがちょっとでも見えないと、お母さんの鏡台の引き出しまで開けて探したものです。お母さんはいろいろな歌を歌ってくれます。

ただ、Uちゃんは恥ずかしがりやで寂(さび)しがりです。「鬼」などという強いイメージは全くありません。よそのお宅に行った時は「今日は」と小さく言ったかと思うとお母さんの後ろに隠れてしまいます。お友だちと遊びたくても「遊びましょ」と言って呼びに行く勇気もありません。「お化

鬼宿の相性

相性度		星宿		
栄	◎	柳	奎	心
親	◎	井	氐	室
友	○	参	亢	危
衰	○	星	婁	尾
危	△	翼	昴	斗
成	△	畢	軫	女
安	×	張	胃	箕
壊	×	觜	角	虚

☆命＝鬼　業＝房　胎＝壁

けが出るぞ」なんて脅(おびや)かされるともう絶対信じてしまいます。

Uちゃんは、心の中では幼稚園も学校もあまり好きではありませんでした。遊戯なども単純な同じ動作を何度も何度もさせるからです。

それに、児童図書で読んだ本に書いてある不思議な世界の物語などから、いろいろなことを想像している方が、ずっと楽しかったのです。だからUちゃんの頭の中は、そんな想像や空想で一杯なので、先生のおっしゃることに、みんなと同じようにすぐ反応できなかったのです。

それでも学校に行きたくないと言って、両親を心配させることはありませんでした。両親も、成績は一応中位だし、Uちゃんが、物事の本質をゆっくりと深く掘り下げていくことを、よく知っていましたので、Uちゃんが読書に没頭して、心や感性を豊かにできるような環境を作ってあげました。

大人になってから、Uちゃんは、人びとの心の指針となるような本を幾冊も著しました。こうして、両親に助けられて、子供の頃から心の中で育(はぐく)んできたものが、花開いたのでした。

鬼宿の子供には、自由に長所を伸ばしてあげながら、同時に社会的な規範や礼節をも身に着けさせてあげると、申し分ないでしょう。

可愛い子には旅をさせよ

Uちゃんは小学校の高学年になると、世界文学全集などを読みあさり、広い世界に夢を馳(は)せる文学少女になりました。ある時、『小公子』などに触発されて一人旅を計画し、手鍋・食糧・下着・お小遣いなどをリュックに詰めていざ出発という時に、お母さんに見つかってしまいました。両親はびっくりしてしまいましたが、そんなUちゃんの大きな夢を温かく見守って、頭ごなしに叱ったりはしませんでした。こうして、Uちゃんの第一の旅は、空想のうちに終わりました。

そんなUちゃんでしたから、戦争になり集団疎開の話が出た時、両親は心配しましたが、Uちゃんは率先して行きたがりました。何か、遠い未知の世界への憧れがあったのです。

ところがあにはからんや、たいへんな目に遭うことになってしまったのです。

行った先は優雅な温泉旅館でしたが、たちまち北国の厳しい寒さと空腹を経験します。おまけに腸チブスやシラミ事件が起こります。ある日、あまりにも寒そうなお友だちに、自分の持っていた冬の下着とセーターをあげたところ、「お友だちがUちゃんから盗んだのではないか」と女の先生に言われました。Uちゃんが、世間のことを学んだ第一歩ですが、驚きの連続です。

Uちゃんの家も空襲で焼け、疎開先のお母さんの手紙の中にやせ細った小さい妹の写真が出てきました。「赤ちゃんが二度も続けて大きな病気をしたのでとてもかわいそうです」と書いてあります。急に妹が居なくなってしまったら、どんなにUちゃんが悲しむだろうと思って手紙を書いたお母さんの気持ちが伝わってきました。ふと思いついて、もう亡くなってしまった、強くて優しかったおじいちゃんにお願いして、妹を助けてもらおうと決心しました。それからは、毎晩眠る前に蒲団をかぶって、お願いし続けたのです。そして妹は元気になりました。後年、Uちゃんが仏教徒として天台宗で得度する遠因は、この時の感謝の念にありました。

その後、空襲がどんどん激しくなり、「死ぬのなら家族みんな一緒に！」と覚悟した両親は、Uちゃんを引き取って、家族の許に連れ帰ったのです。こうして、Uちゃんの二度目の旅は終わりました。

終戦後、中学・高校を経て大学に入ったUちゃんは、これまで両親に苦労をかけていたことに突然気付きます。そして姉や妹は学費のあまりかからない公立学校にしか通っていないのに、自分だけ呑気に私立の女子中・高校に通わせてくれた両親の恩に応えようと思い至ったのです。

大学時代Uちゃんは積極人間に大変身しました。大学の近くに下宿し、すべてを自分で賄うことにしました。英語のコンテストやパネルディスカッションに出たりしながら、大学から英語を使ういろいろなアルバイトを紹介してもらいました。

その一つとして、アメリカ人の家庭の子供たちに日本語を教えているうちに、子供たちがUちゃんと別れ難くなってしまいました。子供たちの両親は、Uちゃんがもしアメリカの大学院の学位を取りたいなら、アメリカに帰る時一緒に行って、家族と共に生活しながら学費を出そうと提案してくれたのです。

この留学がきっかけで、第三の旅に出たUさんの人生が大きく開けていったのです。両親は無論喜んで賛成してくれました。

帰国後、学校嫌いのはずのUさんでしたが、大学教師として三十数年間を楽しく学校の門をくぐりました。

両親のいる楽園からの出発

もう一人、鬼宿の男の子・Ｙくんのお話をしましょう。

Ｙくんは医学部教授のお父さん（房宿）とお母さん（亢宿）を両親に持ち、男兄弟三人の末子です。この家は代々お医者さまでしたが、今でも子供はみな、教育者か医者、あるいは弁護士になるのが当たり前のような雰囲気があります。

Ｙくんはいたずらっ子のお兄ちゃんたちと違って、おっとりしていて可愛らしく、亢宿のお母さんにとってＹくんは何にも変えがたい存在で、Ｙくんのためなら何をしても苦労とも思いません。このお母さんは、Ｙくんが将来この三種類の職業のどれかに進むことを心の底から願ってしまいました。少しでもＹくんが非難されれば本領を発揮して息子の正当性を主張して夢中になります。相手が学校であれ、近所のＹくんの友だちや父親であれ、お構いなしでＹくんのために防衛作戦を展開します。

お母さんの愛情の深さは、Ｙくんにもよく分かっていました。事実、Ｙくんが幼い頃、お母さんの持病の喘息が出て、苦しくなり始めた時、〝お母さん大丈夫なの、どうすればいいの？〟とおろおろしながら母親にまつわりついていましたが、ふっと家を出て、隣のおばさんを呼んで来たことがありました。鬼宿の子供は普段は恥しがりやなのに、心配のあまりお母さんを助けることができたのでしょう。

Yくんには優しい面と感情的な面とがあります。お母さんとYくんは〈友・衰〉の関係で、やや弱気の鬼宿と強気の亢宿とはお互いの良さを引き出すことができて違和感がありません。房宿のお父さんはYくんとは《命・業・胎》の関係にあり、いわゆる〈業〉の房宿がとことん面倒を見ることになります。だから、それが良い悪いに関わらず、一生涯追いかけてでも息子の面倒をみることになるでしょう。これは前世からの約束事であると言われています。

お父さんとお母さんは《友・衰》の関係なので、この二人はがっちり腕を組んでYくんを護りながら子育てに専念しました。Yくんにとって恐いものなしの子供時代が過ぎて行きます。

中学・高校・大学へと進んでからも、学校が家から遠い時はお父さんが車で送ったり、あるいはトラブルがあった時には、お母さんが強気でお父さんは上手に、息子を弁護したり取りなしたりして、二人三脚でYくんを護り続けました。成績はいつも中位程度で何とかなっていくのですが、やがて社会に出て結婚し、自分の一生を自分自身で取り仕切って行かなければなりません。

大変な変革が必要なのですが、ご両親は、Yさんが大学を卒業した時点で司法書士になるよう決めてしまいました。しかし、Yさんは自分の好きな道を進めなかったので、資格を取得できたのは四十歳にあと一歩の頃になってしまいました。続いて結婚をし、マンションも買ってもらいましたが、Yさんの人生行路への船出は、大変に遅れてしまいました。鬼宿の子供は、どんなに両親に愛されても、本人の人生を自分で選ばせなければ、授かった能力を十分に活かせないことを示す、本当によい例です。

（萩原　敬子）

アドバイス

鬼宿の子供は、振る舞いは穏やかですが、心の中には臆病と自由を求める気ままな気持ちが同居していますので、親はその気持ちをよく理解してあげたいものです。学習能力はあっても人との競争は嫌いです。自分の好きな科目だけを勉強する傾向がありますので、なぜどの学習もみんなしなければいけないのかを、よく説明してあげる必要があります。好きなことはいったん打ち込んだら熱心に努力して成果を上げます。子供ながらに勘が鋭く、大人の嘘の世界が分かったりしますので、常に本当のことを話すようにしましょう。

鬼宿の子供に、「これをしなくては絶対にダメ」と言うような枠を作ることは、大きなマイナスに働きます。威圧的な態度も怖がられるだけで何の効果もなく、叱るのにも優しく言うと素直に聞いて実行します。家庭の中では伝統的な先祖供養や神仏への畏敬の念を育むようにしましょう。

ここに出てくる鬼宿の子供たちの両親の子育てを考えてみましょう。Uちゃんの両親は子供の自発的な旅を三度も何も言わずに信じて許しました。だからこそ、大人になったUちゃんは大きく羽ばたけたのです。一方、Yくんの両親も愛情深く育てましたが、大きく異なる点は「将来～になる……」と言う強固な足枷をつけてしまったことです。そのために鬼宿本来の良さが活かされず、一生親に頼らなくては生きて行かれなくなりました。

上住節子

柳宿

柳宿の人は、一生涯にわたって様々な〝ツキ〟に恵まれる強運を授かっています。例えば、社会に出て働くと上司ばかりか後輩にも盛り立てられて名声を博したり、会社の中での役職も一つ一つ着実に上がっていきます。養子先では信頼を得て苦労せず全財産を受け継いでしまいます。とにかく不思議と〝ツキ〟が付いて回り、自然に高い地位や莫大な財産を手に入れてしまうのです。そのため、一名「財宝宿」とも言われ、この運は、助けてくれる周囲の人に感謝する生活を送ったり、人に知られず善行を施したりすると更に良くなり、晩年は円満で心穏（おだ）やかに過ごすことができます。凶なる資質として、怒りやすくその感情を無慈悲にも人にぶつけてしまったり、身分不相応に驕（おご）り高ぶったりもします。どちらも、憎しみと妬（ねた）みをかって、人びとが離れていきますので注意しましょう。

柳　宿（りゅうすく）

キャプテンに必要なこと—他人の気持ちを考える—

高校生の悩みのトップは、友だち関係の問題といわれます。それは、クラスの仲間であったり、遊び仲間であったりと様々です。また、部活の問題についての悩みもパーセンテージはさほど高くはないものの必ずベストテンの中に入ります。ここでは、この部活動の人間関係の悩みを解決したお話をしましょう。

ある時、私のクラスのA君が深刻な顔をして相談に来ました。

彼は高校二年生で硬式テニス部に所属していましたが、その部活についての悩みということでした。その内容は次のようなことです。

「僕は、この秋からキャプテンをやるように顧問の先生から言われました。でも、断ろうと思っています。

実は、中学校の時、やはりキャプテンをやるように言われ、それを引き受けました。その時、団体戦や個人戦・ダブルスで県大会に出場できるように一人で部活

柳宿の相性

星宿			相性度	
尾	婁	星	栄	◎
壁	房	鬼	親	◎
室	氐	井	友	○
箕	胃	張	衰	○
虚	角	觜	危	△
女	畢	軫	成	△
斗	昴	翼	安	×
危	亢	参	壊	×

☆命＝柳　業＝心　胎＝奎

全体の練習メニューを考えたり、練習中率先して声を出したり休まずに練習に出たりして、みんなを引っ張っていったのですが、なかなかうまくいかず友人関係もぎくしゃくして人変でした。そのことを中学校の顧問の先生に話したのですが、〝自分で解決しなさい。あなただったらできるから〟というだけで何にも助けてくれませんでした。もともと部活動に熱心な先生ではなかったので仕方ないかなぁとも思いましたが……。一応、最後まで頑張ってやりましたが、よい思い出にはなりませんでした。

そんなことがあったので、高校ではキャプテンを引き受けたくないのです。部活での友人関係がまた壊れてしまうのではないかと心配ですから。高校の顧問の先生は熱心なので、中学校の時とは違うとは思いますが……。どうしたらいいでしょうか。どうしてもやれというなら、部活を辞めようかとも考えています」

ということでした。

A君のご両親は二人とも小学校の教師で、「結果よりも努力をすることが大事」という育て方をし、何のようなことにも積極的に関わった場合、大変誉めたそうです。それが、A君には絶対となり、何事においても積極的に努力するようになったようです。そのため、小学校の頃は運動のみならず学業成績も良く、他の生徒の模範となっていました。他の生徒の多くは彼をリーダーとして認め一目置いて接していたのです。ところが、中学校の部活ではこれが裏目に出てしまったのです。他の部員も自分と同じように努力し自分について来てくれるものと思い込み、積極的にリードしたのですがうまくいかず、部活の仲間から毛嫌いされてしまったのです。
そこで、私はA君が多くの人の個性を受けいれてグループをまとめることができるようになるためには、人間的に成長する必要を感じ、そのためにキャプテンという仕事をやり遂げることが重要だと思いました。

そこで、なんとか引き受けられないものかと解決策を考えましたが、なかなか即座に思い浮かばなかったので、二・三日、考える時間をもらいました。そして、その日は帰ってもらいました。

A君の話から、中学校時代の体験がトラウマになっていることが分かりました。そこで、それをなんとか解消するためには、まずその時の部活の運営に失敗した原因を見つけ、それをA君に提示し納得してもらうことがまず最初に必要になると考えました。

そこで、解決策の糸口となるように、いつものようにA君の〈宿〉を調べることから始めました。すると、彼は〈柳宿〉であることが分かりました。この宿は、本来、周囲の人の助けを得られる宿なので、それから考えれば部活の運営はうまくいくはずなのですが……。なぜ中学校時代はそのようにならなかったのでしょうか。

さらに《宿曜占法》の教えを繙くことによって、彼の凶なる資質が前面に出てしまったことがこの原因になっているという結論に至りました。その凶の資質とは「心に決めたことを固く守って譲らず、言動は、道理や人情にもとり、よく怒ります」ということです。『星宿品』（道徳的な価値の基準を示した上で、開運して「吉」を得るために各人が克服すべき事項を指摘し教える書）の教えでは「生まれつき無慈悲です。たいていの場合、人の悪口を言ったり」としています。また、『摩登伽経（まとうがきょう）』（人間の本性をあぶりだして教える書）の教えも「心の根本――つまり、生まれつきの本性――が、大変に非道徳的」としています。

これらより、A君は部活の運営を一人でやり、その運営について他の部員の意見をあまり聞かないばかりか、練習をさせるために高圧的な態度で相手の気持ちを考えずに言葉を発したということが類推できました。これが部員に受けいれられず、人間関係を最悪なものにしてしまったのです。

しかし、このことにA君は気付いていないようでした。

そこで、二日後、A君と話をする機会を作りました。中学校の時、部活をまとめられなかった原因を彼が理解しているかどうか確認してみますと、理解していないようでした。

「僕は一所懸命やりましたから、よく分かりません」

ということでした。そこで私は、

「一人でなにもかもやろうとしたのではありませんか？　気持ちに余裕がありませんでしたね」

と指摘しますと、

「そうですね。今考えてみると、余裕がなかったと思います。部員が多くて三〇人くらいいましたし、顧問の先生も熱心でなかったので一人で大変でした。なので、部員に対してさついい言い方をしていたように思います」

（私）「そうでしょうね。あなたは気付かなかったかもしれませんが、それが他の部員たちにはあなたがいつも怒っているような感じに映ったのではないでしょうか。それと、ちょっと言いにくいのですが、キャプテンであることを鼻にかけていたのではありませんか？　あなたはプレーも上手なようなので、その上でキャプテンとしてきつい言い方をすると、周りの人から生意気に思われますよね。中学校の時の失敗は、これらが原因ではありませんか、どう思いますか？」

（Ａ）「今、冷静に考えてみますと、そのように思います。先生はどうして分かったのですか？　不思議です。今までの先生の話を聞いていますと、先生は中学校の時の失敗をくり返さないようにして、もう一度キャプテンを引き受けた方がいいと言っているのですか？　でもなぁ！」

と、Ａ君は悩んでいる様子でした。そこで私は、

「そうです。是非引き受けた方がいいですよ。君の人間的成長のためにも。その際、同級生一人、下級生一人の副キャプテンを作りましょう。この人たちは必ず力になってくれますから。その人たちの意見をよく聞くことです。それと言葉遣いも〝頑張れよ〟じゃなくて〝頑張ろうよ〟、〝やれよ〟じゃなくて〝一緒にやらないか〟という風に誘いかけるような話し方に変えましょう。きっとうまくいきますよ」

（Ａ）「考えてみます」

と、前向きな返事が返ってきました。

このようなやりとりを通してＡ君にその凶なる資質に気付かせ、それが表面に出てしまったことが中学校の時の失敗の原因であることをやんわりと認識させることに成功しました。そして、同級生と

下級生の副キャプテンを任命するようアドバイスしたのは、〈柳宿〉の持っている資質を活かそうと考えたからです。

この時、私は高圧的な言い方をしないように気を遣(つか)いました。それは、表面からは分かりませんが彼には〈柳宿〉の持つ怒りやすい性格があったからです。ここで機嫌を損ねたら、元も子もありませんから。

後日、A君にキャプテンを引き受けたかどうかを聞きました。すると彼は、

「はい。引き受けました。三五人も部員がいますが、なんとか頑張ってみます。先生のアドバイスのように副キャプテンを作りました。なんかいい感じです」

ということでした。顧問の先生に聞いても「頑張って活き活きとキャプテンをやっていますよ。先生、どうやって引き受けさせたのですか」ということでした。

その後は、私のところにアドバイスを聞きに来ることはありませんでしたが、彼は三年生まで無事役目をやり遂げました。そして部活を通して充実した高校生活を送れたようです。顧問の先生からも「何ら問題なくキャプテンをやり通しましたし、人間的にも成長しました」とお墨付きをいただきました。きっと善なる資質が、A君がキャプテンとしての役割を果たせるよう後押ししてくれたのでしょう。

この話から、善なる資質と凶なる資質を知り、その善なる資質をいかに開花させるかが、その人の人生に大きな影響を与えることが本当によく分かりました。

（前田　康晴）

アドバイス

柳宿の子供は、何事においてもある種の〝ツキ〟があります。しかし、努力しないのではそれを活かし切ることはできません。そこで、子供の時から興味のあることや好きなことを見付けさせ、努力することを教えましょう。喜びを感じることができれば、さらに積極的に努力するようになります。このことが、青年期・中年期に発展するための基礎作りとなることは間違いありません。この時、「すごいね」「頑張ってるね」「結果は気にしないで。努力することが大切だからね」「大成功だな（パチパチ拍手）」などの褒め言葉を多用して指導すると効果絶大です。また、この〝ツキ〟は人を助けることによって強くなりますので「ボランティア活動」などを積極的に体験させることも大事になります。

ここには、中学校時代、硬式テニス部のキャプテンでありながらも他の部員との人間関係作りに失敗し、それがトラウマとなってしまったA君が、担任の先生の導きによってそれを乗り越える姿が語られています。その導きとは、A君に「他人の気持ちを考える」という教えの重要さに気付かせることにありました。これによって、柳宿の善なる資質が芽生え始め、その結果、高校の硬式テニス部のキャプテンとして再チャレンジする勇気が生まれ、今度はその役割を無事果たすこととなったのです。宿の善なる力を伸ばすことの大事さを再認識した話でした。

上住節子

星宿

星宿の人は、強いエネルギーを授かっていて、何事も最後までやり遂(と)げます。しかし、その力の入れ方は、善悪のどちらに対しても同じくらいの強さです。そのため、この宿の人には識見・人物ともに立派な高僧がいるかと思えば、ひどく道に外れた乱暴者もいます。幼少の時から善悪の正しい判断の仕方を学ぶとともに、社会の秩序や規則を守って、常に人に恵みを与え、徳を積み、温かい人間関係を築くことが大切です。

身内を愛し、周りの人びとに慈悲を施すことを身に着けると、善の資質が開花して、幸運な生涯を送れます。反対に、この時代の教育が十分でないと、悪賢(わるがしこ)くて荒々しい凶の資質が顔を出し、虚言を弄して、人と争います。

星　宿（せいすく）

子供の目―母親としての自覚―

ここでは、母親への反抗心で不登校気味になった星宿のA子さんが、無事に立ち直ったお話をしましょう。母親の大事さを改めて実感しました。また、子供の視点から母親をどのように見ているかも理解することができます。

私はある年、高校一年生A子さんの国語担当になりました。一年生の頃の彼女は、星宿の善なる資質を十分に開花させ、クラスの友人も多く、文芸部に所属してその部活の中心でもありました。そして明るく言葉遣いの優しい生徒でした。先生方からの評判も上々で、高校生活に何ら問題はないように思えたのです。ところが、二年生の九月の中頃から学校を休みがちになりました。欠席のたびに母親からクラス担任のところに電話があり、「今日は風邪気味なので休ませてください」、「今日はお腹の調子が悪いので」、「今日は体調不良なので休ませてください」ということでした。

星宿の相性

相性度	星宿		
栄 ◎	張	胃	箕
親 ◎	柳	心	奎
友 ○	鬼	房	壁
衰 ○	翼	昴	斗
危 △	角	觜	虚
成 △	参	亢	危
安 ×	軫	畢	女
壊 ×	井	氐	室

☆命＝星　業＝尾　胎＝婁

実は、この母親は私の中学校時代の同級生で、気心の知れた間柄でした。A子さんの休みがちな傾向はその後も続き、十月の中頃になると一日だけの欠席だけでなく、二～四日と連続で休むこともくり返されるようになりました。結果、二学期は三分の一が欠席という状況になってしまったのです。三年生への進級ができないほどひどい状態ではないのですが……。私はA子さんが友人の子供ということもあり、大変心配になりました。そこで、クラス担任に状況を確認しましたところ、「体調が悪い」の一点張りでそれ以上のことは分かりませんと言うことでした。そこで養護の先生の協力を得てみましたが、やはりなかなか休む原因を探り出すことができないということでした。当然のことですが、成績も今まで上位であったものが落ちる一方となりました。授業中も携帯のゲームで遊ぶようになり、授業に集中することがなくなりました。友人に対しても時々乱暴な言葉を平気でいうようになり、友だちも距離を置き始めるなど、私の目には、凶なる資質ばかりが目立ち始めたのです。

翌年の一月の中頃に友人（A子さんの母親）から子供のことで相談したいと連絡が来ました。そこで、学校に来てもらい話を聞くことにしました。当然のこととしてA子さんには分からないようにしました。

「私たち夫婦は昨年の四月に離婚をし、一人っ子のA子を私が引き取りました。きっとそれが原因で、精神的に不安定になりこのような状態になってしまったのでしょう。家では部屋の中に入ったままで、私とはあまり話をしないんですよ」

と、重苦しい口調で理由を説明したのです。しかし、私はそれだけが理由ではないように感じたのです。それは、離婚をしている家庭は大変多く、今や珍しいことではなくなりました。それだけでここまで生活態度が乱れるのはどうかなぁ、と考えたからです。友人との会話の中から、それ以外の様々な原因を探ってみましたが、友人からは「離婚が原因だと思うわ」という言葉しか聞けませんでした。そこで、私自身が問題解決の糸口を見出すために友人の生年月日をさりげなく聞き、この日はこれで帰ってもらいました。

さて、ここからは《宿曜占法》の教えの登場となります。これを使って問題の本質に迫ろうと考えたのです。A子さんは〈星宿〉、母親は〈参宿〉ということになり《危・成》という関係になります。この場合は家庭に問題がありますから、《危・成》の関係を『宿曜占法Ⅱ』の教えより調べて見ますと、その中に「参宿を本質的には受けいれることができません。参宿にしても同じ思いです。もし両者が闘うとすさまじい闘いになります」という言葉がありました。これは、この問題が長引くと二人の闘いが長期化し、解決はますます困難になるということを言っていると私は理解しました。確かに、このまま凶なる資質が表面に出てしまうと、不登校による家庭内暴力が発生するか、家を出て二度と戻らないかのどちらかになってしまうということは容易に想像がつきました。そうなると、A子さんの人生そのものが大きく狂ってしまう可能性があるし、それを防ぐには早めの解決が大事になると判断したのです。さらに『三昧神足品（さんまいじんそくほん）』（人間の弱点と暗黒面を教える書）の教えによりますと〈星宿〉には「悪賢く、物を誤魔化（ごまか）し、疑い深くて、心がねじれており、不幸せで、短命です」という凶なる資質があると説明されています。私は、A子さんの日常の言動にこのような凶の資質が垣間見られるようになってきたので、なおさら早くしなければという気持ちにさせられました。ところが、私（畢宿）との関係が《安・壊》のためか、なかなか心を開いてくれません。これは困ったと思いました。

一月の下旬のある日に、登校していたA子さんと話をする機会が偶然に得られました。母親と私が友人であることを知っていたため、不思議と彼女は私と話をするのを嫌がらなかったのが不幸中の幸いでした。まず母親に対して、A子さんがどう思っているかを聞くことにしました。彼女は「あの人は、勝手なことばかりして」と強い口調でいうのです。この時、私はハッとしました。「勝手なこととは、離婚したことですか」と尋ねると、A子さんからは黙ったままで答えが返ってきませんでした。このやりとりによって、母親に何か問題があると、離婚だけではないと感じました。つまり、母親の生き方に対してA子さんは反抗心を持ち、それが登校拒否という表現になって現われたとのではないかと感じたのです。その後、彼女はいつものように当たり障（さわ）りのないような話には答えてくれましたが、肝心なことには黙り続けてしまったので帰宅させました。

数日後、友人（母親）に学校に来てもらい話をすることにしました。そして私が、「A子さんが、〝勝手なことして〟と言っていましたが、何か心当たりあるかなぁ」と切り出しますと、友人は「離婚のことかなぁ」と涙ぐんでいます。そこで「言いにくいことなら、言わなくっていいよ。もし、話せるならどのような理由かなぁ」と聞きますが、友人は何も言わずに泣き続けていますので、私は友人に、

「A子さんは離婚したことよりも、その原因を受けいれていないような気がするよ。とにかく謝ったら。そして、母親として子育てを一番に考えることを話し、なんらかの行動にして示した方

がいいよ。ぐずぐずしないで早く話し合いをし、行動しなさいよ」

と少々強い調子で助言したのです。

友人はこの原因を最後まで言いませんでしたが、当然、プライバシーに関することなのでこれ以上は聞けませんでした。

実は、この原因が私にはなんとなく分かったのです。それは、母親の浮気にあるのではないか、と。なぜなら〈参宿〉の女性は、器量がよくて色気があり、『星宿品』（愛の深さを教える書）の教えに「心の中に非道徳な要素を含んでいて」とありますように、自制しないと様々な誘惑に身を任せてしまう可能性を秘めているからです。

A子さんは子供の頃、どうも友人（母親）に社会的ルールや道徳心などを厳しく躾られたようです。なので、母親もそのように生きているものと考えていたのでしょう。ところが、友人は母親として生きるよりも女性として生きることを選択してしまい、それがA子さんには矛盾として映ったのでしょう。A子さんは、〈星宿〉の善なる資質である道徳的な面がもともと強い生徒だったので、これが許せなかったのでしょう。また、その葛藤によって、心のバランスを欠いて不登校気味になってしまったものと考えられました。あくまでも、これは類推でしかなかったのですが……。

私はこれらより、「とにかく謝ってください」とだけ助言をし、その謝り方は母親に委ねたのです。

次の日、A子さんが学校に来たので声をかけたところ、久しぶりに明るい声で「元気です」という返事が返ってきました。それも優しい声になっていました。きっと、話し合いが行なわれたものと直感しました。もともと星宿は、『舎頭諫経』（素朴に人間とはどのようなものかを教える書）の教えに「強くて勇ましい」とありますように、母の話を納得することによって心の整理がつき、今までの悩みが一挙に解決したのでしょう。それに高校生は、若いので悪くなるのも早いですが、立ち直るのも早いものです。まさに、星宿は身内に苦労させられることが多々あっても、それを乗り越える精神力と体力を備えている宿なのです。A子さんは三年生に無事進級し卒業しました。

二月のある日、この母親がわざわざ私に会いに来て「君と話したあの日に、娘に謝りました。ひたすら謝りましたよ。そして、もう一度やり直すから、母親として頑張るからと言いました。二人で泣きました」というのです。そして、「原因は私です」とぽつりと話すではありませんか。私の判断は間違っていなかったことをその時直感しました。

この体験を通して思うことがあります。今の世の中には、母親・父親である前に一人の人間なのだから家庭の犠牲になることはない、自分の時間を大切にしようという風潮がありますが、本当にそれでよいのでしょうか。結婚をすること、家庭を持つこと、子供を育てることは子供を第一番に考え、女性なら母親として生きるという覚悟の上に成り立つ行為ではないでしょうか。この母親はそのことに気付いたから、A子さんに心から謝ることができたのでしょう。女として生きるよりも母親として生きる自覚をもう一度取り戻したのです。A子さんもこの心に感動し許したのでしょう。それが良い結果となったものと考えられます。このように星宿の人には、苦労を乗り越える精神力と体力が授けられているのです。

（前田　康晴）

アドバイス

星宿の子供は、どんなことにもめげずにひたすら努力する良い資質があります。気転が利きリーダーシップを発揮したり、義侠心もあるので、他の子供から頼りにされます。神仏を祀り、正しい信仰につかせると、富貴・高徳の人となる可能性があります。ただし、良くないことにも味方をしてしまう恐れがあるので、ご両親はよく物事の善悪を教えること、そして、また本人は知らずに言葉遣いにトゲが出てしまうことがあるので、いつも良く見ていて注意してあげなくてはいけません。星宿の子供は、相当厳しく育てても大丈夫です。将来のことを考えて、勉強や言葉・礼儀作法の正しい習慣を付けてあげると良いでしょう。他の宿の子供よりエネルギーが大きいので、子供の時の教育がとても大切になります。

このお話では、A子さんが、母親に教えられたことと母親が実際にしていたことに対するギャップが大きかったためのショックで星宿の悪い面が出始めたのに対して、教師と母親・娘の三人がよく話し合い、母親は娘のA子さんに自分の非を認めて謝りました。星宿らしく大きい心ですぐにもとの自分に立ち返りました。星宿ならではの思い切りの良さと寛大さが示されています。星宿の女性だからこそできた行為でした。

上住節子

張宿

張宿の人は、本来勇気があり忍耐強く善良です。学問好き、仕事熱心で、周囲の人たちから信頼を得ることができます。この宿の人は、男・女で大変異なる資質を持っています。

男性は、すらりとしていて、一見、几帳面（きちょうめん）で、従順なので、「良く出来た人」に見られます。そして若い時は理想を持ってまじめに努力します。目上の人にも助けられて安定した生活を送ります。しかし中年以降、気ままさやわがままが出てきて、弱い立場の人たちを罵倒したりする人もいます。この場合、晩年は非常に寂（さび）しいものになります。気をつけなければなりません。女性の張宿は、きちんとしたけじめのある人です。自分の行動に責任を持って目下の人や周りの人を助けるので、頼りがいがあります。両者とも堅実に歩めば、大樹が根を張るように人間関係を広げることができます。

張　宿（ちょうすく）

逆境にめげない張宿さん

ある年、私は小学校三年生の担任となりました。Sちゃん（張宿）は、目鼻立ちがはっきりしていて、元気でさわやかな印象を周囲に与える生徒でした。「かっこいいな！」と思う男の子にはすぐ、「〇〇くん、だぁーい好きー」と言うのが口癖（くちぐせ）でした。

何かができるようになると、そういう自分に感動して、「先生、私、××ができるようになった」と自慢そうに言います。私はそんな時、Sちゃんと手を取り合って小躍りしたものでした。特に得意なのは計算です。計算の速さではクラスの中で誰にも引けをとりません。学校での成績も上々で、特に私が目を見張ったのは、何といってもお友だちが困った時などとても面倒見がよいので、みんなの信頼が厚いことです。持ち前の太陽のような明るさ故かもしれません。これは張宿の特徴でもあります。

このSちゃんのお母さんは昴宿です。二年くらい前に心臓病で入院したことがあるので、体に気をつけなければい

張宿の相性

星宿			相性度	
斗	昴	翼	栄	◎
婁	尾	星	親	◎
奎	心	柳	友	○
女	畢	軫	衰	○
室	氐	亢	危	△
危	参	井	成	△
虚	觜	角	安	×
壁	房	鬼	壊	×

☆命＝張　業＝箕　胎＝胃

けないのに、お父さんに怒られながらお酒を飲んでいます。それもキッチンドリンカーらしいのです。掃除・洗濯・料理はほとんどしません。だから家の中は掃除や整理・整頓がほとんど行き届かなくて、着るものなどが山積みです。洗濯をお父さん（尾宿）がしている姿をよく見ます。Sちゃんが三年生なりに、洗濯物を干したりたたんだり、一生懸命お手伝いをしています。お父さんが勤めの帰りにコンビニなどで買ってきたものをみんなで食べています。

お父さんは尾宿です。この宿は「武将の宿」と言われ、けんかなどの先頭に立つと強くて絶対負けていませんが、家族に対する思いは強い宿です。勤めていますが、なかなか一ヶ所に定まることができずに、力仕事をする会社などを転々としています。生計は相当大変そうに見えましたが、でも、家族をしっかり守ってやらなければ、という気持ちは持っているようでした。その点すごく男性的な人だと感じました。そういう中でSちゃんは勉強しているのです。お父さんとお母さんの関係は『宿曜占法Ⅱ』によると《友・衰》の間柄で、精神的な結びつきは強いのでしょう。Sちゃん（張宿）は、お父さん（尾宿）ともお母さん（昴宿）とも《栄・親》の間柄で、三人ともお互いに信頼し合って物事がうまく運ぶ関係です。

遠足の日、Sちゃんのお弁当箱を見た私はびっくりしました。それは大人の男の人のお弁当箱くらい大きいタッパーウェアーでした。その大きい中にご飯と具なしのスパゲティ、そして卵二個をフライパンでぐるぐる引っ掻き回したようなものが入っていました。運動会の日は、ご飯の上に焼肉がドカーッと乗っていて、それだけだったりもしました。お弁当の時は、お母さんが作る時もありますが、お父さんが作る方が多いとSちゃんは言います。

私は、これでは栄養が偏ってしまうし、また家ではどんなものを食べているのかなとも思いました。適当な大きさのお弁当箱を買って、Sちゃんにあげることにしました。

「ね、可愛いお弁当箱でしょ。ここにご飯を入れて、ここにお魚とかお肉とか、他のおかずを入れて、ここにはお野菜を入れて、自分で詰めてごらんなさい。お野菜を必ず食べるようにしないと体によくないからね」と言ったら、Sちゃんは、「うん、そうするよ。先生、本当にだーい好き」と言って抱きついて大喜びしました。こんな時のSちゃんの表現は本当にオーバーです。ただ、嬉しい、というだけでなく、オーバーに喜んで、良くしてくれた人が喜ぶように、気を遣っているのではないかという気さえしてしまいます。でも、された人は悪い気はしません。こんな風な気の遣い方をするのも張宿の特徴です。

お母さんは泣いて大喜びでしたが、お父さんは、「俺、九月に給料もらったら、買ってやるつもりだったから」と迷惑そうです。世の中には、好意を示してもらっても、なぜか素直に感謝したい気持ちになれない人も多いようですが、素直に受けいれてもらえるように人に何かをしてあげるのは本当に難しいものだと、その時つくづく思いました。

それに引き換え、感情の起伏の激しい昴宿のお母さんは、自分の考えが分かってもらえないと、むちゃくちゃに泣きわめく時もあります。けれど、情にほだされると今度は泣いて嬉しがったりします。幼い少女のようにナイーブなところがあるのです。

お父さんは、こんなお母さんが可愛くて、家族を一生懸命に養っているのでしょう。お母さんの口から二言目には「お父さんは、偉い！」という言葉が聞かれ、いかにも信頼している様子が感じられます。お父さんも仕事の他に、家事をして家族を守り、本当にご苦労だと思います。その上にもっと肩の力を抜いて、人の親切も素直に受けいれ感謝できる生活をすればいいのにとしみじみ思います。

小さな主婦のSちゃん

Sちゃんは時々痒がって、手をポリポリ掻くようになりました。もう痒くて痒くて、一時も我慢できなくなりました。見ると、柔らかな女の子の手のようではありません。指と指の間から、おできのようなものが日増しにどんどんできてきて、しまいに腕の上の方まで上っていってしまいました。家に連絡して「お医者さんに、連れて行ってください」と頼みましたが、もとよりお母さんは連れて行けるわけがなく、お父さんは「なかなか仕事が休めない」の一点張りです。

そこで家に行ってみたら驚きです。これでは痒くなるのも当たり前です。家中散らかりっぱなしで、足の踏み場もありません。お風呂も毎日は入れないのだといいます。

もう放っておけない。私はホウキとチリトリをSちゃんに持ってこさせて、掃除の仕方、お風呂の火の点け方を何度も教えました。それをSちゃんは一生懸命覚えました。

「学校やお役所や、みんなで何とかするからもう大丈夫よ。安心してまかせてね」と言って、Sちゃんと弟にシャツを脱がせて体の中も見たら、黒いボツボツでいっぱいです。きっとお父さんとお母さんの体もそうに違いありません。きちんと掃除をして、家を清潔にしていないのが原因なのでしょう。何とかならないかと思って学校で働きかけたら、その後、福祉事務所の世話で次のように決まりました。保健所は、定期的に家庭訪問をして衛生指導をする。福祉事務所には貸付できるお金の枠があるので、それをお父さんに借りる手続きを取ってもらって治療費に当てる、病院への通院は、学校と福祉事務所が交替で面倒を見る、などです。私はやっと一安心できました。

保健婦さんは、その後数回訪問してくれたらしく、私が家に行った時には、薬を付けたかとか、お風呂に入ったかとかのチェック表が壁に貼ってあって、ホッとしました。家族全員で通院もすることになり、Ｓちゃんの手のおできは、いつの間にか少しずつ綺麗になっていきました。

その後Ｓちゃんは、掃除の仕方、洗濯の仕方など一生懸命に私に聞いてきます。今では、洗濯はＳちゃんの分担のようです。お料理も簡単にできるものを教えてあげると、時々作っているようです。小学校三年生の子がここまで頑張っていると思うと、痛々しくてなりませんが、小さな子供に生活技術を教えること、つまり、しつけることの大切さと、そこから生まれる喜びを痛感する出来事でした。

そんなことがあって、あくる年、Ｓちゃんが四年生になった時の春、お母さんは突然、心臓病が悪化して入院したのですが、最期は心筋梗塞であっけなく亡くなってしまいました。私は何でこんなに悪いことばかり起きるのかと、運命の神様のいたずらに憤(いきどお)りを感じました。でもＳちゃんはお母さん代わりをよくやりました。大変な中で勉強もよくやって卒業していきました。

私は長年教師をしていろいろな家庭を見てきましたが、ここまで悲惨な状況で、ここまで逆境にめげずに頑張っている子を見たことがありません。そんなSさん（張宿）が二十五歳くらいになった頃、年賀状をもらいました。板前さんと結婚して、小料理屋を開いたというのです。私は早速行ってみました。

ご主人は小粋で人の良さそうな、かっこ良い人で、キビキビ働くSさんは幸せそうでした。私は、

「○○くん、だぁーい好きー、と言って捕まえたのでしょ」

と言いましたら、

「先生、小さい時のことはばらさないでね。いやーね」

と言って、幸せそうに笑っていました。「大変な思いをしたSさんが幸せになって本当に良かったなぁ……」と思いました。

あの家庭環境の中でここまでSさんがちゃんと育ったのは、Sさん自身が張宿の生まれで、きちんとしている女性である、ということもありますが、もちろんそれだけではないでしょう。この両親としての子供を保護する役割を十分に果たしたとは言えないかも知れませんが、一家の大黒柱としてのお父さんが、家族を守り養っていくというシッカリとした信念を持っていたので、心の奥底ではとても深い夫婦愛や親子の愛といった、家庭を形成するために欠かせない基本的な要素で固く結ばれていて、それがSさんにも通じ、何とかして両親の愛情に報いなければ、と思っていたからではないでしょうか。

（萩原　敬子）

アドバイス

張宿の子供は几帳面（きちょうめん）で、しっかりしていて、我慢強さも抜群ですから、幼い時からやや厳しく躾（しつ）けたり、お稽古ごとなどをさせても良いでしょう。しかし時々不安な気持ちに襲われることがありますので、このような時は、母親の優しさで子供の気持ちを癒（いや）してあげましょう。

お友だちの間でも評判が良い子が多くて、自分の仲間を作ることもできますが、その時注意しなくてはならないのは、親がよく話をして年下の子供や弱い子をいつもかばうように仕向けてあげることです。同時に、自分ができるのに、他の子がそれができないからと言って非難することがないよう、大らかな心を育ててあげることが肝心です。幼少時代にこの良い習慣が身に着くと、張宿の子供の人生は恵まれたものになるでしょう。

お話の中には、張宿の子供のSちゃんが描かれていますが、どんなことにもめげない善い資質を授かっていて、そこに参宿の女教師が担任として現われます。この先生はSちゃんに先生としてではなく、女性として、手を取って家事を教えますが、Sちゃんは一生懸命全部身に着けました。二人の関係は《危・成》ではありますが、それよりも、参宿の先生が教師としての範疇を超えて親身に教え、また張宿の子供だからこそ、Sちゃんがそれを我慢強く受け止めたのが、良い結果を生んだものと言えるでしょう。

上住節子

翼宿

翼宿の人は、働き者で好印象を持たれます。いつも穏やかで人付き合いが良く、社交的です。しかし、自分がいったんこうと思ったことは、それが良くても悪くても、他人から何と言われようと、自分の考えを押し通し、決して諦めません。

子供の頃から、外を飛び廻るのが好きで、大人になってもそれは変わりません。大雑把で乱暴な人と、非常に繊細で器用な人と、相い反する二種類の人がいます。しかし場当たり的になりやすい傾向にありますから、慎重で計画的な生き方を心がければ、世界に飛躍する大人物になります。

この宿の人は、困難な時に、決まって女神が現われ、たびたび助けられることがあります。

翼　宿（よくすく）

トンボ取り、今日はどこまで行ったやら

翼宿の子供は、朝から晩まで外に遊びに出ずっぱりです。親はどこへ行ってしまったか気がかりで、無事に帰ってきた姿を見るまでは心配でなりません。とにかく、背中に翼が付いていて、あっちこっち飛んで行ってしまうのですから。注意をしても結構こだわりが強いので、あまり言うことを聞きません。

ある翼宿のYくんのお話です。

五・六歳の頃、いつものように泥だらけになって、泥合戦や穴掘りなど遊びまわって家に帰りました。その日はまた特別すごかったのでしょうか、お母さんに真顔で、「あんた、どこの家の子？　こんなに真っ黒になっちゃって、もう遅いし、お家で心配しているから早くお帰りなさい」と、とぼけた顔で言われました。

彼が夢中になって「俺、ここの家の子だーい」と泣きそうになって叫ぶと、お母さんに「あれっ、よく見たら、お前じゃないの。早くお風呂へ入って綺麗になりなさい」と

翼宿の相性

相性度	星宿		
栄　◎	軫	畢	女
親　◎	張	箕	胃
友　○	星	尾	婁
衰　○	角	觜	虚
危　△	鬼	房	壁
成　△	氐	井	室
安　×	亢	参	危
壊　×	柳	心	奎

☆命＝翼　業＝斗　胎＝昴

言われました。大人になった今でも、彼は「あの時お袋は本当に分からなかったのかな、それともふざけていたのかな、注意するつもりで、知っていてわざと言ったのかな」とぼやいています。もし知っていて言ったのだとしたら、なんと素敵なお母さんでしょう。

でも大変危険なこともするので気をつけましょう。Yくんはトロッコに乗って遊ぶのが大好きでした。ある日、トロッコの先に腰掛けて後ろから押してもらった途端、足を枕木に取られて前につんのめり、トロッコが自分の背中の上を走っていってしまいました。背中は赤むけです。お母さんはまたかと呆れるばかりです。

このお母さんの宿は星宿で、翼宿とは《友・衰》の関係にあります（『宿曜占法Ⅱ』参照）。働き者でどっしり構えていて、しかも面白い機転を利かせるのが上手な人です。この宿の人は時として、きつい言葉が出てしまうこともあるのですが、翼宿の子供を諭すにはこの手しかありません。頭から「お前、こんなに遅くまでどこへ行ってたの！」などと怒っても、全く言うことを聞きません。きっとYくんは、お母さんにすっかり手玉にとられてしまったのでしょう。それにこの宿の子供は、人から何と言われようと、絶対信念を曲げない頑固なところがあります。あまりつべこべ言わずに、遠くから見守っていれば人がよくて意地悪になることはありません。少しくらい八方破れのところがあったとしても心配はいりません。

このYくんには、さらにもう一つのエピソードがあります。

なかなか乳離れしないYくんに困ったお母さんは乳首にからしを塗りました。お母さんのおっぱいがもらえないと知ったYくんは、うまいことを考えました。このYくんは、近所中のおばさんのところを、「オッパイちょうだい」と言って歩き回ったのです。

大人になって結婚しましたが、「仕事だか、飲み歩きだか、〝今日はどこまで行ったやら〟は、子供の時と変わらないようですが、他の女性の所へ行って〝オッパイちょうだい〟はないようです」と、奥さんは言っています。ただ自分の信念に頑なにこだわるところは、子供の時と全く変わりません。

行く所、行く所、結構誰にでもよくされます。特に男の子は一生、たとえ恋愛がらみでなくても、世代を問わず女性によくされます。男性の翼宿には女神さまがついていると『宿曜経』は記しています（『宿曜占法―人生喜怒哀楽―』参照）。もちろんYくんにも常に幸福をもたらす女神がついています。どんなことがあってもついていこうと頑張っている妻を始めとして、兄弟姉妹や仕事先の女社長とか社長夫人、近所のおばあちゃんやスナックのママさんまで、みんないざという時に損得勘定や恋愛感情抜きに心からY氏のことを思って、尽くしてくれています。そのため自分に降りかかるいろいろな出来事を乗り越えることができます。

一生懸命働いて、どんなに経済状態の悪い時でも自分の会社を守り通そうと頑張ります。家族はとても大変なようですが、こんな場合でも身内を省みないで頑張ってしまうのも、翼宿の特徴です。

翼で飛んで〝いじめ〟克服

女の子の翼宿さんの場合を見てみましょう。勉強もそこそこできて先生や親の言いつけをよく守り、いわゆるオリコウちゃんが多いのです。交友範囲も広く、みんなに信頼され、級長などになったりもします。はたから見ると羨ましくなるような良い子かもしれません。でもこんな面もあります。

先生の言いつけをちゃんと守らせようとして、うまくできなかった弱い立場の子に対して、自分の取り巻きを引き連れて、「ちゃんとしなさい！」と圧力をかけたりします。決して悪気があるのではないのですが、それで腕白ちゃんの男の子たちにとっては鼻持ちならない存在となります。

私が勤めた学校にいた明るくてしっかり学習し、リーダー的存在のB子ちゃん（翼宿）に中学二年の頃、〝いじめ〟が起きました。この程度のいじめは、中学校では日常茶飯事で一クラスに三・四件は常に起きているのですが……。最初は机から椅子を離すとか持ち物隠しなど、軽い悪戯でしたが、やがて机や靴箱の中にいたずら書きが入れられたり、数人の男の子たちから「すかすなよ、ばい菌！かっこつけるんじゃねえよ」などの雑言が浴びせられるようになり、さらに数人の女子生徒からは、無視や近づかないなどの〝シカト〟が始められました。朝、教室に入る時「お早うございます」と言っても、みんなグループ同士の話に盛り上がっていて、返事は誰からも帰って来ません。お弁当を食べる時も、誰も一緒に食べてくれる友だちがいないので、一人で寂しく食べるしかないのです。

〝シカト〟する生徒の中に家が近く小学校の時からの親友、C子（房宿）までが入っていたのもB子には悲しくて情けなかったのです。「前はあんなに仲良くしていたのに」と悲しくてしかたありません。明るかったB子もだんだん暗く無口になり、学校も休みがちになってしまいました。ついにB子は思い切って担任の先生に相談しました。

担任の先生がC子を呼んで聞いてみると、C子は「〝シカト〟したくなかったけれど、他の生徒に仲間はずれにされるのが怖かったので、つい一緒にやった」と言いました。他の生徒たちも「仲良しのB子にC子が悪戯を始めたのを見て、面白そうなので同調して〝シカト〟したらだんだんに面白くなってしまった」と言います。実は、C子は男子生徒たちと不純異性交遊の関係にあった事まで明らかになりました。担任の先生が調べた時には、彼らは空き家に立てこもってシンナーまで吸っていたのです。C子がそんなにまで変わっていたという事は、B子にとってもショックでした。

房宿は、いいかっこしいのところがあって、周りの雰囲気に合わせるのが上手です。悪くすると、他人と一緒になって、人が困っている状況を内心楽しむ傾向があります。B子とC子の関係は《危・成》の間柄ですから、よほど注意しながら付き合わなくてはなりませんでした。しかし二人とも幼い時は素直な面が出ていたため、仲良しが続いていたのです。男子生徒については担任の注意でどうやら納まりましたが、その後もB子とC子の気まずさは続きました。父親がリストラで失職、両親の不和で家庭環境が不安定だったC子は、勉強もできて温かい家庭のB子が羨ましかったのです。B子も成績が下降し始め、ささいなことで友だちと口論するようになりその情緒不安定さが目立ち、とうとう学校を休みがちの日々が卒業まで続きました。

私はB子の宿を『宿曜占法Ⅱ』で調べました。すると翼宿は「外国に出ると運が開ける」とあるので、思い切ってアメリカのハイスクールに行ってみるのも悪くないかもしれないと考えました。それに翼宿は「遠くに行くほどに、良い人間関係に恵まれツキがツキを呼ぶ」ともあるので、英語の成績も良くもともと頑張りやさんのB子なら、環境が変わればきっと立ち直れるとも思いました。

こうして両親はいろいろと考えた末、B子（翼宿）を留学させることにしました。そしてホームステイのホストファミリーにとても良くされたこともあって、アメリカという国の明るさがB子の人間性を取り戻したのです。見違えるほど明るくなって日本に帰って来たB子は、あの引きこもりがちだった性格もすっかり消え、国際線のフライトアテンダントに大変身して、翼宿持ち前の人付き合いの良さや、世話好きな面を発揮して大活躍です。中学時代のB子を知っている人たちは余りの変わり様にびっくりしてしまいました。これは《宿曜占法》による〝いじめ〟荒療治の例とも言えるでしょう。

考えなくてはならないのは、親は良い子だからといって安心してはいけないということです。表面は良い子に見えても、子供は親の知る事のできない、内面に問題を抱えているかも知れません。自分の子供の問題点を《宿曜占法》の観点から冷静に観察するのも賢い方法です。翼宿の子供は男・女ともいったんこうと信じると、のめり込みの強いところがあるので、特に思春期にかけては、恋愛問題だけでなく、宗教団体や政治団体などに首を突っ込み過ぎてはいないか、親としていつも様子を把握しておかなくてはなりません。

もちろん分かったからといっても、この宿の子供は自分の思いを頑な（かたく）に貫き通しますから、子供を信頼して、親としての慈愛の情を持って、できるだけ温かく見守り、一箇の人格として尊重していくのが、最も大切な事だと思います。

（萩原　敬子）

アドバイス

上住節子

翼宿の子供は、いったん外に出るとなかなか帰って来ないので、まさに〝鉄砲玉〟という言い方が当てはまります。外に出て遊ぶのは外交性を培うので、将来のためには良いのですが、一定のルールを守らせる必要があります。困ったことが起きてから叱っても、自分の考えにこだわる頑固なところがありますからで無駄となります。だから親は、いろいろな形で正しい選択をさせるよう、ルールを示しておく必要があります。

例えば、帰る時間を守らないで家族に心配をかけてはいけないとか、危険な所で遊ばないとか、怪我をしないように気をつけるとか、友だちにめちゃくちゃなことを言ってケンカをしてはいけないとか、等々です。周囲の人の応援と犠牲があって自分が思うように振る舞えるのだと言うことを、お話の本や人の話を通じて知らせる必要があります。それができたら見守っていれば良いのです。

このお話のYくんのお母さんのように、時には知らんふりをして、親に見離された、と思わせるのもその一つの方法でしょう。あまりルール違反をくり返すと、女神たちに見離されて、ただあちらこちらへ飛び廻っているだけの人生になってしまいますから、そうならないように、子供の時からしっかり教育したいものです。

軫宿

軫宿の人は、智慧と和合の心を持ち、また、賢く慈悲の心に恵まれるという善なる資質があります。そのため、誠意をもって人に接する努力をすることよって、富と長寿という功徳が授かるでしょう。おっとりしていますが、よく気がついて皆がやりたがらないことを率先して実行するので、いつの間にか信頼されるようになります。他人の個性をよく見分ける能力もある反面、相手の気持ちや話に合わせてしまうため、うっかり人の悪口に同調してしまうことがあると、第三者に恨まれることになり、本来の徳が損なわれて不運がやって来ますので注意しましょう。

軫宿は、二十七宿中一番弱い宿と見られていますが、その秘めた芯の強さと一徹なところは他の宿に類を見ません。

軫　宿（しんすく）

友人の荷物を持って通学した七年間

私の同僚であり親しい友人であるI先生には、二人の女の子がいます。ここでは、この長女A子さん（軫宿）のお話をしたいと思います。

A子さんには、B子さんという友人がいます。近所に住んでいたため幼稚園の頃から親しくしていました。そのB子さんが、小学校五年生の夏に交通事故に遭い、右足が不自由になってしまったのです。それ以来、車イスを利用して登下校しなければならなくなりました。最初の頃は、車イスに慣れなかったので何かと日常の生活に不便を感じることが多くあったようです。

そこで、A子さんは友だちの手助けをすることにしました。登校はB子さんのご両親が車で送りますが、下校はご両親が共働きのためB子さんは一人で帰ってこなければなりませんでした。A子さんは下校の時、B子さんのランドセルや重い荷物を持って毎日一緒に車イスを押しながら帰って来ることにしたのです。

軫宿の相性

星宿	相性度
角　觜　虚	栄　◎
翼　斗　昴	親　◎
張　箕　胃	友　○
亢　参　危	衰　○
柳　心　奎	危　△
房　鬼　壁	成　△
氐　井　室	安　×
星　尾　婁	壊　×

☆命＝軫　業＝女　胎＝畢

小学校からB子さんの家まで歩いて通える距離にありましたが、それでも約一キロはありました。荷物を持ち、車イスを押して帰るのは小学生としては決して楽な距離ではありません。そのお世話を自分から申し出て、実行したのです。

雨の日などは大変でした。B子さんはレインコートを着ての下校となりますが、A子さんもレインコートを着て二人分の荷物を運ぶのです。これには小学校の担任の先生も頭が下がったことでしょう。

中学校は、小学校と同じ方向でしたが距離はそれよりも遠くにありました。それも一緒に通学したのです。高校はさすがに電車とバスを利用しなければならず、それでも一緒に通ったということです。

私は、この話をI先生から聞き、どうしてこうまで出来たのか、その理由を機会があれば是非A子さんに話を聞いてみたいと思っていました。

ある時、私は所用でI先生の自宅を午後の七時頃に訪れました。そこに自宅から通学している大学生のA子さんがいたのです。私は渡りに船とばかりにA子さんに話を聞きたいと頼んだのです。I先生は快く引き受けてくれました。その時の会話が次のような内容でした。

(私)「小学校から高校まで合計、七年間も友だちの荷物を運んで通ったのはすごいね。その時のことをいろいろ聞きたいのだけども詳しく教えてもらえないかな?」

(A子)「いいですよ。でも何を話たらいいですか?」

(私)「小学生の体力では、一キロもの距離を、荷物を持ち車イスを押して下校するのは大変だったでしょう?」

（A子）「そうでもなかったですよ。自分のランドセルは後に背負って、B子ちゃんのは前に子供を抱えるようにして車イスを押しましたからたから、そんなに大変でもなかったです。あまり重いのはB子ちゃんの膝の上に置いてもらいました。下校の時だけですから」

（私）「雨が降った時なんかは不便だったのではないですか？」

（A子）「そうですね。B子ちゃんと同じように私もレインコートを着て下校しました。荷物が多い時は、それが雨に濡れるので、学校に置いておけるものは、次の日に持って帰るようにしました」

（私）「なるほどね。工夫したのですね。これには、B子さんも感謝したでしょうね？」

（A子）「そうですね。いつもありがとうっていってましたが、私はそんなに大変なことをしたというつもりはないんです。一緒の帰り道だから荷物を持っただけなのです。でも、みな、偉いねっていいますがその意味がよく分からないですよ。困ってしまいます、なんと答えたらいいか分からなくて」

これは、軫宿の善なる資質である和合の心と慈悲の心が発揮されたため、他の人からは難しい行為に見えても本人にはさほど負担になっていないということでしょう。そこで、一緒にいた父親にどのような育て方をしたかを聞いてみました。

（I）「人には優しくという程度だったかなぁ。一般的なことしか教えなかったよ。でも、やり始めたら最後までやり通すことの大事さについてはよく話したかな」

この話より考えてみますと、これといった特別な教育はしなかったようです。そうなるとやはり、軫宿の善なる資質が友人の手助けをするというきっかけによって開花し、このような素晴らしい行為に結びついたものと判断できます。本当に人の資質は、様々なきっかけによって発揮できるものだと認識を新たにしました。

次に、中学校の頃の話を聞くことにしました。

（私）「中学校になると、全員部活動に加入しなければいけないから、一緒に帰って来るのも時間を合わせるなどしなければならず上手くいかないのではないですか？」

（A子）「そうですね。小学校の時と同じように、登校はB子さんのご両親がやってくれましたので、下校だけ一緒でした。部活は、B子さんは吹奏楽部に入りました。私も一緒の部活にしようかとも考えたのですが、体を動かすのが好きなので卓球部に入りました。毎日、二人で部活の終わる時間に待ち合わせをして一緒に帰って来ましたが、さすがに中学生になると部活以外にも委員会などいろいろな用事もできてきますので時間合わせは大変でした。でも、なんとかなりました。あまり遅い時は、父が迎えに来てくれましたけど（笑）」

中学校でも同じように一緒に帰ることをA子さんは選択しました。

人は選択しながら生きていますが、A子さんは自分の善なる資質が開花できる道を見事に選んだようです。これは、彼女に智慧があった結果によるものと思われます。また、友人のI先生の教育もこの選択をする際に役立ったものと考えられます。それは、幼少の頃から読書させたことです。さらに、この本を読み終わるとI先生は必ずその本に対する意見・感想を言わせたことも成功したのでしょう。このことによって自然と物事を判断する能力を身に着けたようです。やはり、言い古されたいい方ですが「読書は生きる糧（かて）、自分を知るための糧」ということでしょう。

最後に、高校時代の話を聞きました。

（A子）「二人とも同じ高校に進学しましたから、私はまた一緒に車イスを押して登下校することに決めました。小学校・中学校とやって来ましたので、苦労だとは思いませんでした。やはり、一番大変なのはB子ちゃんでしょう。朝、駅まではご両親が車で送りますが、そこから先は電車で行かなければなりませんでしたから。やはり、駅から高校までの二十分の車イスでの移動は大変だったと思います。特に、雨が降った日は。二人とも小学校の時と同じでレインコートを着ての移動でしたから」

これより、高校三年間も無事やり通したことが理解できました。ここまで合計すると七年間の長丁場でした。私はここに軫宿が持って生まれた力強いエネルギーを感じました。その精神力と体力によって困難を乗り越えることができたのです。

そこで父親のI先生にこの行為をどのように考えているかを聞いてみますと、

（I）「本当に我が娘ながらよく頑張ったと思うよ。頭が下がるね。まぁ、この体験からA子もいろいろと学んだんじゃないかなぁ。その結果が、国立C大学看護学部への現役合格ということで一つの現われになったと思うね。父親としては嬉（うれ）しかった」

ということでした。

（私）「本当だね。C大学はなかなか現役では受からないよ。立派だね」

私は長い教師生活から、自分の目標が決定し、やりたい勉強の方向性が見えてきた生徒の多くが、第一希望に現役合格を果たす確率が高いことを知っていましたので、このA子さんのケースもこれに当てはまるものと考えました。やはり、言い古されたことですが生徒が自分の目的や目標を見付けるためには多くの勉強と体験が必要になることを改めて認識したのです。

そして最後に、A子さんについて特質すべきことも話してもらいました。

（I）「これといったことはないけれど、子供の頃から人の世話は好きだったよ。なぜだか分からないけど……。妹の面倒はよく見ていたね。これは持って生まれた性格かも知れないね。近所に住んでいる自分より年下の親戚の子供の面倒もよく見ていたよ。そのため、親戚からも感謝され〝A子ちゃん、ありがとう〟ってね。そういわれるとA子も嬉しそうにしていたよ。こんな成功体験がきっとA子の心の中にあったから、世話好きなのかも。今、考えてみると周囲をよく観察して自分のやるべきことを誠実にやるような面もあったね。ある時、A子の小学校三年生の担任に偶然スーパーであって同じようなことを言われたから間違いないよ。実はこの担任は、私の教え子でね。また、通知表にも〝他の生徒の面倒を嫌がらずによく見ます〟と書いてあったなぁ」

私は、教育とはいかに成功体験の歓喜を味わわせるかにあると感じていましたが、それが彼女の進むべき道を決定したのではないかと考えました。A子さんはその典型的な実例でしょう。これが七年間も友人のために尽くす犠牲的な行為として完結したのではないかと思いました。

（前田　康晴）

アドバイス

軫宿の子供は、友だちを押しのけるような強さはなく、かえって友だちのために親切と優しさで動き回ります。人と人との輪を作りながら自分の周りに豊かな人間関係を築くことができます。『宿曜経』によれば、車で動き回るのが好きで、そうしているうちに商売が繁盛していくというのが特徴です。人びとに尽くして、最終的には自分が大きな福運を授かるのがこの宿の人です。

ご両親はこの善い資質を活かしてあげるために、例えば、子供が他の子供のうわさ話をしたらやめさせましょう。それには、家庭内でもうわさ話はやめなければなりません。宿曜の経典の中でも、このことを強く戒めています。人に誠心誠意尽くした後にこそ授かる幸運なのですから、常に心に平和を保つような、公平な言動をとるように教えてあげましょう。

今回のお話では、A子さんが七年間も友人のために車椅子を押し続けました。並大抵のことではできないことを成し遂げる芯の強さを持っていたのは、やはり軫宿には普通では見えない善い資質があるからです。A子さんは仏教で言うところの身布施（自分の労働で供養すること）を七年間実施したのです。一生の幸運を授けられたことでしょう。

上住節子

角宿

角宿の人は、社交性があり、遊び好きで、人気者です。その上、二十七宿中一番器用とも言われ、技術方面の仕事に特に力を発揮します。どんな分野に進んでも、その場で、なくてはならない人となる力を備えています。周囲の人びとから人気を得られる活力に満ちた宿です。この資質を活かして、強力な人の輪を築くことができます、人を使うのも上手です。

ただし、子供の時の環境が、大人になってからの人生を大きく左右します。幼少期に、本人の求めるままに物を与えられて育った人は、社会に出てから運が開けません。遊びの面が強く出てしまった場合には、ギャンブルや異性に溺（おぼ）れて一生を過ごしてしまう人もいるので気をつけましょう。

角　宿（かくすく）

欲しい物は絶対に手に入れたい！

中学校教員の私は、その年は特別支援学級の担任になりました。そこに、中学校一年になったAちゃんがいました。彼女は目が細く、下ぶくれの平安朝美人のような可愛い生徒でした。しかも、より平安朝らしく見せたのは、大好きで絶対切りたくないという長い髪です。新学期になって出会いの日、お母さんと一緒にニコニコと私に明るい笑顔を見せてくれました。初対面では特に変わったところはありませんでしたが、長年の教師の勘で、一点をじっと見詰める目が何かこの子には不安なことがあるのかなと気にはなりました。だけど先入観を持たずまっさらな気持ちで子供と接したいのが私の信条でしたので、特に小学校の担任の先生に今までの様子について話を聞くということはしませんでした。

学習が始まり、数学・国語などの学力は、小学校二年生程度でしたが、特別支援学級のこととて特に気にはしませんでした。また美術や音楽は大好きで、Aちゃん独自の個性的センスが光り、私は楽しくなりました。とにかく美術

角宿の相性

星宿			相性度	
亢	参	危	栄	◎
軫	女	畢	親	◎
翼	斗	昴	友	○
氐	井	室	衰	○
心	柳	奎	危	△
星	尾	婁	成	△
房	鬼	壁	安	×
張	箕	胃	壊	×

☆命＝角　業＝虚　胎＝觜

に関することならいつまでも飽きないで、ズーッとやっています。色は、特にピンクが大好き。たくさんの色の中でパッと素敵な色の組み合わせを選ぶのにもびっくりしました。

二・三日は無事に過ぎて行きましたが、ある日を境にそうは言っていられない出来事が、次から次へと起こるようになりました。友だちと仲良く遊んでいたかと思うと、突然その子の綺麗な色の筆箱や鉛筆が欲しくなり、すぐに持っていこうとします。そんな時きつく注意すると、大暴れが始まってしまうこともありました。

五月の遠足の時のことでした。子供たちみんなで列を作って歩き、駅から学校へ帰る途中、商店街を通り抜けました。あるお店の綺麗なピンク色の造花がＡちゃんの目に止まりました。Ａちゃんは吸い寄せられるようにお店に近づき、造花を引き抜いて持って行ってしまおうとしました。私が気がついてお店まで行った時には、造花の入っていたバケツはひっくり返り、傍らに並べてあったカップやグラスは割れて床に散乱し、さんたんたるありさまでした。

Ａちゃんはというと、さすがに反省したのかうずくまって泣きじゃくるばかりです。お母さん（觜宿）に来てもらって聞くところによると、Ａちゃんはとにかく毎日のように賑やかな商店街に出て、綺麗なものを見て歩き、買って欲しいとおねだりすることに執着しているようです。そして小さい時からこういうことはたびたびあって、クリスマスの時期になるとツリーの飾りを引っ張って売り物にならなくなって弁償したこともあるといいます。お母さんの苦労が身にしみました。

教師は人生の一ページを、子供と過ごすのみに過ぎませんが、ご両親は毎日ズーッと一緒です。第

―このままでは他の子供との溝が深まり、ひいては〝いじめ問題〟なども引き起こしかねません。Aちゃんにばかり時間をかけていては他の子供の面倒も充分に見られなくなります。

何とかせねばという思いにかられ、私はその頃勉強し始めた、《宿曜占法》の観点から考えてみました。Aちゃんの宿は〈角宿〉です。角宿は遊び好きの宿です。「子供の時に豊かな家庭に育って何不自由なく暮してしまうと、怠け者になって遊びに気を取られ、一生根無し草になってしまう」と、書かれてあります。親はたとえ経済的に余裕があったとしても、欲しい物を何でも買い与えるのではなくて、我慢させる必要がある、と言うことでしょう。そこでまずお母さんに、感情的になってAちゃんと同じレベルになって怒ったりせず、Aちゃんの好きなお出かけや買い物は二回に一回は我慢させ、これができたらこうしてあげるとか細かい約束を取りつけてしっかり守らせること、わがままの言いなりにならないことを提案しました。

お父さんは〈虚宿〉、お母さんは〈觜宿〉、Aちゃんは〈角宿〉なので、三人は《命・業・胎》で、前世からの結びつきが深く、お互いに尽くし合う関係にあります。運命共同体のようなものなので、努力して良い関係を作っていくしかないでしょう。

神さまからの贈り物

一方『宿曜占法Ⅱ』では、私は〈参宿〉なので、Aちゃんとは《栄・親》の間柄です。私がAちゃんにしてあげることは必ず良い結果を生むのだから、Aちゃんの良いところを伸ばしてあげることにしました。Aちゃんは美術や音楽が好きで、一つのことを頑張り始めると集中力がありますが、今は一般の勉強については伸び悩んでいます。そこであまり強制せず、好きな美術や音楽で情緒を安定させ、将来生きていくのに必要な人間性を培ってあげるのが一番だと考えました。

ある日、私がパソコンで絵を描くのを見ていて、Aちゃんは興味を持ちました。私はこれだと思いました。使ったソフトはペイントです。始めはマウスだけでは細かいところが上手に描けなくて、イライラしていたAちゃんでしたが、次第に私が教えてあげる以上に、自分でいろいろなところをクリックして、何ができるのか、試そうとするようになったのにはびっくりさせられました。

鉛筆やブラシで絵を描き、描いた絵を塗りつぶし、拡大や縮小をしたりします。消しゴムで消したり、四角や円を描くこと、エアブラシの使い方などをどんどん覚えて、Aちゃんはパソコンに向かうごとにメキメキ上達しました。さらに驚かされたことは、小さいものを描く時は拡大表示して、ドットの色をつぶし、元のサイズに戻せば綺麗に描けることまで自分で発見してしまいました。これは普通の大人でも、教えられればやりますが、自分で発見する人はそう多くはないと思います。そのやり方で木に止まっている小鳥や、建物の時計台の小さな文字盤まで細かく綺麗に描きました。

ペイントの他にも、ワードのオートシェイプのいろいろな形を綺麗に並べ、色を着け、多角形やハート・スマイルマークなどの、綺麗な包み紙模様をいっぱい作りました。淡いパステルカラーが好きで、Aちゃんの持つ色のセンスには不思議な魅力がありました。私はたくさんの美しい作品の中から十二枚を選んでカレンダーを作ってあげることにし、カラーコピーをして二十部くらい製本しました。これは私の一生の宝です。まさに《宿曜占法》による指導の大当たりという感じで私は嬉しくなりました。

Aちゃんが好きそうなことで、私がもう一つ考えてあげなくてはならないことは音楽でした。これもまた、すごい大当たりになりました。

ある日、Aちゃんはオルガンをいじっていました。音符や階名のことはいくら説明しても全然分からないのに、歌を聴きながら何でも弾いてしまうのにびっくりしました。

「Aちゃん、何か弾いてみたい曲ある?」

と聞いたら、

「『エリーゼのために』を弾きたい」

と言います。「まさか……」と思ったけど、頭から「難しいんじゃないの」とも言えないので、「音楽の先生に聞いてみようか」と答えました。

音楽の先生の他、ピアノの得意な先生方が交代で、「Aちゃんのためなら」と『エリーゼのために』を暇を見つけては教えるのをかって出てくれました。さて、練習が始まったら、「Aちゃんはひょっとして〈絶対音感〉を持っているのではないかなぁ」という話にまでなってしまいました。〈絶対音感〉とは、他の音と比べなくても音程が分かる能力のことを指します。Aちゃんは、先生がモデルで弾く音やCDを聞いて、グングン弾けるようになってしまったのです。

二学期になる頃には、さわりのテーマのところだけでなく、必ずしもピッタリ正確ではなくても曲全体、だいたい似た感じに弾けるようになってしまったのです。秋の文化祭の時には、Aちゃんは家庭科の先生に教えてもらいながら、薄紫色の胸が大きく開いたドレスを縫い、それを着て『Aちゃんリサイタルタイム』まで開かれました。大勢の人びとに「Aちゃんすごいわね、綺麗ね」と言われて大満足でした。『エリーゼのために』が弾けるようになったAちゃんは、今度は『トルコ行進曲』が弾きたい」と言って、次の目標に向かって頑張るようになっていきました。

美術方面も、次にはビーズの魅力に取り憑かれ、綺麗なガラス玉をいっぱい持ち込んでは、指輪やネックレスをたくさん作りました。何とも言えないような美しい色の取り合わせのビーズを、お母さんにねだって買ってもらったのか、学校へ持って来るのです。私にはお店ではとても買えないような、世界で一つだけの素敵な携帯ストラップをいくつも作ってくれました。好きなことに対する集中力には目を見張るものがあります。静かに無言で長い時間作り続けるのです。

どの先生たちも自分の仕事だけで精一杯なのに、これだけたくさんの先生たちが何とかしてあげたいと一役かって出てくれたのは、Aちゃんの人柄とか社交性もありますが、角宿はどういうわけか、周囲の人びとによくされる宿性にあるからとも言えるでしょう。

こうして三年生になって卒業する頃は見違えるように落ち着いたお姉さんとなり、意気揚々と卒業証書をもらい高等学校へ進んでいったAちゃんでした。宿を知り、対策を練ることに、こんなに役立つなんて《宿曜占法》の効果をすごく実感しました。

（萩原　敬子）

アドバイス

角宿の子供は、子供ながら人気者です。何をしても上手にこなしますし、お友だちをちっとも差別しないからです。他の子が困れば、一生懸命手伝ってあげたりする良い面もあります。あまり困った問題を親のところへ持ち込みません。

ただひとつ親にこだわって欲しいのは、何でも欲しがる物を子供の言うがままに買い与えないことです。与えていると、一生遊んで暮したいという面が大人になってから出てきて、将来がだいなしになってしまいます。ちなみに角宿は、二十七宿中の三大遊び宿の一つですから、親は、わがままや好き放題に物を買い与える癖（くせ）をつけるのを、絶対に慎みましょう。

またお友だちに良くしてもらった時は必ず感謝すること、そしていつまでも誠実にお付き合いをすることを教えるのが、大人時代になってからの糧（かて）となります。

お話の中のAちゃんは、参宿の先生に、ピアノを弾いたり、パソコンで絵を描くことの楽しさを知るきっかけを作ってもらいました。いつかAちゃんがこの事に感謝するようになれば、その時先生が見出してくださった善い資質を活かして、一生幸福に過ごすことができるでしょう。

上住節子

亢宿

亢宿の人は、自分が一生をどのように生き抜くべきかについて、はっきりとした考え方を持っています。独立独歩の人ですから、規則ずくめの職業はこの人には似合いません。正義感が強く、部下の面倒見が良くて、しかも上司が間違っているような場合は、はっきりと反論します。商売も上手で、努力家です。

どんな世界で活躍するにせよ、主導権を取ることができますので、自信を持って自らの資質を活かすべきです。しかし、成長期に良い指導者に恵まれなかった人は、感情の起伏が激しく、しかも、自分の信念に反する人を許せなかったり、すぐ物事に反発して人を困らせたりしがちですから、注意しましょう。

亢　宿（こうすく）

先生方と徹底抗戦

亢宿のDくんのお父さんは、Dくんがまだ四歳の時に会社での働き過ぎにより体を壊し亡くなりました。そんなわけで、お母さん（昴宿）の期待の一切が一人っ子のDくんの肩にどっかりとかかり、何かと口やかましく、厳しく言われながら育ちました。昴宿は物事の本質を正しく理解して処理する力を持っていますが、時に見栄を張り、感情を剥き出しにして、しゃべり立てる面があります。つい、勉強、勉強とまくし立ててしまうこともありました。昴宿と亢宿は《安・壊》の関係にあります（『宿曜占法Ⅱ』参照）。昴宿はしっかりしないと、波乱含みで個性の強い亢宿に振り回されてしまうことがあります。

Dくんはそんなお母さんに満足せず、時々反発して、泣きわめいて食ってかかったり、食卓をひっくり返すなどということもあり、お母さんを困らせていました。

小学校の一・二年生で教わったE子先生（翼宿）は、どの子も満遍なく可愛がり優しい先生でしたが、〈給食を残

亢宿の相性

星	宿		相性度	
室	井	氐	栄	◎
觜	虚	角	親	◎
畢	女	軫	友	○
壁	鬼	房	衰	○
婁	星	尾	危	△
胃	箕	張	成	△
奎	柳	心	安	×
昴	斗	翼	壊	×

☆命＝亢　業＝危　胎＝参

さず食べさせる指導〉を徹底する先生で、食べられない子は居残りさせても食べさせました。毎朝、昨日の給食は残菜が何年何組はどの位あったか給食室の前に張り出されます。先生方によっては自分のクラスで残菜があるのは恥だと思って躍起になったというわけです。翼宿の人は、人の本質を見抜き、自分の信念を貫き通そうとする良い資質を持っています。しかし正しい判断力を欠くと、突然厳しいことを言い出して、執拗にこだわることがあります。ある日、いつものように食べられない給食を机の上に置いていつまでも残されていた女の子が泣き出してしまいました。Dくんは「嫌いなものは嫌い、どうしてそんなことまでさせられるんだ」と先生に抗議して、その女の子の給食のお盆をバーンと床に飛ばして、バラ撒いてしまいました。

三・四年生で教わったU子先生（女宿）は、授業も面白く、子供たちをやる気にさせる面では素敵な先生でしたが、Dくんには、いつでもできる子ばっかり指しているように思われました。女宿は聡明で、人びとを善い方面に導くという、教師としては最適の宿ですが、ともすると権威や権力に取り憑かれやすい面が出てきます。Dくんにしてみれば、テストではずっと悪い点数の子が、通信票では良かったりするような気もしないではありません。これって〝ひいき〟というのではないかと、悔しくって家に帰って通信票を叩きつけても、お母さんには「何で成績が良くないの？」と事情を理解することもなく怒られるばかりです。ふと、このことを友だちに漏らすと、三・四人意気投合する仲間が集まってしまいました。「もう、学校からも家からも逃げてやる」とばかり、反発グループ少年団は、二・三日生活できるくらいの食糧や、スナック菓子・洗面道具や着替えをリュックに詰めて家出を決めこみ、みんなで一〇キロくらい離れたところにある有名な公園を目指して歩き始めたのです。しかし子供のこと、真っ暗になってきたら、しくしく泣き始めた子がいました。Dくんはもちろん気丈ですからそんなことはありません。親たちやU子先生が捜索願いを出し、少年団を見つけた時は、みんなは二・三駅離れた小さな公園で肩を寄せ合って震えていました。Dくんも今しも泣き出す寸前でした。「どうしてこんなことをしたのだ！」という大人たちの問いに、少年団は〝男の約束〟とばかり、貝のように口をつぐんで絶対言いませんでした。

このことがあってから、Dくんのお母さんはさすがに、やみくもに「勉強しろ、勉強しろ！」と言うのはやめて、Dくんの立場に立っていろいろと考えてくれるようになりました。昴宿の持っている前向きな良い姿勢が取り戻されたのでしょう。Dくんはこの頃から読書に興味を持ち始め、日本史・世界史・偉人伝・有名文学書など次から次へと読みあさりました。

さて、Dくんが五・六年生で教わったF先生（柳宿）はスポーツマンで楽しい先生です。柳宿の人は、元気で明るく頼りがいのあるように見えますが、しかしややもすると、無慈悲さが表面に出てしまうことがあります。教室の中にガムテープを貼って、ここは田園調布、ここは〇〇住宅、ここは××商店街、ここはホームレスの居住地とか、ランク分けをしてしまうのです。子供はテストで良い点数を取ると田園調布へ、悪い点数を取るとホームレス居住地に机を移動させられるのです。悪いことをすると、反省文を書いて廊下に貼り出されました。時には体罰もありました。でも、授業がすごくユニークで楽しく、怒られても後のフォローがとても良いので、子供たちはF先生が大好きなのです。

親もみんな先生を信頼していました。今でしたら、児童虐待・いじめ・差別教育などで大問題になるところでしょう。不思議なカリスマ性を持った先生でした。

他の子供はいくらF先生が大好きでも、たくさん本を読んで、本当に正しいことは何かを判断する力を身に着け、正義感に燃えたDくんがこのようなF先生を許せるはずはありません。学級会でこの座席分け問題を取り上げ、クラス全員参加の大討論会となりました。今までF先生のやり方が大好きだった子供たちも疑問を持つようになりました。にも関わらず、その後もDくんは何かすっきりせずむしゃくしゃして、卒業式の日の夜、校舎の塀に「学校なんてくそくらえ、死ね！」とスプレーで吹き付けをしてしまいましたが、誰がやったか気付かれませんでした。

中学校に進んだDくんは、小学校以上に全てが規則でがんじがらめなのに驚かされました。まず、制服。いつも同じものを着ていて洗濯もたびたびできないので、なんだか不潔で暑苦しい。また成績だけが何事よりも重んじられ、通信票はテストの点数のみで付くような気がしてなりません。

Dくんのクラスに軽い自閉症気味の生徒がいましたが、おどおどしているのをよい事に、その子のことを〝シンタイ〟（障害者のこと）などと呼び、机にいたずら書きをしたりのいじめをする生徒がいました。ある日、いたずら書きをしている現場を突き止めたので、「そんなひどいことするなよ！」と注意をしたら、お返しに「お前みたいに教師の手先のような奴、キモイから近づくな！」などと言われ、今度はDくんが蹴っ飛ばされたり、階段から突き飛ばされたりしました。もちろんそんなのに負けているDくんではありません。そんな相手にくってかかって怪我をさせたり、学校の備品を叩いて壊したり、窓ガラスを割るというような事件も起こすようになってしまい、成績は下がる一方でした。事あるごとに母親は学校に呼び出され、謝罪することになりました。Dくんはそのたびごとに反省はするのですが、また次の事件を起こし、むしゃくしゃは留まるところを知りませんでした。たちまちのうちに危険人物ナンバーワンになってしまいました。どの先生もやってしまった事実が悪いというばかりで、本当にDくんの悔しさとまともに向き合ってくれる先生はいませんでした。

ついに救いの主、登場

しかし、二年生になってDくんの担任になった国語のH先生（亢宿）は違っていました。H先生は甲子園に出場した某有名高校とその系列大学で野球部に所属し、学問的造詣が深いだけでなく、教え方も面白く、生徒たちはみんなH先生が大好きで、まるで教師になるべくして生まれて来たような人でした。野球部の顧問で、先生の車にはいつでもバットとグローブが積まれています。歌も上手で、尾崎豊の『卒業』などを歌うと、すごい迫力のある声で絶叫するのです。童顔の笑顔が爽やかで、教師であることが、楽しくて仕方がないような雰囲気を持っています。DくんとH先生は亢宿同志で、H先生は自分と性格がよく似たDくんをよく分かってあげることができ、Dくんの気持ちを真っ直ぐに受け止めて、しっかり話を聞いてくれました。家庭訪問も何度もしてくれました。自分自身も中高生の頃反逆児で先生方を困らせたことを正直に話してくれた上で、Dくんがたくさんの本を読んでいて、物事の善悪をしっかり判断できる正義感の強い少年であることも理解してくれました。「そういうところを失わないように、大切にしなくては」とも言ってくれました。そして将来どういう方面に進むにせよ、今学校でやっている勉強の一つ一つが基礎になるのだから、ということを説明しました。

Dくんは「自分のことを分かってくれる人がいる」と言うことで、新たな勇気が湧いてきたのです。再び勉強も頑張り始めたのです。そういう中で、間違ったことを正すのには、ただ反逆するだけでなく、知恵が必要であることも分かってきたのです。

自分に自信がついて、良い学校に変えなければと決心したDくんは生徒会会長に立候補しました。H先生は立ち直ったDくんを見て大喜びしました。卒業式当日には、生徒会会長経験者として卒業生代表となって答辞を読みました。この時、Dくんの計画で、卒業生全員が予定外に即興で起立をして『仰げば尊し』を歌い、先生方は突然のことで、驚いてしまいました。この当時からテレビドラマの『金八先生』などの影響で、このような〝先生ビックリさせ作戦〟が流行り始めたのです。

こんなD氏、大人になってどうなったでしょうか。始めに就職した某有名雑誌社で、血と汗の努力で部下が取材して書いた記事が、ある筋からの圧力で没にされたことで、さらに上の上司とけんかをして辞めてしまいました。今ではフリーのルポライターとして、国内のみならず世界中を飛び廻って、生々しい現実を伝える記事を書いています。何冊か本も出版しました。

反逆児亢宿の子供がちゃんと育つキーポイントは、良い師（先生・指導者）に巡り会うことです。そして偏らないバランスの取れた判断力を持つことにあります。

（萩原　敬子）

アドバイス

亢宿の子供を持つ親は、まず第一に自分の意志が堅実でしっかりしていなくてはなりません。親自身が世の中のルールを守り、子供の意見を尊重する姿勢が大切です。そうすれば、子供は立派な人や、良い業績を持つ人物のイメージを自分の理想像とすることができます。それで、良い師や指導者との出会いが大切になります。良書をたくさん読めるような環境を作ってあげるのはとても良いことです。そしていろいろな人の話を聞かせて、物事の公平な見方ができる基礎を作っておきます。

亢宿が偏（かたよ）った考え方になる時は、誰もどうすることができないほど、自分の思想の中に閉じこもってしまいます。このような事にならないように良い教師につかせてください。親はいつも理解者でなければならず、本音を話すことができる明るい家庭環境を整えなければなりません。はっきりと良い方向に進めば、亢宿の子供は、将来世の中で指導的な大人物になるでしょう。

このお話の中のH先生は、暴れん坊のDくんの心の中に潜（ひそ）む正義への闘魂に気付き、それを上手に引き出して育てようとしてくれました。そのことによって、Dくん本来の良さを取り戻すことができました。

上住節子

氐宿

氐　宿（ていすく）

氐宿の人は、健康で、意志が強固な上、エネルギッシュなので、行動的です。そして、どんなに辛(つら)い時でも、決してへこたれません。

世間のいろいろなことをよく知っていて、素直に人と接したり、行動することができます。どんな仕事も厭(いと)わず、よく働きます。しかし、人に対しても物に対しても好き嫌いが激しく、欲しい物への執着心が普通ではないところもあり、自分の欲しい物は、何としてでも手に入れてしまいます。

この宿の人は、必ず人生のどこかで辛酸(しんさん)をなめると言われていますが、それを乗り越えた時には以前にも増して幸福な生活が待っています。

ここでは男の子と女の子、二人の子供の例をお話しいたしましょう。

保母さんになりたい！

まずM子ちゃん（氏宿）ですが、お母さん（参宿）がいろいろな事情で離婚し、母子家庭でした。そのため周囲の目から見れば、経済的にあまり恵まれておらず、いつもお母さんの財布の中にお金がちゃんとあるのかを気にしているような、いじらしいところもある子でした。でもM子ちゃんはすくすくと明るく素直に育ちました。童顔でお人形さんのような顔をしていて愛嬌（あいきょう）があるので、みんなに可愛（かわい）がられました。

参宿の人は、働き者で大らかです。自分自身の目標をいつも持っています。氏宿とは《栄・親》の間柄でお互いの立場をよく理解し合え、楽しい親子関係を築けます。M子ちゃんのお母さんも例外ではなく、M子ちゃんを独立した人格として認め、遠くから見守るという育て方が功を奏したのでしょう。

ある時、おじさん・おばさんが、M子ちゃんにクリスマスケーキを買ってあげたことがあります。M子ちゃんはケ

氏宿の相性

星宿			相性度	
壁	鬼	房	栄	◎
参	危	亢	親	◎
觜	虚	角	友	○
奎	柳	心	衰	○
胃	張	箕	危	△
昴	斗	翼	成	△
婁	星	尾	安	×
畢	女	軫	壊	×

☆命＝氏　業＝室　胎＝井

ーキの入った箱をしっかり抱えて大喜びでした。帰りのタクシーの中でＭ子ちゃんは眠くてしかたなくなり、こっくりこっくりして、ケーキが落っこちそうになってもケーキの箱のひもだけはしっかり持って絶対に離そうとはしませんでした。きっとよほど嬉しかったのでしょう。これは、物に大変こだわり、良いものを欲しがり、もらったりすると大いに喜ぶという氐宿の子供の基本的な資質の一面でもあります。

Ｍ子ちゃんはまだ小学生だというのに、赤ちゃんの世話が大好きでした。身近にいる親戚の赤ちゃんのおしめの取り替えも、進んでやらせてもらいました。どんな仕事も厭わず、かいがいしく熱心にする氐宿らしさがここに現われています。何となく、「大きくなったら赤ちゃんの世話をする仕事をしたいなぁ」と思うようになったのもこの頃でした。

そんな時、美智子皇后さまがまだ皇太子妃だった頃ですが、日赤の乳児院を訪問されている場面のニュースがテレビに映りました。その時そばにいたお母さんはＭ子ちゃんに、「あの子たちは、お父さんもお母さんもいない、身寄りのない孤児たちなのよ」と説明しました。「かわいそう！」と叫んだＭ子ちゃんは何かすごく感じたようでしたが、大きくなったら絶対保母さんになりたいという気持ちがこの時固まったようです。

中学生になったＭ子ちゃんに、お母さん（参宿）としては、ちょっと心配になる出来事が起きました。当時、若者の間で一世を風靡した「竹の子族」に興味を持ち始めたのです。何といってもあの風変わりな衣装に魅入られたようです。ここでも氐宿の欲しい物を手に入れたいという特徴が頭をもたげます。連日出かけて行っては、ゴダイゴや、沖田浩之の曲などを踊りまくりました。

一方、参宿のお母さんは、「やめなさい！」などとは言いませんでした。自分もその場に行ってみて自分の目で確かめ、やりたいことはとことん自分で納得するまでやらせ、遠くからしっかり見守る、そして安全のことだけはきっちりと抑えさせるという方法を取ったのです。原宿まで行って、現場でM子ちゃんに会い、「五時になったら絶対帰って来なさいね」ということだけを約束させました。やるだけやったら、M子ちゃんの竹の子族フィーバーはだんだんに納まっていきました。

高等学校・短大と、保母さんの資格を取る道へと進みました。そしてついにあの憧れの日赤の乳児院の保母さんになることができたのです。M子ちゃんはテレビに登場する若い保母さんそのもので、愛想がよく、上司には可愛がられ、同僚には頼りにされました。これも氏宿の若い女性の特徴です。

さて成人式で中学生の時の友人、K君と再会したM子さんは、すっかりK君の優しさの虜になり、「欲しい物は絶対ゲット！」の気合いで、とうとう結婚しました。

K君は銀行員です。K君（房宿）の優しさときたら、結婚の話で双方の両親が会った時、足の痛くなったお父さんを、人目もはばからずおんぶして帰ったほどです。M子さんのお母さんは、この人なら娘を一生預けても大丈夫と、安心したのです。

房宿生まれの人は、上品で、穏やかに人と接し、誰にでも親切です。家や一族みんなに恵みをもたらす星の下に生まれています。氏宿とは《栄・親》の幸運な間柄だと『宿曜占法Ⅱ』に書かれています。

今ではM子さんは二人の子の母になりましたが、まるで、子供が子供を抱いているようなけなげな親子です。でもM子さんの考え方はしっかりしていて、自分の子供を預けてまで働きたくないと、保母さんの仕事は辞めています。でも家計の足しにと、子供が学校に行っている間は、差し支えない範囲で、いろいろなアルバイトをしています。参宿のお母さんが、いつも自分たちの使えるお金について、M子さんと相談してきたことが、家計を上手に切り盛りする助けとなりました。氏宿は本来は家庭を中心に落ち着き、母親としての愛情に満ちた子育てを、しっかりとする宿なのです。若い二人が一生懸命楽しい家庭を築き、子育てにじっくり取り組んでいる姿は、誰が見ても大変微笑(ほほえ)ましいものです。もしM子さんに一生に一度辛(つら)い時期があったとしたら、それは子供の頃の貧しい家庭での生活だったでしょう。これからは幸せで、平和な人生が約束されているに違いありません。

精神的要因で病気悪化

Oくん（氏宿）は、親や先生を困らせるようなことはせず、極めて良い子でした。成績は上のクラスで、係りの仕事は熱心にやるし、何も問題がないように見受けられました。でもOくんには〝小児喘息(ぜんそく)〟という持病がありました。この喘息という病気は、精神的な要因から起こることが多いのです。

このOくんには悩みがあったのです。某有名コンピュータ会社にお勤めのエリートのお父さん（箕宿）は、休日や祭日も仕事仕事で、全く遊びの相手をしてくれません。箕宿の人は、とにかく働き者で、いつも忙しく動き回っています。子供の教育のことはすべてお母さん（妻宿）任せです。妻宿の人は家計のやりくりやお料理が上手で、子供の世話もきちんとします。この夫婦は《栄・親》の間柄で、お父さんが仕事一筋の割には、お互いに良い関係が保たれていました。しかし、妻宿の性格として、人を批判するのが好きで、ともするとOくん（氏宿）にも批判がましくはっきり物を言ってしまい、自分の考えを押し付ける傾向がありました。氏宿と妻宿は《安・懐》の関係ということもあり、それがOくんにとっては時おり疎ましく、母と子の関係はあまり良いとはいえませんでした。自分の部屋に閉じこもり、ファミコンのみがお友だちの寂しい毎日です。そして毎晩のように発作が起きます。子育ての苦労で、お母さんはノイローゼ気味になってしまいました。妻宿の人は、人のことをあれこれ言わず、子育てでも、大らかにどっしり構え骨肉の慈愛ぎ、それが平和で活力のある家庭を創ることが開運につながるのですが……。

忙しいお父さんも、Oくんに本当に激しい発作が起きた時は、仕事を休んでくれることがありました。仮病を装うわけでもないのですが、お父さんに家にいて欲しいと思うと、余計、激しい発作が起きてしまうのです。因果関係はよく分かりませんが、そのような精神的要因が作用してか、年を経るにつれて、発作は激しくなるばかりです。

ある時、お母さんは意を決してOくんを伴って心療内科の門を叩きました。その先生は因果関係をはっきりさせてくれたのです。やはり、お父さんにたまには遊んで欲しいという欲求が、発作をますます激しくしていった原因の一つであり、さらに批判がましい態度ではなく、お母さんが血を分けた子供に対する無条件な深い母性愛を欠いていたことが、それに拍車をかけていることを指摘してくれました。

お父さんはびっくりして反省し、日曜日はゴルフなどのお付き合いは少なくし、Oくんとの時間を作るように努力してくれるようになり、家族でピクニックに行ったりしてくれるようにもなりました。だんだんに喘息発作の回数も少なくなり、気持ちも落ち着いてきましたが、それはOくんが中学生になってからです。子育てに両親の親身の愛情がいかに大切かを物語っています。

Oくんにとっても、一生に一度の辛酸の嵐は、子供の頃に吹き荒れ、過ぎ去ったようです。しかし、辛い病気との闘いと寂しさが宿した心の傷は完璧には癒されず、影の部分として残りました。いったんすねてしまうとなかなか治まらないのもまた氐宿の人の特徴です。

両親は一人っ子のOくんをいつまでも側に置きたいようでしたが、やはりOくんにはどうもしっくりいかないお母さんとの関係が疎ましかったのでしょうか。高校卒業後、前々から考えていたと見え、一人で東京に出て大学に進学しました。

コンピュータグラフィックスを学び、ある広告会社に就職しました。氐宿は独立独歩の人なので、大人になったらさっさと自分一人の道を歩みます。持ち前の愛想の良さや行動力で、業界で一流の人たちとの出会いや引き立てもあり今は順風満帆です。最近では結婚し、子供もできて、自分の両親の苦労も少しは理解できるようです。O君は、こうして両親に愛情を授けられて、苦しい時期を乗り越えたのでした。これからは幸せが続くと良いですね。

(萩原　敬子)

アドバイス

氏宿の子供は、普通はあれこれとあまりわがままを言わずに、気持ちも安定していて良い子供です。そして現実をよく見詰めてたゆまない努力をします。忍耐強く親の言うことに従うでしょう。

しかし、物に対する執着は大きいので、子供時代にあまり与えすぎると悪い影響を及ぼします。というのは、与えられると、もっと、もっと欲しい、という気持ちが募って、将来、氏宿の子供の長所である、努力型の善い資質を発揮しにくくなるからです。ところが与えなさすぎて困らせると、なんとしてでも手に入れたいという気持ちが嵩じますから、これもまた良くありません。

親子は、日常的なことを隠さずに話し合って、生活のルールを決めてみましょう。例えば、家計についてよく相談して、貯金をして楽しみなことに使うとか、足りない時はよく説明して我慢させるなどがそれです。

このお話の中の母親は、いつもMちゃんとお友だち同士のように話し合いながら、いろいろなことに対処しています。このことが将来、Mちゃんが自分の家庭を築く時に活かされました。

上住節子

房宿

房宿の人は、財運に恵まれ、穏やかで豊かな生涯が約束されています。二十七宿中第一位の「吉祥の宿」なのです。元来、学問好きで頭脳明晰であるため、その仕事ぶりは非常に熱心で緻密かつ確実なので十分な成果が上げられます。柔軟に穏やかに人に接し、誰にでも心から親切にする、その心根の優しさは他に類を見ません。また、社会の秩序や規則をよく守り、他の人から好印象を待たれます。

ところが、善悪を正しく判断することができなかったり、自己中心的な行動ばかりしたり、他人の苦しみや困難を同情するふりをして内心面白がるという凶なる資質もあります。これが表面に現われるようになりますと、晩年、自分の子供たちが寄りつかなくなったりしますので注意しましょう。しかし、人に対して慈悲の心を持てば開運しますので心配はいりません。

房　宿（ぼうすく）

両親の甘やかしが登校拒否に

ある年の十二月上旬、私のところに中学校時代からの友人が来て、「僕の友だちが、子供の登校拒否で悩んでいるので、相談にのってくれないかなぁ。その夫婦を連れてくるから」というのです。

登校拒否は、複雑な問題を抱えている場合が多いので、なかなか適切な解決策を見つけることが難しい問題なので、この相談を受けても解決策を提示できるかどうかはなはだ自信がありませんでした。それに、休んでいる時期が長ければ長いほど学校に戻ることのできる可能性が低くなるからです。一応、話を聞くことだけは承諾しました。

今、〝いじめ〟問題がクローズアップされていますが、実は年々増加の傾向にある「登校拒否」（〝いじめ〟からの登校拒否も含む）も高校教育界では頭を痛めている大きな問題の一つなのです。高校の状況によって違いますが、平均すると一クラスに一人は必ずいます。予備軍は二・三人はいるでしょう。

房宿の相性

星宿			相性度	
奎	柳	心	栄	◎
井	室	氐	親	◎
参	危	亢	友	○
婁	星	尾	衰	○
昴	翼	斗	危	△
畢	女	軫	成	△
胃	張	箕	安	×
觜	虚	角	壊	×

☆命＝房　業＝壁　胎＝鬼

後日、私立高校に通っている高校一年生A君〈房宿〉の両親が友人に連れられて自宅に相談に訪れました。A君は一緒ではなかったので、助言をするためには彼が本当に〈房宿〉の資質を持っているかどうかを、『宝星陀羅尼経（ほうしょうだらにきょう）』（黒子〔ほくろ・あざ・いぼ・傷など〕の位置とその人の資質との関係を教える書）の教えにある「膝上指八本の範囲内に小さないぼがある」という言葉によって確認する必要がありました。そこで確認しましたところ、それがあるというので〈房宿〉で間違いないものと判断しました。

相談に来た父親〈心宿〉と母親〈翼宿〉は《安・壊》の関係のためか、あまり良好な関係でないように見えましたし、意思疎通（そつう）もうまくいっていないようでした。とにかくA君の現在の状況を話してもらうことにしました。すると、母親が口を開いたのです。

「長男のAは現在高校一年生で、この九月から高校に行っていません。県立高校に通っていた友人二人が六月に学校を辞めてから、Aも辞めたいと言い出しました。なんとか八月まで続けさせましたが……。今は、午前中は家で寝て、午後はその友だちと夜中まで遊び回っています。時には、その友だちの家に泊まって帰ってこないこともしばしばです。最近、Aがバイクを買ってくれというのです。〝皆、持っているぜ。なんとかしろよ！〟と凄（すご）むのです。事故にでも遭（あ）ったら大変だからと断ると、〝バイクを買ってくれたら学校に行ってやるよ！〟というのです。Aには、毎日のように生活態度を改めて学校に行くように言い聞かせているのですが、全く聞き入れてくれません。担任の先生にも相談したのですが、時々電話をかけてきてくれるだけです。それ以上は……」

と言うことでした。

次に、両親それぞれに子供の頃の育て方を話してもらいました。それは、経験上、登校拒否は両親の子供時代の育て方に原因があるケースが多いからです。

まず、父親はトラックを二〇台くらい所有する運送会社の社長として仕事が忙しく、長男にも長女にも教育という点においてはあまり関わっていませんでした。しかし、将来はA君を跡取りと考えていたため（《宿曜占法》の教えにありますように、A君はやはり跡継ぎの宿なのです）、とにかく可愛がり甘やかし、その喜ぶ顔を見るために物を十分過ぎるほど買い与えていました。〝過保護〟ということです。これは、善悪や我慢などを厳しく教え躾るという父親の役割を果たしていなかったと言うことを意味しています。つまり、A君は精神的な父親の不在状態であったと言えましょう。父親（心宿）とA君（房宿）とは《栄・親》となりますので、厳しく接しても何ら問題がなかったはずです。それが過保護であったため、子供の時から自主性や自律心を涵養できなかったようです。そして、『宝星陀羅尼経』の教えに「戒めを守って世間のしきたりや作法にはずれたことをしなければ、地位と収入が共に備わるでしょう」とありますから、現在の生活状態はこの指摘とは逆なので、とてもこのままではA君は社長になれないばかりか、他の人に会社は乗っ取られる可能性も否定できません。

母親は、専業主婦ということもあり、A君の教育に積極的に関わりましたがそれが度を越して何でも先回りしてやってしまう〝過干渉〟だったようです。この場合も、やはり父親の関わり方と同じで結果的に自主性を育てることにはつながらなかったようです。

引き続き、中学校の時の様子も聞いてみました。ここでも母親が応（こた）えました。

「反抗期であまり私たちと話をしないばかりか、勉強もせず、苦しいことや努力することから逃げるような生活でした。自分が楽しいと思うことだけを探し求めていました。そのためか、友だちも素行のよくない人ばかりで本当に困りました。中学校からも再三、生活面では注意を受けてきました」

ということでした。やはり、〝過保護〟と〝過干渉〟の悪弊（あくへい）が出ている中学校生活のようでした。特に、母親（翼宿）の話は聞かず、無視し続けたようです。もともとこの二人の関係は《危・成》ですから、母親が積極的にアプローチしてもA君は聞く耳を持たないという状況にあったようです。

ここまで話してくると、二人はA君の育て方の欠点に気付き始めたようです。わがまま勝手放題の子供に育てたことを反省しているようでした。

その時、父親がうなだれた様子で、

「幼い時から〝〇〇したら××買ってあげるからねぇ〟という言い方を日常的にして、何かをさせてばかりいました。代償を与えながらその行動を促して来ました。〝××買ってあげるから、勉強しなさい〟といえば分かりやすいでしょうか。〝バイクを買ってくれたら学校に行ってやるよ！〟も私たちの教育の結果なのですね、前田先生」

と言うのです。母親も、

「本当にそうですね。私たちはAを自分からものを考えたり、積極的に自分から行動する子供に育てませんでしたね。きっと〝過干渉〟や〝過保護〟が、このような状態を引き起こしたのでしょうね」

と反省していました。私も、両親の話を聞きながら同じ結論に至りました。

A君くんは、幼児性を引きずった精神状態にあるということと、自分の意に添わない何かをする時には必ずその代償を求める価値観が今も彼の中にあるということです。特に、この価値観については、幼少の頃の両親の言葉によって育てられ身に着いてしまったと言えましょう。

子供のうちはそれでもよいのですが……。これから社会人になっていくことを考えるとどうでしょうか。このままでは、様々な場面で自己中心的幼児性が必ず顔を出すことになり、社会生活が円満に営めなくなるでしょう。

それにA君の「学校に行ってやる！」という言葉も気になりました。問題行動を起こす生徒がよく使う言葉なのですが、これは誰のために学校に行くのか、誰のために勉強をするのかを全く理解していない言葉なのです。常に受身的なのです。これは、父親の言葉にあるように、考えさせる育て方をしなかった結果だと判断しました。やはり、A君が長男だったので、なにもかも手をかけ過ぎた感じがします。

父親もこの登校拒否には心を痛めたようで、これから善悪の判断をきちんとするように精神的な面を指導し、跡継ぎとして育てることを決意したようでした。

そこで私は、父親に対して、我慢や善悪についての精神的な指導をもう少しきちんとすることが今回の問題を解決するポイントであることを説明しました。

最後に、お母様とお父様が、A君をどのような人間として育てたいかを話し合い、これから時間がかかってもそのように教育するしかない旨を伝えました。母親が「子供のためですからなんとか努力してみます」ということで、両親とも帰りましたが力のない足取りでした。

後日、友人にA君のことを聞きましたら、そのまま登校しなかったので二年生に進級できず退学したということでした。

私は、この両親がA君（房宿）の学問好きで頭脳明晰である善なる資質と、物事の善悪を正しく判断することができなかったり、自己中心で慈悲の心に欠けたりするような凶なる資質に気がついて、その善なる面を開花させ、凶なる資質を矯正するように育てればこのようなことにならなかったであろうと悔やみました。これは、子供の時の育て方を間違えてしまった典型的なケースと言えましょう。さらに、夫婦の意思疎通の悪さも原因したのでしょう。このようになると、立ち直るまでには時間がかかるものと思われます。

父親は子供に善悪の判断を教える人事な役目があります。ところが、最近増えている物分かりのいい父親は、子供の自主性を言い、自分から教え導くということをしませんから、結果として、子供に善悪の判断の基準が身に着かないことになってしまうのです。これでは「精神面を指導する父親の不在」ということになりましょう。

（前田　康晴）

アドバイス

上住節子

房宿の子供は、穏(おだ)やかで優しく、小さな親切ができるので、友だちに好かれ、大人にも可愛(かわい)がられます。これはこの宿が持っている善い資質です。『宿曜経』には「家を継いで、栄えさせる人」とあり、親兄弟にも受けが良いのです。将来は商人になれば裕福になり、一生幸運に恵まれるでしょう。

ところが、苦労を知らず甘やかされ過ぎると、その増長ぶりは果てしなくなり、親兄弟や他人まで寄り付かなくなるほど自分本位なわがままな人間になります。本来素直な性質なので、親の愛情と躾(しつけ)がとても大切です。これが一生涯の吉凶を決めてしまいますので、ご両親は是非心して下さい。この子は神仏にはあまり関心がありませんが、礼儀正しい態度を養うためにも神様とご先祖様へのお参りは欠かさないようにしましょう。

このお話では、もともと依頼心の強い房宿の子供を甘やかし過ぎて、この宿の凶の部分を一層助長してしまいました。幼い時に苦労をしなければ幸運につながらないと言う典型的な例です。しかも穏やかな房宿の子供がこれ程になるのは、両親の愛情が余程不足していたと思われます。「○○をあげるから××をしなさい」と言うのは子供にとって最低の方法でした。物事がどうしようもなく悪化してから教師に助けを求めています。教師の努力が実を結ばず、退学と言う形になったのは誠に残念です。

心宿

心宿の人は、頭の回転が早く、人の気持ちや立場をよく理解することができます。快活できびきびしており、多くの人びとの間で人気があります。医療行為に長けており、人の痛みや苦しみを取り除く医師に最も向いている、と『宿曜経』に書かれてあります。この善い資質を活かせば、人に愛され慕われ、名声と財を得て幸せな一生が送れるでしょう。

一方、冷静で客観的に物を見る人なので、時には厳しい事を言ってしまい、周囲の人を傷つけることがありますが、それ以外に的を射ている場合もあります。損得にこだわりすぎてあまり自分本位になると、結局は自分自身が困ることになります。誠意を持って人と付き合うようにしましょう。これが開運のポイントとなります。

心　宿（しんすく）

子供の一言に助けられた母親

ある時、教え子のA子さんから自宅に電話がかかってきました。

A子さんは、私の三年生の時のクラス委員長で成績の優秀な生徒でした。その電話の内容は、「卒業してから七年が経(た)つので、ぜひ一度クラス会を開きたい」ということでした。できればそのことについて事前に相談したいから会いたいという旨を伝えて来ました。そこで後日、自宅の近くにあるファミリーレストランで会うことにしました。

当日は、最初にクラス会の日程や時間・場所の相談をしました。その後は、久しぶりの再会であったため高校時代の思い出話に花が咲きました。

その時、A子さんが、

「先生、私、昨年、離婚したのです。六年間の短い結婚生活でした」

と、ゆっくりした中にも心の整理が付いた力強い口調で話すではありませんか。私は、話が話だけにそれ以上言葉を

心宿の相性

星宿			相性度	
妻	星	尾	栄	◎
鬼	壁	房	親	◎
井	室	氐	友	○
胃	張	箕	衰	○
畢	軫	女	危	△
觜	虚	角	成	△
昴	翼	斗	安	×
参	危	亢	壊	×

☆命＝心　業＝奎　胎＝柳

継ぐことができず、ただ一言だけ「それは大変でしたね」と慰めるだけでした。

ところが、A子さんは明るく離婚までの話をし始めたのです。それは、次のような話でした。

「先生、私は高校卒業と同時に、○○会社の事務職として就職したじゃないですか。そこに五歳上の先輩として元夫がいたのです。彼は、大学を出てバリバリ働いていましたし、私にとっては初めてお付き合いをした人でしたので、熱烈な恋愛をしました（笑）。一年後、両親は若いからと反対しましたが、私はそれを押し切って結婚したのです。その頃は元夫も優しくてこの生活が一生続くように思いました。正直。結婚一年後、男の子を妊娠したので、会社も辞めました。その時の赤ちゃんが、今のCです」

私は、子供がいるのに離婚したことにやるせなさを感じ、原因は複雑な問題を孕んでいるように思えました。そこで、もう済んだことなのでこれ以上、詮索するのはよくないことだと思い、

「もう辛いでしょうから、この話はやめようよ」

と言いました。

ところが、A子さんは私に聞いて欲しいというのです。A子さんは胃宿であったため、畢宿の私とは《友・衰》の関係にあり、高校時代から気が合い様々な話をしてきたので、今回も私に話を聞いてもらいたかったようです。

そして、さらに話をするのです。

（A子）「実は、結婚二年目くらいから元夫が暴力を振るうようになってきたのです。最初はお酒を飲

んだ時だけ、お腹を軽く手で数回殴る程度だったので、酒ぐせが悪いのだろうと諦めようとしたんです。仕事のストレスも溜まっているのだろうとも考え、〝夫は仕事が大変だから、今はこのようだけど、きっと以前の優しい夫に戻ってくれる〟と言い聞かせてきたのです。ところが、後にはそれがエスカレートしてきて、毎日お酒を飲まない日でも私を殴るのです。それも、今度は手だけじゃなく足で蹴るようにもなってきてしまったんです。それでも、まだ自分だけならよかったのですが、それから時々ですが、Ｃにも手を出すようになってきたので、こればかりは我慢できず、元夫の両親に相談したんです。そうしましたら、義母が言うのです。〝元夫がこのようになったのも、自分たち夫婦が商売のスーパー経営に忙しかったので十分に育てられず寂しい思いをさせたことが原因だ〟と。だから、責任は自分たちにあるので申し訳ない。そこで、〝こちらからきちんと諭すから我慢してくれないか〟と。でも暴力は続いたんです。それも、お酒を飲んだ日は最悪で、私を殴るだけでなく部屋の中の物も全部投げつけるようにもなり、Ｃにもそれが当たってしまい怪我をしたこともありました。そこで、離婚することを考え始めたのです」

（私）「今、よくあるＤＶ（ドメスティックバイオレンス）だね。多いらしいと聞いているよ」

さらに話は続きました。

（Ａ子）「元夫がＣに暴力を振るうようになってから、彼も保育園で様々なトラブルがあって感情が抑えられなくなると他の子に暴力を振るうようになってしまったんです。そこで、このままでは大変な子に育ってしまうと思い、私は、実家の両親に話をしました。そしたら父親が〝すぐに帰ってこい〟というので、すぐに実家にCを連れて戻りました。そのまま、元夫の所へは帰りませんでした。元夫からは、心を入れ替えるから戻って欲しいという連絡がありましたが、私は断りました。こういうのは、なかなか治らないでしょうからね」

確かに、子供は大人の行動を見て育ちますから、自分や母親がＤＶを受けていると、それが普通のことと考えてしまい、Ｃくんも大人になると自分の子供にＤＶをしてしまうかも知れません。それではいけません。ここでなんとかＤＶの悪の連鎖を断たねばなりません。その意味で元夫の許を離れたのは正しかったと思います。

実は、元夫は亢宿で、胃宿のＡ子さんとは《危・成》の関係であったのです。これにより、夫婦生活がうまくいかないのは当然だったかも知れません。ライバル同士でけんかになりやすい間柄です。

さらに、息子のＣくんが離婚をどのように考えているかも心配でした。そこで、

「Ｃくんにはどのように話したの？」

と聞いてみました。するとＡ子さんは、

「この時は五歳になっていたので、いろいろなことを話せば解るようになっていたので、彼の目を見て、とにかく話をして理解を求めました」

(私)「Ｃくんは理解しましたか？」

(Ａ子)「そうですね。逆に元気づけられました。Ｃの理解や言葉がなければ離婚を決断することはできなかったと思います」

私は、この言葉に興味を持ちました。それは五歳の子供がどのように理解し、どのように母親を元気づけたのかを知りたかったのです。

そこで、このことについて詳しく聞くことにしました。

（私）「もう少しそのことについて教えてもらえるかな？」

（A子）「いいですよ。私はDVを受けて体は当然痛んでいましたが、心もボロボロになってしまったのです。寝られない日々が続き、体も心ももう極限状態でしたので、離婚したいということをハッキリと言いました。すると、Cも父親から一年間もDVを受けていたので、〝殴られると痛いし。僕もお酒を飲み過ぎるパパは嫌い。それに、殴られるママの姿を見るのはもっと厭〟というのです。やっぱり子供ながらに状況を把握していたんだなぁ、と思いました。どうしようもない状態にいた私にとって、まずこの言葉は救いでした。涙が出そうでした」

Cくんは心宿ですから、観察眼の鋭さと頭脳の明晰さは群を抜いています。そのため、今の理不尽な状況を的確に把握し、その上でこの言葉が発せられたものと考えられます。また、この言葉にはCくんの母親を思う優しさも強く感じられました。当然のことですが、CくんもA子さんの愛情を十分に理解していたものと考えられます。

これらより、子供だからと言って何も解らないと考えるのは間違いだということを私は再確認しました。

ここで私は、A子さんがすべての事情をCくんに話したのは正解だったと思いました。

なぜなら、子供に離婚の理由を納得させることが一番大事なのです。説明せずに離婚した場合、納得しない子供は無理に引き離されたと思い、それが両親に対する不信感となってしまうことが多々あるからです。

さらに、《宿曜占法》の教えにも『少年時代、この宿星の子供は勉強もできるし、友人間でも評判が良く人望があるので、親としても教師としても心配のいらない子供です。放っておいても良い成績を持ち帰るでしょう」とあり、Cくんには困難を乗り越えるための十分な精神的な力強さや生きる力を持っているものと考えられますので、母と子の二人でも十分に心幸せに生活できるのは確かです。

さらに、私は聞きました。

「あなたはCくんのどのような言葉に助けられましたか？」

（A子）「そうですね。私が、事情を説明した後、〝離婚してもいい〟と聞いたんですよ。そしたらCは〝ママ、僕は大丈夫だよ。ママを大切にするよ〟というんです。涙がでるほど嬉しかったです。この言葉で救われましたね。離婚する決心が付いたのです」

Cくんのこの一言によってA子さんの迷いが払拭され、心の傷も癒されることになったのです。

また、『宿曜占法Ⅱ』の教えに「頭の回転が良く、人の気持ちと立場を見通して、即救済に向けて行動を起こし、人との善い関わりを拡げていくのが、人間関係の基本です」とあるように、この場合は母親を救済したようです。『摩登伽経』の教えにも「物事を正しく判断する能力を持ち」とありますから、Cくんなりに母親の「離婚」という選択を正しいと判断したのでしょう。

（前田　康晴）

アドバイス

上住節子

心宿の子供は、頭が良くて勘も鋭く、目標をしっかり立てて勉強するので、学校では良い成績を収めることができます。将来、頭脳明晰な資質を活かして知的な職業で成功する可能性があります。目上や上司の人たちにも快く思われて引き立てられることが多いはずです。このように、心宿の子供を育てる場合は苦労はあまりありませんが、精神的な面での教育は必要です。まず、人間の生き方についてですが、自分本位な考え方や行ないが見えた時には、子供とよく話し合って厳しく戒めねばなりません。また目先のことばかりに関心を持ち見栄を張るような生活をさせないように気をつけてください。この子供にとって、それは将来大きな失敗を意味します。常に他の人や友だちに温かさを持って付き合える人間形成を考えましょう。

これは、亢宿の元夫と心宿の子供を持つ胃宿の女性のお話です。苦しい時期を子供と一緒に我慢しましたが、遂に、子供に励まされて夫とは離婚しました。現実についてよく話し合った母親は、子供の優しさに改めて驚きます。この父親の言動がＣくんの心に深い傷を残しましたが、母親の強い愛情で、将来きっと心宿の善い資質が活かされてくるでしょう。Ｃくんの幼い心にすでに母親をかばう気持ちが生まれています。他の人たちへの思い遣りや優しさへと発展すれば、人生には明るい未来が開けるでしょう。

尾宿

尾宿の人は、十分な体力や気力を授かっています。さらに、二十七宿中一番の集中力を持ち、運動神経が良く、強健な体を持っています。また、争いごとに強い「武将の宿」でもあります。ただ勇ましいというのではなく、一歩一歩着実に目的に近づいて最後に勝利するという地道な宿でもあるのです。その際、一人で立ち向かっていく気力と粘り強さは他に類を見ません。蓄財にも長け、お金を浪費せずに豊かな人生を送れます。尾宿の人には二通りの型があります。一つは、自分が人よりもできるという自負心が強いため、それが言動に出て周囲の人に嫌な思いをさせてしまう人と、もう一方は、温和な人柄で目立たなくても地道に目標に向かって前進する人がいます。いずれにしても多くの人を導く使命を持つので、平静な心と慈悲の心を持つことが大切です。

尾　宿（びすく）

先生との出会い—恩師の一言—

私が教員に成り立ての頃、同僚として定年二・三年前の体育教師のA先生（尾宿）がいました。

A先生は空手が専門で高校・大学と全国大会で活躍し、常に上位進出を果たしていました。特に、型ではなく組み手が得意であったようです。教員になっても、若い頃は教職員大会や全日本にも出場し名を馳せており、空手の世界では有名な先生なのです。また、部活の指導も熱心で様々な学校で生徒をインターハイ（全国大会）に導き、合計十二回も出場したのです。

ある年、私はクラス担任になり、偶然にもA先生が副担任となりました。クラスのことをいろいろ相談するうち親しい間柄となっていきました。私は以前からA先生がご自身の戦績がこれだけあるにも関わらず、なぜ教員の道を選んだのか、その理由を知りたいと考えていたので、これを幸いと、このことについて聞いてみることにしました。

（私）「先生は空手の達人で実績も素晴らしいのに、どうして教員になったのですか。空手だけの世界で活躍した

尾宿の相性

星宿			相性度	
胃	張	箕	栄	◎
柳	奎	心	親	◎
鬼	壁	房	友	○
昴	翼	斗	衰	○
觜	危	亢	危	△
参	角	虚	成	△
畢	軫	女	安	×
井	室	氐	壊	×

☆命＝尾　業＝婁　胎＝星

方が先生にとってもよかったのではありませんか？　先生が教員として二流というわけではありませんよ（笑）。部活ばかりか、クラス指導・教科指導でも一流だと思っていますよ」

（A）「そうだね。家業の農業を手伝いながら戦績を売り物にして道場を開いた方が儲かったろうね。実は、高校時代に出会った空手の恩師の影響が私を高校教師に導いたというところかなぁ」

（私）「そうですか。先生の恩師とはどのような先生でしたか？」

（A）「話は長くなるけれども。私は三人兄弟の二番目。兄からはこづかれ、下からは突き上げられ、そのため小さい頃から鍛えられたのでとても活発な子供だったね。特に運動については負けず嫌いで、体育の時間はいつも一生懸命だったから、体育だけは褒められたね。通信簿も五だったね。でも、反面コツコツと静かにプラモデル制作に熱中する面もあったなぁ。細部まで非常に繊細に作ることができたし、それに喜びも感じていたからね。父親も母親も、僕の小学校時代の教育には無関心で、やりたいようにやらせてもらったから窮屈感はなかったよ。小言はほとんど言わなかったしね。そのため、一切勉強はしなかった、宿題以外はね。諦めていたのかもね（笑）」

尾宿は、本来運動神経が良く、強健な体を持っていますから、体育の時間は自分をアピールできる最高の場だったと思われます。また、争いごとに強い武将の宿でもあるため競うのは好きなので、より楽しい時間だったはずです。ここに運動（スポーツ）での成功体験があり、これが高校で空手をやる下地になったものと考えられます。やはり、成功体験は教育にとって大事なことです。

さらに話は続きました。

「中学校一年の十三歳の時に、父親と母親が離婚をし、私は父親に引き取られることになったんだ。十三歳といえば思春期なので、精神的には不安定だったね。そのせいか、少しのことでもカッとすることが多くケンカが絶えなかった。体も大きかったし体力も腕力もあったから強かったよ。連戦連勝だったよ（笑）。ケンカが強いという噂が流れると、他の中学校の悪童からもケンカの挑戦があったよ。ほぼ勝ったね。大人や先生から見れば、札付きの悪だったけど、今の生徒のようにいじめはしなかった。万引きなんかの悪さもしなかったなぁ。単にケンカばかりだったよ。そんな中学三年間だから、勉強はしなかった。そのため、父親はよく学校から呼ばれていたね。今、自分も父親だから、その時の気持ちは手に取るように分かるよ（笑）」

両親の離婚によって母親がいなくなり、その寂しさを紛らわすためにケンカをする我が子を見て、きっとA先生の父親も心配したものと考えられますが、離婚をした引け目があるためか厳しく指導できなかったようです。子供の心の荒れのほとんどは寂しさが原因であることは多いようです。

「こんな状態だから、ランク的には最低の荒れた○○高校にしか入れなかったよ（笑）。実は、その時の一年の担任が恩師のI先生だったんだ。I先生は入学するとすぐに〝その運動神経を空手に活かしてみないか〟と私に声をかけてきたんだ。高校に入学しても何もすることがなかったし、運動は好きだったから、渋々だったけど承諾したんだ。それに高校ではケンカばかりの生活を送りたくなかったからね。入部してみると二年生が五人、三年生が六人、新入生は私を入れて三人だったかな。I先生が顧問で指導をしてくれたけど、厳しかったね。言葉遣いから心の持ち方までよく面倒を見てくれたよ。練習は年中無休。中学校時代は部活動をやっていなかったから最初は大変だった。でも、これが、やり始めると面白くてのめり込んだね。やることができるというのは大きいね。これがなかったら、高校生活もケンカの日々から抜け出せなかっただろう。この体験から、若いうちは何か熱中できるものがある方がいいと思うようになったよ」

ここでI先生の生年月日を聞いてみると胃宿で、尾宿のA先生とは《栄・親》の関係であることが分かりました。胃宿は尾宿にいつもエネルギッシュな活力を与えてくれるのです。目的を失って自暴自棄になっていたA先生にちょうどよいタイミングでI先生は声をかけたことになります。A先生の体が大きかったり、運動神経が良さそうだったので声をかけただけかも知れません。しかし、それが運命を変えることになったのです。本当に私たちの周りには不思議なことがあるようです。

特に尾宿は一人で戦うスポーツに向いているので、空手はよい競技と考えられます。A先生は、持ち前の負けず嫌いと集中力・体力によってどんどん上達して、高校二年生のインターハイ予選の時にはとうとう県大会個人戦二位（組み手の部）という快挙を成し遂げ、全国大会に出場することになったのです。その後も、全国大会に団体戦・個人戦ともに連続して出場し、○○高校空手部の黄金時代を作り上げました。この輝かしい戦績や充実した高校生活はI先生との出会いがなければ叶わなかったのではないでしょうか。やはり、出会いは大切なものです。それをまた、大切にする気持ちをA先生は持ち合わせていたのでしょう。この気持ちがない人は、自分を変えることが難しいでしょう。

「高校卒業後の進路をどうするかは悩んだね。そこで、I先生に相談したんだよ。I先生は最初に、〝空手は好きか？〟と聞くんだ。私は〝はい！〟と答えたよ。本当に好きだったし、高校生活の全てだったからね。それに、中学校の荒れた生活から解放してくれたのも空手だからね。当然、I先生のお陰だけれど。素直に返事したよ。するとI先生は〝それじゃ、俺の母校の△△大学へ行け。そして、教員になって空手を教えたらどうだ〟というんだよ。私の家は裕福じゃなかったから悩んだね。そしたら、I先生は父親にもこの話をしていたんだね。ある時、父親が〝I先生と同じ大学へ行け。お金はなんとかするから〟というんだ。普段口の重い父親だけに、その言葉は私の心に響いたなぁ、涙が出たよ。ここで初めて父親の偉大さや愛情に気付いたよ。裕福ではなかったのにね。……

大学時代も空手の日々だったよ。でも、毎日が充実していたね。好きなことを見付けると人間は精神的にも肉体的にも充実するものだよ。だから、高校生にも何か見付けてもらいたいと思っていつも教育しているよ。これは、体験に裏付けられているから、何か信念にも近いものになってるよ（笑）」

ここまで話を聞いて、A先生が教員になった理由と教育の原点が理解できました。人は人生の中で転機の時があります。その時に重要な役割を果たす、信頼できる人が必ずと言っていいほど出てくるのです。A先生の場合は、I先生がその役割を果たしたのでしょう。《栄・親》の関係がより二人の人間関係をスムーズにし、良い方に導いたものと考えられます。本当に、I先生のこの一言がなければ、A先生は存在しなかったことになりますので、運命的な言葉とはあるものだと再確認しました。

また、家庭教育においても、子供の好きな方面をいかに両親が発見できるかが大事になるでしょう。

さらに私は、空手部の指導についても聞いてみました。それは、「一、空手を好きにさせること。二、空手で成功体験させること。三、空手を通して人間を学ぶこと」にあると言っていました。猛者でならしたA先生ですが、空手部の生徒に対する指導は尾宿らしく、一人一人の性格や特性をよく考え、着実に空手の技量も人間性も向上するように粘り強く指導するのです。その心にはいつも生徒を愛する慈愛で満ちていました。このような先生ですから、空手部の指導に限らず、クラス指導も一生懸命で、生徒だけでなく保護者からも厚い信頼がありました。結婚式の仲人の数は三十四組。今でも毎年のように結婚式のスピーチに大忙しです。

A先生には校長などの管理職の道もあったようです。ところがそれを選ばなかったのです。その理由を尋ねたところ、「管理職試験を受けるのに勉強しなければいけないだろう。私は、勉強は苦手だよ（笑）」とさらりと答えるのです。確かに、管理職試験には多くの時間を使って勉強しなければならないですが、それはA先生には魅力的な時間ではないし仕事ではなかったようです。なぜなら、生徒との時間をすべてに優先させたかったから、どうしても勉強の時間を確保できなかったものと考えられます。管理職になるのも教師としては一つの道かも知れませんが、一教師で人生を終えるのも一つの生き方で素晴らしいものです。

実は、A先生の恩師I先生も教員のままで定年を迎えたと聞いています。A先生は、自分の道を切り開いてくれたI先生と同じ道を歩むことを選択したようです。

（前田　康晴）

アドバイス

上住節子

尾宿の子供は、集中力があって、目標を定めるとまっしぐらに前進します。〝自分がこうしたい〞という気持ちが基本にある時は、誰もこの気持ちを曲げられないでしょう。子供の時、言葉による表現力はあまりありませんが、大人になると一転して自分の意志を大勢の人に非常に上手に伝えられる人物になります。将来的には、どんな分野でもトップの座に昇るとか、または多くの人びとに影響を与え、束(たば)ねる人物になるとかの使命を持っています。スポーツ界または研究者としても大成できる可能性を秘めています。ご両親は、この子供に礼儀と節度を持って目上の人や、友人・家族に接することができるように教えてあげてください。世の中のルールも丁寧に説明しましょう。この宿の子供は、乗り物でスピードを出し過ぎて、事故につながる要素がありますので注意が大切です。

お話の中のA先生は、けんかばかりしていた子供の時に、I先生に空手という善い目標を見つけて頂いて幸運でした。良い先生が子供の可能性を引き出してくれた典型的な例です。この先生の指導が結果としてどんなにたくさんの子供たちを救ったことでしょう。その上、周りの教師たちにも良い影響を及ぼしたのです。このA先生が将来への進路を決めかねていた時、親身になって助けてくれたのは、I教師と共に、普段は思ってもいなかった父親だったことも象徴的です。

箕宿

箕宿の人は、人を補佐（ほさ）することで自分の本領が発揮できます。なので、人を助けて自分も成長し、お互いが利益を得ることが基本となります。また、物事の本質を素早く察知する能力を具えている上に、人を慈（いつく）しむ心も豊かです。ところが一方、目的達成のためには、手段を選ばず突進し、周囲を蹴散らしてでもやり遂（と）げようとする、怖いもの知らずの資質もあります。これが凶の面に傾斜すると、補佐の立場を忘れて、自分が中心になって事を始めたがります。すると、順調に事が運ばなくって、不思議と人が離れていき、計画は失敗に終わります。どうしても、上に立って物事を進めなければならない場合は、尊敬できる思慮深い人に頼って、常に助言を頼み、それに謙虚に耳を傾けるとよいでしょう。

箕　宿（きすく）

副会長という「場」の発見―自分の特性を知る―

私がある高校の生徒会の顧問をしている時の話です。

高校二年生の箕宿のA君が生徒会の役員に再度立候補し活動したいので、相談にのって欲しいとやって来ました。

A君はこれまでも生徒会の書記の役職にあり、その真摯（しんし）な活動態度は先輩の役員からも高く評価されていました。

私も、生徒会活動や国語の授業を通して、A君のその明るく何ごとにも積極的な性格をよく知っていましたから、再度、生徒会の役職を引き受ける気持ちになってくれたことについて大変嬉（うれ）しく思いました。A君は、

「生徒会活動に興味があり、まだ続けたいので、是非また立候補したいのですが……。先生、僕は何の役職がよいと思いますか。意見を聞かせてください。

僕としては、昨年と同じように文化委員会と一緒に文化祭の企画をしてみたいです。次回は、今回以上の

箕宿の相性

星宿			相性度	
昴	翼	斗	栄	◎
星	婁	尾	親	◎
柳	奎	心	友	○
畢	軫	女	衰	○
参	亢	危	危	△
井	室	氐	成	△
觜	角	虚	安	×
鬼	壁	房	壊	×

☆命＝箕　業＝胃　胎＝張

文化祭にしたいです。体育祭も体育委員会と新しい競技や楽しい応援・仮装行列などを企画したいです。それと、他校の生徒会と交流しながら生徒会の在り方についても考えてみたいです。友人たちはみな会長をやれというのですが、どうでしょうか」

というのです。

生徒会活動の目的はしっかりとしていましたが、それを達成するために何の役職がよいかについては迷っているようでした。

同級生によりますと、A君は小学校の頃はどちらかといえばおとなしい生徒で、自分の仕事を堅実にこなし、でしゃばらなかったそうです。そのため、その人柄を慕って彼の周りに友人が多く集まってきたということでした。また、ボランティア活動にも積極的で弱者に対する優しい心遣いを見せる子供であったそうです。これは両親が福祉関係の仕事をしていたため、小学校の頃から老人ホームなどの福祉施設でボランティアの機会を得ていたことによって自然とこのような感性が磨かれたということでした。

私は、A君のこのような子供時代のことを情報として持っていたので、実はこれが彼の本来の資質ではないかと考えていたのです。つまり、この本来の資質と彼の目的が一致するような役職が力の発揮できる立場になるものと考えました。そこで、

「君がこれまで力を発揮して、いろいろな企画を成功させることができたのは、文化祭の企画の時もそうですが、書記という立場で文化委員会の人たちを表に立て、あなたが裏方として力を発

揮したことにあると考えています。次でも同じような仕事をしたいのなら、今回のように裏方に回りながら仕事をする立場の方がよいのではないでしょうか。それが君の力を発揮し、人望も得られるベストの選択だと思いますよ」

と助言をし、会長への立候補に難色を示したのです。

また、A君は〈箕宿〉で、この〈宿〉は人のためには稼げますが、自分には残らない「無財宿」とも言われます。会社でいうと社長職ではなく副社長職の方が向いているということです。このような傾向がA君にもあるように見受けられたのも一つの理由でした。つまり、輔佐の宿の典型的なタイプだと判断したのです。

A君は、私の言葉を理論としては理解しているようですが、まだ納得しきれていないようでした。やはり、会長という全校生徒のトップの地位に憧れがあるからでしょう。人間の感情としては至極当然のことといえましょう。

後日、A君がやって来ました。

「先生、やはり会長に立候補しようかと考えています」

というのです。しかし、まだ、言葉に割り切ったような歯切れの良さがなかったので悩んでいるようでした。

この言葉を聞いた私は、A君の判断を尊重し、なんとか側面から援助しようとも考えたのですが、一応、最後の確認をしました。すると、

「最後は、友人のB君と、担任のW先生に相談してから結論を出すことにします」

というのです。

このW先生とは、A君の担任で〈尾宿〉であったため、A君とは《栄・親》の関係にあり、良い関係を築いていたようです。彼はこの担任に全幅の信頼を置いているようでした。

そこで、私はA君が相談する前に担任のW先生が彼の会長立候補をどのように考えているかを聞くことにしました。W先生は、

「A君は、目的を達成するのにがむしゃらになって突き進もうとしますよね。友だらによりますと、中学校の時もクラス委員長としてやる気はあったものの他の生徒と妥協することができず、クラス全体をまとめることができなかったようですよ。

彼は、中心的指導者になって前面に出ると、きっとその責任感の強さから〝やらなければ〟と思い、必要以上に肩に力が入り過ぎてしまい、また同じことを相手にも要求するので、友人たちとトラブルを起こしてしまうのです。彼の本来の姿ではないでしょう。無理をしているのではないでしょうか。まぁ、責任感だけで働いていると言っても過言ではないでしょうね。こうなると、彼の謙虚で他人思いの優しい善い面が失われてしまいますよね。本来の自分を出して自然体でやることが、彼の力を発揮することになるのですが……。リーダーになるとどうしても中心になるので、彼の良さだけでは済まないことが多々ありますからね。これから考えますと、もし、生徒会長になるとまさにリーダーなので、書記の時も頑張りましたが、それよりもさらに先頭になっ

て突き進むことになり、他の生徒会の役員がそれに付いていけなくなるのではないでしょうか。

　生徒会の役員といっても様々な性向の生徒がいますから、こうなると不平不満が出て一枚岩の状態を作り上げることは難しくなるでしょうね。今、私のクラスのホームルーム委員長をやってもらっているのですが、その状態に近いものがありますね。私がブレーキを掛けているのでうまくいっていますが、そうでないときっと暴走してしまうでしょう。生徒会の役員の中に彼の暴走を抑えながら、うまく誘導するような力のある人物が傍にいないと周りから浮いてしまうでしょうね。やる気はありますから、なおさら、それが空回りしてしまうことが心配ですね。

　彼が相談に来たら、クラスの状態のことを踏まえながら、そのような話をしてみますよ。先生が言うように副会長の方がよいかも知れませんね。彼を見ていて、前面に出て積極的に全体を指導する中心的な立場になると失敗するような気がしますね」

とのことでした。

　Ａ君の凶の資質の側面を教師という視点から見事に言い当てていました。

　もともと〈箕宿〉は、助けてくれる人材に恵まれる宿ですが、彼の場合は、担任のＷ先生がその役割に当たっているようです。

　また『宿曜占法Ⅱ』の教えに目を通してみますと「両宿（箕宿と尾宿）ともに仕事を発展させるには好い組み合わせです。堅実なチームワークを組んでお互い支え合うでしょう」とありました。これから考えますと、私がＡ君への助言をＷ先生にお願いした判断は間違っていなかったということを確信しました。

そこで、次の日、私は放課後A君を呼び、役職が決まったかどうか質問してみました。

「まだ悩んでいるので、これから担任のW先生のところに相談に行こうかと考えています」

ということでした。そこですぐに行くように勧めました。

二・三日後、A君が私のところに来て、

「W先生と相談して、副会長にしました」

というではありませんか。どのような話し合いがなされたかは分かりませんが、やはり《栄・親》の関係にあるW先生のお陰と感謝しました。これもまた《宿曜占法》の教えを利用した結果によるものとその魅力を再確認しました。

A君は、その後、なにかふっきれたように明るい顔つきになりました。これは彼が善なる方向に決断できたという自信が顔に表われたものと感じました。

二年生の後半で実施された生徒会役員選挙で副会長に当選したA君も三年生になり、六月には文化祭が開催されました。予想通り、水を得た魚のようにA君は昨年以上の頑張りを見せました。

高校生はその活躍の「場」を巧(うま)く与えることで、大きく成長することがままあります。その際、その生徒の資質をよく考えてその「場」を与えないと、失敗してしまい、逆にそれがトラウマになることもあります。気をつけなければなりません。これは高校生だけではなく、幼稚園児も小学生・中学生も同じでしょう。

(前田　康晴)

アドバイス

上住節子

箕宿の子供は、自分のしたいことは、誰に何と言われても絶対に諦めません。これだけは、親がどんなに愛情を持っていても変わらない資質です。友だちには気軽に接し、優しく振る舞い、純真で可愛い子供です。先生の言うことも良く聞いて、きちんと言われたこともするけれど、自分のしたいことは別です。人生は良い流れ（良い友人・会社・仕事など）に乗ると強運で、他の人までをも利益をもたらすことができます。この人の行く所、商売を繁盛させ、利益を上げさせますけれど、トップはだめです。人を助けることで自分も裕福になる人です。

それは、トップに立つと暴走してしまう傾向があるからです。子供の時から、良い目上の人、例えば祖父母・教師などの話を聞かせ、常に善悪の正しい判断をさせるよう教育すると良いのですが、ある一面、難しい対応が要求されるような局面では教育が難しくなることがあります。

このお話では、箕宿のA君をアドバイスする二人の有能な経験豊かな教師がいて、副会長で収まりましたが、A君にとってそれは大変幸運なことでした。この経験が生涯活かされることになるでしょう。この箕宿のA君は家でよく育てられているので、先生方の助け舟に自分でも乗ることができました。

斗宿

斗宿の人は、武芸者の宿であり、昴宿の次に幸運な宿と言われています。生まれてから高校生ぐらいまでに何らかの理由で苦労することが多いようです。しかし、もともと負けず嫌いなので、競争相手が出てくると努力をして、自らを磨き、賢い友人にも恵まれ、いろいろなことを吸収しながら大きく成長します。本当に困った時には、タイミングよく誰かが助けてくれるという運の強さも持っています。見た目は、割合と穏(おだ)やかで、品があり、派手で、話し好きなところがあるので、目立ちます。男・女共に親孝行であることも大きな特徴です。

「闘いの宿」ですが、誰かと実際に争うことなく、熱い闘魂を内に秘めて、ひたむきに努力するというかっこよさを身に着ければ最高です。

斗　宿（とうすく）

プリマへの夢と足の痛みとの斗い

愛くるしい目をした可愛い斗宿の女の子・E子ちゃんがいました。お姉さんとお兄さんの三人兄弟の末っ子です。赤ちゃんの頃から、ちょっと品が良くニコッと笑うのが特徴で、どこに行っても「可愛いわねぇ」と誉めてもらっていました。見た感じは静かそうなのですが、元気もよく、その頃流行っていたヒーローものに成り切って一生懸命なので、お父さんは長い時間悪者になったり、またある時は、象さんやお馬さんになってE子ちゃんを背中に乗せて遊んであげなくてはなりません。お父さん・お母さんともに軫宿です。この宿の人は良く気がつくので、夫婦お互いに思い遣りの深い家庭でした。E子ちゃんと両親は《栄・親》の間柄です。愛情にいっぱい恵まれ、目に入れても痛くないほど可愛がられて伸び伸びと育ちました。

　E子ちゃんはお洒落が大好きで、洋服を取っ替え引っ替えして鏡の前でポーズを取ります。時にはお母さんやお姉さんの洋服まで総動員して組み合わせを考え大騒ぎです。

斗宿の相性

星宿			相性度	
畢	軫	女	栄	◎
張	胃	箕	親	◎
星	婁	尾	友	○
觜	角	虚	衰	○
井	氐	室	危	△
鬼	壁	房	成	△
参	亢	危	安	×
柳	奎	心	壊	×

☆命＝斗　業＝昴　胎＝翼

また、音楽に合わせて踊りを創作し、家族やお友だちや親戚の人たちの前で物怖じせず踊るのが大好きです。公園にお父さんと散歩に行った時は、大勢の人の見ている前で、平気で女優さんみたいに桜の木の下でポーズを取って、お父さんに写真を撮ってもらうのです。原宿に連れて行ってもらった後などは、「原宿の歩き方」を発明して、ハンドバックを振り振り鏡の前で子供ながら粋にポーズを取ったりするので、両親は面白がって「E子ちゃん、原宿の歩き方は?」と言って何度もさせました。

四歳の頃、お母さんはバレエを習わせてはどうかと思い、近所のスタジオに連れて行ったら、すっかり気に入ってしまい、家でも猛練習です。まだ幼いE子ちゃんの体は柔らかくて、たちまちのうちに足を一八〇度に開いて床にぴったり付けたりできるようになり、家族はびっくりしてしまいました。

初めての発表会では、衣装やお化粧で豆プリマが出来上がり、E子ちゃんは嬉しくてたまりません。「私は将来バレリーナになる!」と固く心に決めると、ますます練習に励むE子ちゃんでした。

小学校に上がる頃のある日、バレエのお稽古の後で次の発表会のポジションが決まりました。子供の中では一番良いポジションは同い年のK子ちゃんに割り当てられたのです。当然自分に割り当てられると思っていたE子ちゃんは塞ぎ込んでしまいました。ただ一生懸命頑張っていた一時期が過ぎて、友だちとの違いを意識するような年頃になりました。帰り道お母さんに、

「お母さん! 私の方がいろんなことができるのにどうして? 私、今度先生に聞いてみる!」

と言ってシクシク泣くのです。お母さんはE子ちゃんの気持ちが良く分かり、自分も泣きたいところでしたが、

「E子、お稽古はバレエが好きだからやるんでしょう。体の柔らかさだけではなくて、曲に上手に合わせられるか、とかいろいろなことを考えて先生方は決められたんじゃないの？　この次は是非、良い役で出してもらえるように頑張って練習すれば済むことではないの？　じゃ、バレエ辞められる？」

と言って慰めました。斗宿の子供はライバル意識が旺盛です。それが引き金になって非常に頑張れるのですが、時としてそれが剥き出しになると、周囲の人に厭な思いをさせたり、迷惑をかけてしまうことがあるので、親はその場の状況に応じて、競争することよりそれをやることの大切さや喜びを失わないように仕向けてあげなければなりません。

「うん、お母さん。E子、バレリーナになりたい。今度、K子ちゃんと一緒に踊れるように頑張る！」

と言って、やっとニコッとしました。さらにE子ちゃんの猛練習が続き、次の年の発表会ではK子ちゃんと一緒のポジションで踊れたのでした。ますます将来プリマになる夢はしっかりと固まりました。

ところが小学校三年生の頃、E子ちゃんは膝の痛みを訴えるようになりました。病院に連れて行くと、関節の骨の成長が早過ぎる「オスグット病」と言われるもので、これは膝のお皿の少し下の出っ張った部分に痛みや腫れを生じ、十〜十四歳の成長期に多く見られるそうです。手術をして骨を削らなければ、後で後遺症が残ったり、足が変形して取り返しのつかないこともあるということでした。

結局入院して骨を削ることになってしまいました。でも泣いたり嫌がったりせずに、よく我慢して頑張りました。もう一度踊りたいという気持ちがE子ちゃんを支えました。

斗宿の人は、幼少の頃から青年時代への時期が一番辛いと言われますが（『宿曜占法I』参照）、まさにその通りです。もともと、それほど体が丈夫というわけではなかったので、手術の麻酔の時には、両親は心配でたまりませんでした。でも手術が終わると、病室では大人に可愛がってもらい人気者になりました。Eちゃんは本当に楽しそうにおしゃべりするので、周りの人たちも辛い病棟生活の中でずいぶん慰められたのです。

退院してから、一度は豆プリマへと復活したE子ちゃんでしたが、また痛くなり何度も手術を重ねなければならなくなりました。しかし手術のくり返しは小学校までで終わり、両親はやっとほっとしました。入退院をくり返した間でも、学校の勉強が遅れてはならないと、一心不乱に頑張りましたので、特にクラスメートと比べて遅れたということは全然ありませんでした。

中学・高校時代は部活に励み、バレエではなくてバレーボール部のキャプテンも勤め、勉強も熱心にしました。

デザイナーへの夢

プリマになる夢は諦めなければならなくなりましたが、E子ちゃんはベット生活の中で新たな目標を見つけました。幼い頃から好きだったファッションへの興味が頭をもたげ、暇にまかせて趣味的に描いていたファッション画がいっぱい溜まっていたのです。

　高校生時代にE子ちゃんには親友ができました。R子さんといって美術部の部長をしていた人です。R子さんは高校生だというのに、もうしっかり「自分の将来は美術の道へ」と決めていました。素敵な作品をいっぱい描いて、高校生なりのいろいろなコンクールに出展していて賞もたくさん戴いていました。R子さんは〈角宿〉で、E子ちゃんとは《友・衰》の関係です。密かにファッション画を描く楽しさを覚えていたE子ちゃんは、将来の夢を語り合う内に、ぐんぐんR子さんに惹かれていきました。角宿は芸術方面への才能をいっぱい秘めた宿です。勉強もそうでしたが、それだけでなく芸術の分野でも良い友だちであり、良いライバルでした。彼女は芸大に進みたいと自分の進路を決めていました。E子ちゃんもR子さんのように自分の将来の道をきっちり掴みたいと思うようになり、高校二年生の終わり頃のある日、両親に進路について話をします。

「将来、ファッションの方へ進もうと思うので、宜しくお願いします」

　E子ちゃんとしては前から考えていたことでしたが、両親はびっくりです。ファッション……。両親は今まで一度も聞いたことも、察したこともなかったのです。良く勉強ができたので、大学受験をするものだとばかり思っていました。両親は、どこまで娘が現実的計画を立てて話をしているのか知りたいのです。お母さんは、

「ファッション……て、今まで裁縫をしているところを見たこともないし、それについての勉強も全くしていないのにびっくりしたわ。いったい将来どんな種類の仕事に就きたいの？」

「デザイナーになりたいの。女性物の服を作りたいと思っている」
「あなたは手先が器用なことは認めるけど……」
「専門学校に行くために、デザインの塾にも行かなくてはいけないと先輩に聞いたの。勉強の塾を辞めて、イラスト関係の教室に行きたいので、お願いします」

などと、とんでもないことを言っているのかと言いたいところでしたが、本人がこうと言い出したら聞かないことは十分承知です。両親は渋々承諾しました。今まで通り勉強の塾にも通い、成績も落さないことを条件に、本人の希望を受けいれたのでした。それからE子ちゃんの努力が始まります。週に二日、デザイン教室へ、三日は勉強の塾へと通います。これが一年間続きました。その間、専門学校の夏期スクーリングへ二回も出席し、どの学校が良いかも見つけました。とうとう高校の成績も下げずに頑張り抜いたのです。両親もこの頑張りを心から認め、応援することにしました。

そして、東京の有名な服飾専門学校に入学し、次々出される課題を全てこなし、学校の文化祭のファッションショーのスタッフにも名乗り出て、充実した毎日を過ごす今は、自分のデザインした洋服が世の中に出ることを夢見ています。

『宿曜占法I』にありますように、器用さと美的感覚は、二十七宿中でも抜群と言われています。ご両親が、斗宿の生まれながらに持っているこの優れた資質を認め、気持ちが不安定な時にはきちんと話して励ましたり、病気の時は温かく看病をして必死に支えたりしましたので、E子ちゃんはこのように大きく成長できたのでしょう。斗宿の子供を育てる良い見本です。

（萩原　敬子）

アドバイス

斗宿の子供は、はっきりとした目標があるとすごく頑張ります。芸術方面に優れた才能を持っている宿なので、特にその面を開花させるように励ましてあげましょう。また内に秘めた闘志は人のためになり、自分自身をも磨くことになることを気付かせてあげると良いでしょう。

もともと持ち合わせている才能や運の良さを損なわないようにさせましょう。それには剥き出しの闘争心を優しい感性で包むように育ててあげることです。見栄を張り過ぎることなく分相応な目標を持たせることも大切です。また静かな心になれる時間を作ってあげるようにしましょう。友だちや兄弟と比べて闘争心を煽るようなことは絶対慎み、人を愛することを身に着けさせましょう。

このお話では、軫宿の親が良く気がついて、周囲の人びととのコミュニケーションを図りながら、悪い面の闘争心を掻きたてないようにして子供を守りました。バレエのお稽古でできた友だちとの良い友人関係が続くように励ましてあげたこと、怪我をした時に必死で看病してあげたことなどがそれに当たります。また両親と子が《栄・親》の関係で、とても気が合っている上、親の愛情とケアで、子供の資質が活かされ、デザイナーへの夢を実現できたと言えるでしょう。

上住節子

女宿

女宿の人は、賢くてしかも強い精神力を持つ宿です。その時々の状況を考え、正しく判断する能力を持っています。誰かに頼られてその上相談されると、一生懸命救おうと頑張るので、信頼の輪を築き上げていきます。女性は二十七宿中一番強く横綱級と言われています。周りの人びとを批判し仕切りたがる、見るからに強い人と、上手にやんわり周囲と付き合える人とがいます。逆に男性は少々女性的で甘えん坊が多いのです。でも多くの人は、心の中で周囲の人を自分の思い通りに動かしたいと思っています。ですから、周囲の人が女宿の優しさに引きずられてうっかりしていると、突然厳しさを思い知らされることになります。情緒豊かですから、芸術関係（絵画や音楽等）に才能があり、自分を磨くのが大好きな宿ですから、いざ好きになると、かなりのところまで道を極めることができます。

女　宿（じょすく）

小先生登場

女宿のFちゃんがいました。見た目は、少しぽっちゃりしていて、いつもニコニコしている、おっとりとした女の子でした。可愛い弟と妹がいて長女です。同じ学年の子供の間ではちょっとおませで、みんなをリードしていくタイプでした。

幼稚園の夏、プールでみんなが浮き輪をつけてパシャパシャ遊んでいると、

「みんな、私の真似をしてみて！」

と言ってお手本をして見せました。するとと同級生のみんなが、その日のうちに手を伸ばしてバタ足で泳げるようになったので、彼女は手を叩いて大喜びをしました。自分がきっかけにとなって、周りのみんなが良くなること……。これが、Fちゃんの何よりの喜びでした。

小学生になってからは、こんなこともありました。

ある日、クラスメートのSくんにいじめられてる軫宿のD子さんがシクシク泣いているところを見て、「どうした

女宿の相性

星　宿			相性度	
觜	角	虚	栄	◎
翼	昴	斗	親	◎
張	胃	箕	友	○
参	亢	危	衰	○
鬼	房	壁	危	△
柳	奎	心	成	△
井	氐	室	安	×
星	婁	尾	壊	×

☆命＝女　業＝畢　胎＝軫

の？」とFちゃんが声をかけました。女宿と軫宿は《命・業・胎》の関係です。ここでは女宿が〈命〉で軫宿が〈胎〉なので命が胎を助けることになります。この時は、Sくんに大事にしている筆箱を取られて壊されたのでした。D子さんから話を聞いたFちゃんは、

「分かったわ。私にまかせておいて！　絶対やっつけてやろうよ。それも正々堂々とね。作戦を考えなくちゃ……」

と、腕を前で組み何やら考えています。友だちのために仕返しをすることで、もう頭の中がいっぱいなのです。

何をやるのかと思ったら、その頃よく遊んでいた長馬（頭と足をつなげた人の上を、跳び箱のように乗っていく遊び）を選んだのでした。Sくんが真ん中あたりで馬になったのです。これを見逃すことなくFちゃんとD子さんは、作戦会議です。

「今がチャンス、作戦実行よ……。エイッてあの子の肩のあたりに乗るのよ。その後、私が思いっ切りドシンと乗って馬をつぶしてあげる。肩のあたりに乗らないと、次の私が乗れないの。だから頑張ってね。やっつける絶好のチャンスなんだから！　いい、いくわよ」

D子さんの気持ちが弱くならないように、両手で肩をポンと叩きました。そして作戦は大成功に終わりました。意地悪なSくんが半べそをかいている傍（かたわ）らで、二人の女の子はピョンピョン跳ねて大喜びです。でも、Sくんも仲間の子供たちも遊びの中のことなので、仕返しとは思わずに終わったのでした。しかしその後、SくんはD子さんに意地悪をしなくなりました。

そんなFちゃんは四歳の頃からピアノを習っていました。ただのお稽古事の域を超えて、弾く技術や音感の良さは半端ではなく、そうざらにはいないと、お稽古に来ている生徒さんたちの中でも折紙付でした。

学校の音楽の時間、先生が生徒たちに話したり歌ったりする間、Fちゃんがピアノ伴奏をすることもたびたびです。彼女はとても気が利くので、音楽の授業の流れに沿って、時にはゆっくり、時には速く、時には右手のみ、時には左手伴奏のみ、そして時には合奏のパート別に、頼まなくてもいろいろとアレンジして弾いてくれるので先生方の間では評判の子供になっていました。気が利くだけでなく、友だちに教えてあげることも大好きでした。

Fちゃんの五年・六年の時の担任は私でした。学芸会では学年全体で大合奏をしました。ピアノ伴奏はもちろんFちゃんです。でも自分の役割だけでなく練習の時、あちらこちら飛び廻ってクラス全員に教えて回ります。先生の助手、それとも小先生とでも言うべきでしょうか。全部の楽器の使い方を熟知しているのです。

「トランペットはこうよ、プップップー。こういう音を出してね」

「木琴はこう、ポンポンポン。ここのところのリズムに気をつけて」

「太鼓はここでドーンドン。鉄琴と一緒だから遅れないように、合わせて」

「小太鼓はダンダンダダダンと、調子良くね」

と、こんな具合です。

こんな時、教師としてはこのような頼もしい生徒に乗っかっていれば楽で良いのですが、果たして他の子供がどう思っているのかを広い目で見て気を配っておかなくてはならないのです。

ある日、私は出張で学校にはいませんでしたが、上手にできない子にFちゃんは、

「私が教えてあげるから、一緒に残って練習しようよ」

と言いました。言われた子本人は納得しましたが、塾に行っていたので、帰ったら親に怒られたそうです。そのことが、後日、私の耳に入りました。私はFちゃんを呼んで、

「Fちゃん、本当に良くやってくれていて助かっているわ。でもみんなそれぞれ事情があるので、残ってもらったりする時は、私がいなければ他の先生に断ってからにしてね。あなたは優秀で、お友だちに教えてあげるのも上手だし、私大好きよ。ただ、何かしたいことがある時には、相手の事情や、相手はどうしたがっているのかをいつも考えてあげるのよ。将来、先生になったら素敵な先生になるかも……」

と、単刀直入に諭しました。

私は参宿です。女宿と参宿は《友・衰》の間柄です。Fちゃんは、私の言っている事を素直に受け止めてくれました。そう言えば、今までは余り気に止めていませんでしたが、いつもFちゃんのお母さんに、

「先生、うちの子は弟や妹の面倒をよく見て教えてくれるのは良いのですけれど、時々やり過ぎのところがあるので泣かせてしまったりするんです。学校でもお友だちに嫌な思いをさせてない

か注意して見てやってくださいね」

と頼まれていたことを思い出しました。お母さん（奎宿）は〝この親にしてこの子あり〟を地で行くような賢そうな方です。やはりお母さんは子供のことをよく分かっているのだな、と感心してしまいました。

正義の味方の女宿さん

Ｆちゃんが中学生になった時、学年で体が一番大きいＡくんが、子分を何人も引き連れて、やりたい放題に、悪いことをしていました。先生方も手を焼いていたほどです。ちょっとでも逆らう子がいれば、男の子なら呼び出して暴力をふるったり、女の子たちのカバンの中を勝手に見て、はやしたてたりしていました。

ここでもＦちゃんの女宿の正義感がメラメラと湧いてきて、とうとう我慢できなくなり、ホームルームの時に思い切って発言しました。

「みんな、体が大きいからって、悪いことをしている人に負けちゃだめ！」

みんなシーンとしています。でも、Ｆちゃんは、ああスッキリしたという顔で、元の席に着きました。先生は何も言わずに微笑（ほほえ）んで、教室から出て行きました。

案の定、Ａくんは、先生が教室からいなくなったのを確認して、そのＦちゃんの机を蹴飛ばし、も

のすごく大きな声で、

「さっきのは、俺のことを言ってるのか！」

と、詰め寄ります。

「心当たりがあるならそうかもね。そうだったらどうだっていうの……」

とかなりの迫力で言ってのけました。もう周りはこれからどうなるのか、ハラハラドキドキです。でも、そのAくんは、それ以上には何もせずに、独りでプィと教室を出ていったのです。何とかこれで収まってくれたのでよかったのですが、男同士であれば、取っ組み合いのケンカになっていたに違いありません。

Fちゃんもいくら正義感が強かったとはいえ、この時ばかりは心臓がバクバクして、少し恐かったのです。そのため、それ以降は、ここまで強気に出ることはしなくなりました。Aくんは全く悪さをしなくなったとまではいかないにしても、彼を怖がっていた人たちが少なくなったのは事実です。

大人になったFさんは小学校の先生になりました。音楽の道に進もうかとも迷いましたが、教職を選びました。もしかしたら私が六年生の時の合奏の練習中に起きた私とのやり取り、そして先生になったら素敵だと思う、と言ってあげたことを、どこか心の片隅に覚えていてくれたのでしょうか。今でもずっと正義感を持ち続け、音楽を始め、自分の持っているものを活かして多くの子供たちを素敵に導いていこうと頑張っています。いろいろと複雑になって来ている教育現場の中で、少し白黒をはっきり付け過ぎるきらいはありますが、同僚たちにも信頼される頼もしい先生です。（萩原　敬子）

アドバイス

上住節子

女宿の子供は、大変頭が良く、芸術方面での習い事をさせると、生まれつき持っている資質を十分に活かすことができます。また指導力を発揮して、人も自分も幸運に導くことができます。良く気がつくし、利発で、友だちの世話をすることが大好きなので、そのようなところを大いに褒めてあげると、クラスではリーダーとなって大活躍するでしょう。

しかし、あまり他人を仕切ったり、あれこれ詮索し過ぎたりすると、善くない資質が出てきますので、ご両親は敬愛の情を持って人に接し、相手の身になって物事をマネージする、良い意味の指導力を付けてあげるように工夫しましょう。優しい心で人びとを見て、慈悲のある行ないや振る舞いをするように、親自身がまず女宿の子供に無条件に骨肉の愛を注いでお手本を示しましょう。そうすれば自然に、人に対して優しい心遣いのできる子供に育ちます。

このお話の中で、母親が常に弟妹の面倒を見させたり、やり過ぎを戒めていましたし、先生が学校でもそのことについて、きちんと教えておられましたが、何よりも大切なことは、相手の身に成り切って愛し、助けてあげることです。

虚宿

虚宿の人は、感受性が普通の人の何倍も強く、直感力も鋭くて、一種独特な人生観や、物事に対する考え方を持っています。運命学や宗教的な信仰など、物質的な世界を超えた、神秘の世界に生きる人や、芸術・武道の世界で道を極める人がたくさんいます。

物欲を追求する大きな組織や、上司や同僚に気を遣（つか）いながら働く場所では、まず成功しません。

虚宿の人は、他の宿の人たちとは違う一風変わった考え方の持ち主ですから、その点をよく自覚して行動することです。

凶の面が強く出ると、自説に固執して頑（かたく）なになったり、人との付き合いがまずくなったりすることがあるので、充分に気をつけましょう。

虚　宿（きょすく）

寂しがりやのおじいちゃん子

虚宿のTくんは感受性が鋭く、すぐ泣いてしまう子でした。両親はたいへん忙しく、都心にアパートを借りて住み、Tくんは生まれて間もなく都心から電車で一時間半くらいのお父さんの実家に預けられたため、寂（さび）しがりやになってしまったのです。お父さん（奎宿）は、警察廻りの新聞記者で、有能で仕事熱心な人でしたが、仕事柄、夜討ち朝駆けで、帰りが明け方になることもしばしばでした。また、お酒のお付き合いも派手でしたので、お母さんが渡される月給袋はいつもカラに近かったのです。お母さん（翼宿）は、なんとか生活を支えなくてはならないと、自分の得意分野である出版関係の会社で働きました。

奎宿と翼宿は《安・壊》の間柄です。何かとすれ違いが多く、周囲をハラハラさせながらも、切っても切れない関係です。Tくんのお母さんは、実家などに迷惑をかけながらも、何とかしなければという信念で頑張っていました。翼宿ですから、もともとあっちこっち飛び廻って働くのが

虚宿の相性

星宿			相性度	
参	亢	危	栄	◎
軫	畢	女	親	◎
翼	昴	斗	友	○
井	氐	室	衰	○
柳	心	奎	危	△
星	婁	尾	成	△
鬼	房	壁	安	×
張	胃	箕	壊	×

☆命＝虚　業＝觜　胎＝角

好きという面もあります。Tくんはそんな両親の犠牲になったとも言えます。

Tくんは、本来、甘えん坊でいつでも親に甘えていたいのに、それができないものだから、優しくてしっかり者のおじいちゃんが大好きになり、大変なおじいちゃん子になりました。両親がある日、Tくんを自分たちのアパートに泊めようとして、二人でホイホイあやしているのに「おじいちゃーん、おじいちゃーん」と、ワーワー泣き出して止まらず、とうとう夜遅くおじいちゃんの所に連れて帰らざるを得なくなったのです。

おじいちゃん（軫宿）は都心でオーダーメードの紳士服の店を営んでいましたが、仕事から退いて広い庭のある家で悠々自適の生活を送っていました。几帳面できちんとしていて、いつもニコニコ、誰に対しても穏やかです。毎朝近所の掃除をしたり、町会の仕事をしたりして、働き者です。時々英語を交えたエスプリのある会話も飛び出したりします。寂しがりやのTくんを心から可愛がりました。

Tくんは両親と生活できない寂しさが随分おじいちゃんによって慰められました。虚宿のTくんとは《栄・親》の間柄です。おばあちゃんは胃宿です。頭が良くテキパキした人で、おじいちゃんとは《友・衰》の関係で、夫婦仲はうまくいっているようでしたが、Tくんとは《安・壊》の関係で、ズバズバ注意するようなところがあり、あまりそりが合いませんでした（『宿曜占法Ⅱ』参照）。

小学校低学年の頃、いつでも二人で仲良く手をつないで学校に行っている女の子に初恋をしました。ところがある日突然、「もうTくんとは一緒に行かない！」と言われ、振られてしまったのです。ただでさえものに感じやすく、寂しがりやのTくんは学校に行かなくなってしまいました。

担任の先生に呼び出されて学校に行ったお母さんは、やはり寂しいのが原因ではないかということが分かったので、おじいちゃん・おばあちゃんの家に自分とTくんと一緒に住み、お勤めは一時間半かけて通うことにしたのです。するとだんだんにTくんの心は癒(いや)され、学校にも行くようになりました。お母さんとTくんは《友・衰》の間柄で、翼宿は虚宿の物の考え方を理解し認めることができるので、いざという時は正常な親子関係を取り戻すことは難しくありません。ところが、それで安心したお母さんは、また暫(しばら)くするとお父さんのアパートに戻ってしまったのです。

しかし、高学年になるにつれてTくんは、アイデアが豊富で閃(ひらめ)きも良く、音楽や芸術にも関心の深い、なかなか面白い少年に育っていきました。面白いマンガを描いたり、即席のお芝居なども得意でした。ところが、中学生になって彼の寂しさは爆発したのです。両親と顔を合わせると反抗し、棒を振り回したりして暴れるようになったのです。そんな時、「オレはオメエラを親とも思わネエ、いったいオレに何をしてくれたっていうんだヨー。それでも親かヨー」というのが彼の言い分でした。バットを振り回し、両親に挑みかかるのです。Tくん（虚宿）とは《危・成》の関係にあるお父さん（奎宿）は、虚宿とは平行線をたどって相い寄ることができません。とは言うものの、自分が親としてやるべき事をやっていなかった、という後ろめたさから、ただただ縮こまって小さくなっていました。思春期の虚宿の心の中は精神的な苦悩で満ち溢(あふ)れています。臆病(おくびょう)さとプライドの高さが同居しています。そのため、家庭内暴力や校内暴力・登校拒否などに走る子供も多くなりますので、余程の注意が必要になります。

その頃、大好きなおじいちゃんが亡くなり、Tくんの寂しさにはさらに拍車がかかりました。Tくんはおじいちゃんの死によって、人間のはかなさや無情をしみじみと知ることになったのです。でも、その後間もなく実家は引き払われることになり家族揃って暮らすことになったので、Tくんにはやっと心の置き所が見つかり、精神的に安定した毎日が訪れました。

高校生・大学生になったTくんはグループサウンズブームにのめり込み、友だちと「デンデケデケデケ」とエレキギターを練習する毎日でした。バンドも組みました。

バイクを乗り廻すことも始まりました。乗ったまま木に乗り上げる、川を跳び越す、渋谷のハチ公前で一回転するなどの軽業もやってのけ、周囲の人たちをびっくり、ハラハラドキドキさせるのです。山の魅力にも限りなく惹かれていったのです。崖っぷちで滑って、シャツの背中が木にひっかかり、命拾いしたこともあります。ザイルを持っての岩登りも大好きで、常に山に命を張って勝負を賭けました。

ちょうどその頃、Tくんはある高僧と出会いました。そして人生について心おきなくお話を聞くことができました。

虚宿には放浪癖もあります。バイクで全国を走り廻るうち、霊界にも大変興味を持つようになりました。どこかで○○が出るらしいなどというと、必ず行って確かめてみないと気が済みません。比叡山や高野山、特に恐山の石積みなどに興味津々です。友だちと夜を徹しての幽霊ばなしもたびたびですし、また、話術が巧みなので、みんな吸い寄せられてしまいます。ぼくが「ある人を見た！」と思った瞬間、家族から「亡くなった!」という連絡があったんだ、とか、いかにも最もらしく話を作って、みなを煙に巻くのがうまいのです。小さな話もTくんにあうと、尾ひれがついてすごい物語へと変貌してしまいます。

大学を卒業したT君は、人に雇われるのは嫌だと学習塾を始めました。希望校へ合格させるのがなかなか上手で、親や生徒から信頼されていました。時にはアウトドアにも連れ出してくれるので、生徒や親は大変先生を気に入っています。大きな組織の中で働くことに合わない虚宿としては、塾経営というのは賢い職業選択でした。

幽霊ばなし確認の旅

お嫁さんをもらい、三人の子持ちになったT君（虚宿）は、今度はお嫁さんをバイクの後ろに乗せて相変わらず、日本全国、霊場探検や幽霊ばなしの事実確認の旅に走っています。お嫁さんは室宿で、虚宿とは《友・衰》の間柄で、頭の回転が早く、家計の切り盛りが上手です。バイクの後ろに乗って走るのも全く平気です。

でも、T君も自分の家庭や子供を守るという気持ちが強くなり、運転の仕方は以前のように軽業運転をすることもなく安全運転になりました。それでも山仲間を集めて家族ぐるみでキャンプに行くなどが、五十代になった今でも続いています。そんな晩は、テントの中でみんなで幽霊ばなしに一段と花が咲きます。

最近のことですが、ある時こんなこともありました。突然嵐がやって来て、テントの中に水がどんどん浸水してきたのです。みんなで「自然に負けないで頑張ろう！」と風雨の中で必死にテントを押さえていましたが、ふっと「そうだ、車に乗り込めば大丈夫だ！」と誰かが思いつき「せーの！」で車に逃げ込みました。その途端、テントはもちろん重いテーブルまで、崖下に「ビューッ」と飛びました。車は大丈夫か、誰かを傷つけてはいないかとヒヤヒヤものでしたが、大丈夫だったそうです。あくる朝は、パァーッと晴れて富士山の美しい眺めをみんなで堪能して、そしてみんなで働いて散乱物を撤収したそうです。このキャンプに参加した子供たちにとっては、とんでもないサバイバルの経験ができました。

T君はよく危険な目に遭うのだけど、どういうわけか、いつも運命の神様に守られており、いつまでも夢とロマンを追い求める永久青年ともいえます。一番霊界に近い星、虚宿の人生哲学の感性を求めての旅、自由人としての旅はまだまだ続くでしょう。

最近では、近所に住む両親が老齢になっているので、一日に一回は訪問して、庭にお花を植えてあげたりして、励ましているそうです。

普通だったらもっと親をないがしろにし、見捨てていたかも知れません。T君が親孝行になったのは、お話に出てくる老僧に出会って可愛がられ、親子の在り方についていろいろと教えていただいて、肉親の愛に目覚めたことと、お嫁さんの支えも大きかったからでしょう。

（萩原　敬子）

アドバイス

虚宿の子供の心の中には、臆病(おくびょう)な気持ちと、向っ気の強さが同居しています。従って、この宿の子供の育て方には大変な難しさがあります。

また、この宿の子供はプライドが高く、感受性が強いので、大人が思っている以上に物事を敏感に感じ取っているはずです。自己主張も激しいのです。それなので、精神的な安定を第一に考えてあげましょう。常に親子で心を開いてお互いに話し合える自由な雰囲気を家庭内に作りましょう。自分の考えに反対されたり、傷つけられはしないかといつも心配しているはずです。虚宿の子供は、親が自分を守ってくれているということで、安心感が欲しいのです。

このお話の中には、二人の老人、祖父と老師が出てきます。Tくんは祖父の善い行ないを見ながら育ちます。

生き方のお手本となる、このような人が現われると、この宿の子供の人間形成に大きな役割を果たしてくれます。この子供の場合、人生について最も深刻に考える青少年期に老師に巡り合い、人生の指針を与えられました。そのことによって、親に感謝して孝行をしなければならないという気持ちが培(つちか)われ、行動となって表われています。

上住節子

危宿

危宿の人は、「遊び心」を持って人生を楽しみながら歩んでいけます。そして、人付き合いが良いのは二十七宿中一番です。その付き合い方には、誠実で友情を重んじ、困っている人を決して見捨てたりしない慈しみの心があります。裏切られてもすぐにまた人を信用してしまうのです。そのため、お人好しとも言われます。危宿さんのこの資質を心から慕って周囲に人が自然に集まってきますが、これによって運が開け一生をかけることのできる仕事に出会ったり、幸運を掴み取ったりすることができるのです。また、本来、世の中の規則や作法を守る道徳心や苦労に耐える強い心も持っています。

その反面、根気強さや我慢に欠けるという凶の資質があります。これが前面に出ると、豊かな人間関係を築くことを損ないますので気をつけましょう。

危　宿（きすく）

新しい自分の発見—福祉ボランティア—

ある年の十月中旬、夜の九時頃、私の自宅にA子さんの父親から電話がありました。そして、相談にのって欲しいというのです。

実はこの父親とは、私の高校時代の友人なのです。その娘のA子さんの国語の授業を私は担当していたのです。

その電話の話の内容は次のようなことでした。

「A子が、最近友だちと遊ぶことが多くなり、勉強する時間が少なくなるばかりか身が入らずに困っているので、なんとか君から指導してもらえないかなぁ」

というのです。確かに、高校二年生の秋なので、保護者にとってみれば、進路のことが心配になるのは当然のことでしょう。

そこで、次の日に、A子さんには分からないように学校に来てもらうことにしました。

いつものように事前にA子さんの〈宿(しゅく)〉を調べておきま

危宿の相性

星	宿		相性度	
井	氐	室	栄	◎
角	觜	虚	親	◎
軫	畢	女	友	○
鬼	房	壁	衰	○
星	尾	婁	危	△
張	胃	箕	成	△
柳	心	奎	安	×
翼	昴	斗	壊	×

☆命＝危　業＝参　胎＝亢

すと、彼女は〈危宿〉であることが分かり、父親の電話の内容も納得できました。危宿は、もともと「遊びの宿」なので、その資質によってA子さんは高校生活を楽しんでいるようでした。しかし、危宿の資質はそればかりではありません。世の中の規則や作法を守り、決断力があって苦労に耐える強い心も持っているのです。このことから考えますと、彼女が目的を持ったならば、友人との付き合いも上手にし、目的達成のために日々努力をするようになるのは当然でした。

また私は〈畢宿〉なので、危宿とは《友・衰》の関係になります。『宿曜占法Ⅱ』の教えに「危宿も磊落(らいらく)で気軽な社交性を発揮します。良い交友関係を保っていけば、互いに得るところも大きいでしょう。特に畢宿は危宿を助けてくれます」とありますから、友人(父親)の申し出のように、私がA子さんを指導するのは良いようです。どちらにしても、父親との面接からA子さんの家庭での様子を聞き、その状況を知ることがまず大切であると考えました。

次の日、友人とその妻(母親)が揃ってやって来ました。

まず、A子さんの家庭での様子を聞くと、母親が話し始めました。

「そうですね。帰宅は平均八時前後ですね。部活はソフトボール部に入っていましたが、二年の初めには辞めてしまいましたので、学校が四時に終わると、そのまま友だちと話をしたり遊んだりして帰宅するようです。やはり八時は遅いしだらだらと生活しているので、父親にも注意してもらいました。ところが、反抗期でもあって、とても聞く耳を持ってくれません。最近は〝うるさいなぁ〟と暴言を吐(は)くようになってしまいました。帰宅してからは、夜の食事をし、テレビを見て十一時になります。その後、友だちにメールをしたり長電話をしたりして十二時になり、お風呂に入って夜中の一時頃に寝ます。土曜も日曜も毎回友だちとどこかに出かけています。帰宅は六時くらいです」

確かに、勉強する時間がないようです。高校二年生の秋ですから、そろそろ大学進学をどうするか決めなければならない時期に来ているので、考えなければいけないように感じました。高校生ですから友人との付き合いが大事になることは分かりますが……。ちょっと時間を使い過ぎでているようです。これでは、学校の宿題をするのがやっとの状況だと判断しました。

さらに母親は、

「できれば、国立大学か有名私立大学に合格できるとよいのですが……」

父親も同じ進路を望んでいるようでした。しかし、A子さんにもともとの学力があっても今の学習状況では少々難しいように感じました。最後に、

「友だち付き合いが激しくなったのは、部活を辞めて時間ができてからですね」

というのです。

これより、A子さんが高校生活に目的意識が持てなくなったのは、部活を辞めたことと、危宿の「人付き合いが良い」という資質が裏目に出てしまって、腐れ縁が断ち切れないでいることにあるのではないかと考えました。

そこで、A子さんと近々話をすることを約束し、友人夫婦には帰ってもらいました。

後日、A子さんが国語係の仕事で国語科準備室に来たので、これ幸いと雑談を糸口として、今のA子さんの気持ちを知るきっかけを作ろうと考えました。

「最近、なんか元気がないように思えるけど、部活を辞めてその後はどうですか？」

「元気ですよ。別に、悩みはないし。でも、あまり学校生活は面白くありません」

と、A子さんの返事。そこで私は、

「あなたのことですから友だち付き合いを大事にして、楽しく過ごしているのではないですか。でも、それは良い面と悪い面がありますよ。今は悪い面が出ているような気がしますね。外から見ていてそう思いますよ。ちょっと友だちと遊び過ぎかな」

すると、彼女は驚きの様子で、

「どうして分かったのですか？　そうなんです。それでこの前も、母親に怒られました。今、部活を辞めてしまいやることがなくて、なんか時間つぶしに付き合っちゃうんです」

ここで、予想通りA子さんが目的意識を失った状態にあり、その虚無感を友人との付き合いで紛らそうしていることが分かりました。

私は、A子さんが潜在的に持っている「人のために何かをすることが嬉しいという意識」や「世の中の規則や作法を守り、決断力があって苦労に耐える強い心」という資質を上手に活かせる場所を見つけ、それを提供できたら生き生きとするのではないかと考えたのです。

すると、とっさに閃きました。そうだ、福祉のボランティア活動をさせよう、と。なぜなら、危宿の資質は、福祉施設でお年寄りの世話をするのに向いているし、人の喜ぶ顔を見るのが好きなので良いのではないかと判断したからです。そこで、

「私の友人に老人福祉施設の事務長をしている人がいるから、そこで、ボランティア活動をしてみませんか？」

と切り出してみたのです。するとA子さんは、

「福祉施設って、おじいさんやおばあさんのいるところですよね。時間もあるし、やってみようかなぁ。やります」

と答えるではありませんか。意外に早い判断に驚きましたが、これも危宿の資質によるものと感じました。

その数日後、私は老人福祉施設の友人に電話をして、A子さんの今の状況などを話し、

「高校生で、大したことはできないから、職員の方の仕事の邪魔にならないようにおじいさん・おばあさんの話の相手だけさせてよ」

とボランティア活動のお願いをしたのです。

友人は快く引き受けてくれました。

果たしてどのような結果になるか、私にも分かりませんでした。しかし、何か事を起こさないと、A子さんはずるずると目的のない生活をしてしまうのではないかと心配だったのです。

三週間後、A子さんの父親から電話がありました。

「ありがとう。ボランティアに最初はしぶしぶ行っていたけど、今では楽しくて仕方ないようで、嬉しそうに福祉施設に行っているよ。それに、何を思ったか福祉関係に進むことを決意し、勉強にも身が入るようになってきたよ」

ということでした。

一ヶ月後、老人福祉施設の友人からも電話をもらい、

「あの子、職員からも評判がいいよ。挨拶もできるし、よく職員の指導にも従ってるよ。人間関係の作り方も上手だね。利用者からも、誠実に話を聞いてくれるから嬉しいという声が多くあったよ。今時の高校生にしては珍しいよ。福祉系の大学を卒業したら、うちの施設で働いてもらえないかなぁ」

ということでした。

A子さんにも聞きました。

「はい。平日の火曜と木曜の四時から六時まで。それに土曜の午前中、行っています。楽しいので、友だちも誘っています。ありがとうございました」

と、楽しそうに話してくれました。

私は、危宿の持つ善なる資質が福祉関係に向いていると判断し、A子さんに福祉施設でボランティア活動をさせることによって、このように目的意識を持たせることに成功しました。それがまた、A子さんの一生の進路を決定づけることにもなったのです。

（前田　康晴）

アドバイス

危宿の子供は、生来、友だちとの付き合いが良くみんなに好かれ、人を楽しくさせる資質に恵まれています。アイデアが豊富で、人の気持ちを読み取ることができ、しかも望みを叶(かな)えてあげようとする努力までをも怠(おこた)りません。

将来は恵まれた交友関係（人との付き合い）を通じて、大きな事業や対外的な交渉事に手腕を発揮することができます。正義感もあります。ただ一つ注意すべきことは、決して怒らないことです。怒ると決定的なマイナス要因を作ってしまいます。

ご両親は子供に平常心を養わせ、人との和を重んじる教育方針を定めてください。危宿の子供は、神仏に対して敬う気持ちを表わせます。また水辺の遊びには十分な注意が必要と『宿曜経』には書かれてあります。

このお話の中のA子さんは、自分で楽しくもないのに何時間もブラブラと遊んでいましたが、母親が早くそれに気付いたことと、相談を受けた教師が早急に判断をして対応したことで救われました。『宿曜経』にも書かれてある通りの、危宿の人にとって一番良い資質を引き出しながら生き生きと取り組めて、人に何かをしてあげる喜びに満ちた福祉ボランティア活動を、卒業後の進路として見つけることができたのは幸せでした。

上住節子

室宿

猪突猛進（ちょとつもうしん）型の室宿の人は、興味のあることには人一倍努力をし、非常な集中力を発揮するという善なる資質を授かっています。また、その資質を発揮して世の人のために大きな仕事を完成させる役割もあります。智慧と学識があるので、人の協力によって豊かな財産と高い地位が得られますので、援助してくれた人に感謝しながら仕事に邁進（まいしん）しましょう。

反面、頭の回転が早いため、行動が遅い人を見ると追い立てるようなことを言ってしまうので気をつけなければなりません。また、人に対する慈（いつく）しみが薄く思われてしまったり、物事を拡大して言ったりすることがあります。そうなると人から協力を得られなくなり開運ができなくなりますから注意しましょう。

室　宿（しつすく）

一代で財を成した室宿

室宿を絵に描いたような人生を送って、一代で財を成した社長さんがいます。それは私の友人I君の父親のA氏なのです。ここではこのA氏についてのお話をしましょう。

ある日、私はI君に所用があったので友人宅を夜の八時頃に訪れ、それを九時までに済ませました。その時、偶然にも帰宅していたA氏がおられました。以前から、鮮魚の卸と加工品（缶詰やフレーク）で年商五十億、従業員二百名の企業を作り上げたA氏の人生に興味があったので、その旨を申し出ますと、「いいよ。今日は時間があるから話をしようか。前田君も時間があるかな」と快諾してくださいました。それは、次のような内容でした。

（A）「私は昭和二十年生まれで、一般的にいう団塊の世代だよ。四人兄弟の末っ子で一番上は十歳離れた姉、九歳と八歳離れた兄が二人。父親は漁師で、四人を育てるのに経済面で苦労したようだね。小学校の時は給食費を払うのにも苦労したようだからね」

室宿の相性

星宿			相性度	
鬼	房	壁	栄	◎
亢	参	危	親	◎
角	觜	虚	友	○
柳	心	奎	衰	○
張	箕	胃	危	△
翼	昴	斗	成	△
星	尾	婁	安	×
軫	畢	女	壊	×

☆命＝室　業＝井　胎＝氏

これ以上、経済的な苦労については話してくれませんでしたが、室宿の人は幼少の頃、かなり苦労することがありますが、A氏もそうだったようです。さらに、話は続きました。

(A)「残念なことに、二歳の時に母親を亡くしたんだ。私は母親の記憶はほとんどないから、あまり寂しい気持ちはしなかったけれど、今考えてみると、母親としては体の弱い小さな私を残して亡くなったのだから、さぞかし無念だったろうと思うよ。そのような私を父親だけでなく兄や姉がいつも見守ってくれたことに今でも感謝してるよ。そして、小学校一年の時に、新しい母親が来てくれたんだ。再婚だったけど、子供はいなかったね。継母なので、普通ならなかなか上手に親子関係を築けないけど、母親を知らなかった私は心を開いてなつきましたよ。よく私の話を聞いてくれたし、なんかよく抱きしめてくれたなぁ(ぽつりと)。もう、今では亡くなっていないけど、いろいろと身の回りのことを世話してもらったし可愛がってもらったので感謝しているよ。今でも、亡くなった父親同様、月命日とお盆にはお墓参りを欠かしたことがないね。本当の母親もね。兄や姉とは上手くいかなかったようだけど……。考えてみると、四人も子供がいる家に、再婚とはいえよく嫁に来る気持ちになったよね。その理由を聞いたことがないから分からないけど、ありがたいことだよ。父親も幸せだったろうよ」

ここで、A氏に新しい母親の生年月日を聞いてみますと、房宿であることが分かりました。つまり、A氏と新しい母親の二人は《栄・親》の関係にあったのです。心が通じ合ったのも理解できました。

(A)「私は、小学校五年生の頃になると、かなり要領がよくなってきてね。人に頼み事をするのは上手だったよ。不思議と相手から嫌がられなかったね。その時はいつも〝これ頼んでいい。僕にはちょっと難しいんだ。君ならできると思うから。いいかなぁ〟と上手に褒めてやってもらうんだよ。これが上手くいくんだなぁ（笑）。この体験が人に物を頼むときのコツだとなんとなく分かったんだね。これは今でも上手に使っているよ。特に、女性にね（笑）。従業員には気持ち良く仕事をして欲しいからね、言葉によって心が楽しくなるならいいでしょう。どう、前田君も褒められたら嫌な気持ちはしないでしょう（笑）。この褒める言葉というのは、私にとっては感謝の気持ちを表わしている言葉なんだよ（きっぱりと）。実は、これは父親から学んだことなんだね。父親は漁師で無学だったけれど、ご先祖様・仏様や神様を大事にしていつも感謝し、事あるごとに〝人様にも感謝。何があっても人様の悪口は言うな。自分は人様に活かされている〟というんだよ。これが、自然と身に着いて人生を生きる上で、物事を考えたり行動したりする指針となったようだなぁ。同じことを息子にも教えているけど、前田君、息子はどうかなぁ（笑）」

私はこの話を聞きながら、初めて、A氏が多くの人に感謝の気持ちを持って仕事をしている意味が理解できました。どうしても成功すると、自分の力を過信しますが、父親の教えを人生訓として生きることによって、この慢心が抑えられているのです。よく子供は両親の背中を見て育つといいますが、これは悪いことをしてお金儲けをする姿を見ても育ちますし、苦労しながらも自分の信ずる道を進む姿を見ても育ちます。だから、どのような姿（言葉）を子供に見せられるか、世の親は考えなければなりません。この話は、教育する側の責任の大きさを物語るものだと感激しました。そして、感謝の気持ちを表現することは、室宿が本来持っている、みなが助けてくれるという運を開花させるということを、ここでも再確認するに至ったのです。

私は、だんだん話に引き込まれていきました。

（A）「中学三年生になると同時に、それまで全然勉強していなかったのに突然何を思ったか、人生には勉強が必要だと思ったわけよ。そこで、県立高校の進学校を目指すことにしたんだ。ところが、それまでの私は勉強らしいことをほとんどしなかったので評価は二と三（五段階評価）ばかり。この状況ではとても無理だったけれども、担任の先生が〝不可能はない。不可能は無理と諦める心から生まれる。だから、これから集中力と努力でなんとかなる〟と励ましてくれたんだ。根が単純だから、その気になって頑張ったよ。結果、見事に合格。両親もこれには喜んでくれたね。当然、兄や姉、先生もね。担任には本当に励ましてもらって今でも感謝してるよ。この時に、頑張る気持ちを学んだからね。

高校に入ってからは、学費を稼ぐために地元でも儲かっている水産加工の工場で輸送トラックに製品を積み入れるアルバイトをしたんだけれど、それがこの商売をするきっかけになったんだよ。その時に、なんとなく閃いたんだなぁ、〝これからは、食品関係はいいんじゃないか。その会社を起業しよう〟と。そこで、進路指導の先生に食品の流通を学ぶことができ、起業を積極的に応援してくれる大学はないかと相談したんだ。そしたら〝難関だけど、K大学の経済がいいだろう〟となったわけよ。目標が決まったら後は勉強したね。そして、現役合格（笑）」

これは室宿の持つ、猪突猛進という資質が活かされたのでしょう。また、中学・高校でも先生の助言を素直に受けいれることによって、良い結果を手に入れることができたのだと実感しました。

（A）「大学時代は勉強もしたけど、いろいろな仕事を体験するのにアルバイトもしたなぁ。特に、子供が好きだったから、塾の講師のアルバイトは面白かったよ。担当講座は中学校の国語・社会・英語だったね。授業が成功すれば生徒の反応はよく、失敗すれば鈍い反応になるからね。前田君も教師だから分かるでしょう。でも一番学んだのは、褒めることかな。生徒のやる気を引き出すのは褒めることに以外にないよ。どう、教育の仕事をしていてそう思わない。叱ることも必要だけど、基本は褒めないと人は育たないと思うよ。

就職は最初M商事に勤めたんだけど、幸せなことに生鮮魚買い付け部門の担当になったんだよ。父親が漁師だから、近海の小魚しか獲っていなかったけど魚を見る目はあったからね。ここで魚の流通についても学んだよ。そしていろいろな会社の人とも知り合いになって人脈を拡げたね。将来を考えてね。今、十分に利用させてもらっているよ（笑）。また、この部門は世界の魚の加工品の流通（買い付け）も扱っていたから、世界規模で鮮魚の貿易や加工品の流通について身をもって知ることになり毎日が楽しかったよ。人脈も日本だけでなく、アジアやヨーロッパにも拡がったからね。どの国の人でも感謝の気持ちを持って仕事をすると不思議に通じるね。父親の教えはすごいと思ったよ。私が、だれにでも〝ありがとう〟ということをすぐに表現するのがよかったみたいだね」

ここにも、A氏は若いうちから着実に起業の道を目指して歩んで来たことが分かり、会社経営の基本方針を理解できました。実は、この言葉の中にA氏の会社を辞める人が他の同じ仕事の会社よりも少ないという事実の理由を知ることができたように思いました。

(A)「そして、三十八歳で人脈もできた、自己資金も一千万できたので起業したんだ。もうこの時は結婚していたけど妻は反対しなかったね。実は、鮮魚の買い付けなど資金が足りないところは妻の実家が一千万貸してくれたんだ。今だから言えるけど。それに、兄と姉も合わせて一千万貸してくれたんだ。まさに借金からの出発だったよ(笑)。でも、私が誠実に真面目に不平を言わずに仕事したのが評価され、みなから信頼を得ていたから貸してくれたのかも知れないね。そして、会社時代の人脈を駆使し父親から教えてもらった鮮魚を見る目を頼りに鮮魚の卸をし、それが軌道に乗ると加工品にも手を拡げ、今のような会社になったんだ」

(私)「本当にありがとうございました。ためになりました。明日、早速、授業で生徒に話をします」

(A)「それはよかった。少しでもためになればね」

この話を聞きながら、私は二つのことを教えられました。

一つは、父親の教育の大事さ。これは、知識による教えではなく、自分の生き方を語るという意味においてです。私たち父親は自分を語る言葉と行動を持たなければならないでしょう。二つは、感謝の気持ちを持って人に接する大事さ。これは言うまでもなく、自分は多くの人によって活かされているという気持ちを持つことでしょう。

(前田　康晴)

アドバイス

室宿の子供は、性格が明るく積極的です。心の中で思うことは、はばかることなく表現できます。スポーツはもちろん、体を動かすことが好きですから、このような有り余るエネルギーを十分活用させてあげたいものです。将来的には企業家としての資質を持つ人が多く、他の人に福をもたらすことができるでしょう。事務的な処理能力もあります。学問にも向いています。

ご両親は、愛情深くしかも厳しく躾けなければなりません。特に物質的な甘やかしや、人との争いごとは絶対に良くありません。他の人には謙虚な態度を取り、言葉遣いはていねいにさせるようにしましょう。自分本位の考え方をせず、落ち着いて正しい判断ができるように教育しなければなりません。ともすると、両親はこの〈室宿〉の子供のために対外的な苦労をする事があるかもしれませんが、頭が良くて理解力がある子供なので、よく話し合うと良いでしょう。

このお話では、室宿の人が、事業家として一歩一歩上に昇っていく段階が書かれています。一番大切だったのは、他の人への思い遣りと謙虚さ、感謝の心でした。室宿の人は、他の人への感謝と思い遣りがあれば、怖いものなしという人生が待っています。どういうわけか美術品や骨董品を見分ける目があると言われているのも面白いことです。

上住節子

壁宿

壁宿の人は、二十七宿中一番の「長寿宿」で長命が期待できます。また、その役割は、壁（かべ）というように、人を世話したり助けたりすることにあります。つまり、人を支えることを他の宿の数倍もしなければならない運命にあるのです。この犠牲的行為によって自らの運命も良い方向に花開くことになるのです。さらに、生まれつき相手の気持ちになって面倒を見ることや、誰に対しても公平に接することができますし、物事を世間のしきたりに従って処理する智慧もあります。このような善い資質を活かして仕事に取り組めば、特に研究分野では高い実績を残すことができます。その反面、裏で悪智慧を働かせて人を陥（おとし）いれたり、隠れて遊ぶことを楽しんだりする凶なる資質もありますので、注意しましょう。

壁　宿（へきすく）

道ならぬ恋―アルバイトの危険―

ある年の夏休みの終わり頃、国語科準備室に一人でいると、卒業生のA子さんが突然私のもとにやって来ました。彼女は小柄で愛くるしい容貌を持った生徒で、どういうわけか気が合い、在校当時から休み時間によく雑談したりしていました。時によっては、様々な悩みの相談にのったりもしていました。

それは、A子さんの家庭が母子家庭と言うこともあってか、父親の意見らしきものを私に求めていたような感じでした。

その彼女が、他の高校に通っている二年生の妹のB子さんを連れて来たのです。彼女は無理矢理連れてこられたようで、少々ふて腐れていました。外見からは、ごく普通の真面目な印象の生徒でした。

A子さんが、何か深刻そうな様子で「相談にのって下さい」と話しかけてきたので、ただごとではないと考えゆっくり話を聞くことにし、近くにある椅子に座るよう二人に

壁宿の相性

星宿			相性度	
柳	心	奎	栄	◎
氐	井	室	親	◎
亢	参	危	友	○
星	尾	婁	衰	○
軫	畢	女	危	△
翼	斗	昴	成	△
張	箕	胃	安	×
角	觜	虚	壊	×

☆命＝壁　業＝鬼　胎＝房

促しました。

「ご無沙汰しています。実は、先生、妹に意見して欲しいのですが……」

A子さんは、在学中から、道徳的な人生とはどのようなものか、自分の適正を見つけるにはどうしたらよいかという視点からの私の助言を好んでいました。今回も妹にそのような助言をしてくれることを望んでいるようでした。

そこで、まず相談内容を聞くことにしました。

「実は、妹の恋愛の相談なのです。この夏休み、彼女はコンビニでアルバイト中なのですが、その店の店長を好きになってしまったのです。会った時から、これほど好きになった人はいないというのです」

私は、人を好きになるのは大切なことですから、その気持ちを大事にしたらよいと思いました。なのに、なぜ相談なのか腑に落ちませんでした。

「実は、店長は結婚しているのです」

この時は驚きました。私は妹のB子さんに対して真面目な生徒という印象を持ちましたので、恋愛もそのようであろうと考えたからです。

「店長も妹の気持ちが分かっているみたいで、いろいろ誘ってくるのです。妹もその誘いに乗ろうとしているのです」

どのように誘ってくるのかを聞きますと、

「休みに食事をしようとか。ドライブに行こうとかです」

私は、「もう、お付き合いを始めたのですか?」と尋ねると、

「まだですが……。そこで先生から妹に意見して欲しいのです。私が話をしても聞こうとしないのです」

A子さんによると、店長は褒めるのが上手で「今日も可愛いね。髪型変えたの、いいね」とさらりと言うのだそうです。妹はおだてられたりすることに弱い〈壁宿の資質の一つ〉ので、これに心惹かれたようだということでした。

私は、まだお付き合いしていないことに安心しながらも、どのようにしたらよいものか迷いました。道ならぬ恋を否定するつもりはありませんが、高校の教師としてこれを肯定するわけにもいきません。否、〝人間として〟と言った方がよいでしょう。それに高校生がする恋愛ではないだろうと強く思いました。人に後ろ指さされる恋は高校生には似合わないし、一生の問題にもなりかねません。なんとか、B子さんが傷つかないようにまだ恋心の段階でくい止めなければならないと考えました。

そこで、さりげなくA子さんにB子さんの生年月日を聞き、《宿曜占法》の教えから助言に必要な言葉を見付けることにしました。

すると、B子さんは〈壁宿〉、店長の彼は〈虚宿〉で、《安・壊》の関係になります。この関係からB子さんと彼は急激に惹き合ったものと判断しました。《安・壊》は一目惚れで、最初はお互い惹かれ合うことがあるのですが、これは初めだけで、すぐにどちらかの凶なる資質が前面に出てきて破局

するのです。《宿曜占法》の教えを勉強している人はこのように理解しますが、知らない人は運命的出会いと勘違いするのです。今、流行の「心にビビビと来た」と言うことです。

どうもＢ子さんも、これを感じ、燃え上がったようです。『宿曜占法Ⅱ』の教えに「二人は楽しい間柄を想像するかも知れませんが、やがて虚宿の負けず嫌いが強く出てきて、壁宿はうんざりするでしょう」とありますように、この二人がお付き合いした場合、そのうち壁宿のＢ子さんがうんざりして別れようとすることは予想できました。ところが、彼はそれを許さないため必ず揉めてしまいドロドロの関係になってしまうと考えました。それは『舎頭諫太子二十八宿経』（素朴に人間の現実を教える書）の教えに「虚宿の日に生まれると、頑なで強く、しかも難しく、道理に反することを行なっては社会の秩序を乱し、我意を張って他人の意見に耳を貸しません。それでいて、自ら恥じることを全く知りません」とあるからです。やはり、何もない今の段階で決着を付けることが二人のためでもあると確信しました。

また、Ｂ子さんは外見的には真面目そうに見えますが、〈壁宿〉には隠れて遊ぶのが好きという凶なる資質があるために、どうしてもその気持ちを抑えられなくなることがあります（女性は一般的に相手に妻がいるとその人との恋愛を諦める場合が多いのですが……）。今回はきっとこれが影響したのでしょう。

しかし、『星宿品』（正しい判断力と愛の深さを教える書）の教えに「智徳を究めた最高の人格者の戒めを実践することを人生の楽しみとします」とありますように、彼女はその凶なる資質を抑える力も本来持っているので、これに訴えかけることが良策なのではないかと考えました。

そして、B子さんに、上述のことを前提にゆっくりと意見してみました。その善なる資質に訴えかけるという意識のもと、心より言葉を発したのです。それもゆっくりと感情的にならないようにしました。

「この恋は結果として〝不倫〟ですよ、道徳的にも人間的にも問題がありますよ、必ず不幸になる人が出て来ますよ」

と説得したのです。

すると、今まで話をしなかったB子さんは驚いたように「不倫ですか」と言うではありませんか。B子さんは〝不倫〟という言葉によって、今の恋の行く末を類推したようでした。

「そうですね。私はすぐに彼に惹かれました。年上の男の人に出会うのはあまりありませんでしたから、大人の魅力を感じてしまったのです。そして、彼が私を大人として扱ってくれたので夢中になってしまいました。奥さんもいますからね。諦めます」

と、静かな中にも力強い口調で言いました。

「その方がよいでしょう。これから先に進むと、傷つくのはあなただけですよ。心も体も傷つく可能性がありますよ。自分を大切にね」

利発なB子さんは、客観的な助言の主旨を瞬時に理解したようでした。

その後、二人は礼を述べて帰宅しました。

後日、A子さんだけがお礼にやって来ました。結果を聞きましたら、「先生と話した後、妹は誘いを無視しました。そうしたら、店長も分かったみたいでその後は誘って来なくなったそうです。そして、夏のアルバイトも終わりました。ありがとうございました。どうして先生の意見を受けいれたのでしょうか。私も同じようなことを言ったのに（笑）」

この話から、B子さんが無事人の道をはずさずに済んだと思いました。彼女の道徳的なことを重んずるという善なる資質を理解し、そこからの助言が功を奏したようです。

この言葉にあるように、姉のA子さんも同じような助言をしたようですが、B子さんはそれを受けいれなかったようです。その中にあって私の意見を受けいれたのは、私が父親のような存在であったからでしょう。

最後に一言。今、物分かりのいい親が「アルバイトは社会勉強になるから、やらせた方がいいですよ」と言います。果たしてそうでしょうか。私の今までの経験からいいますと、アルバイト先の人間関係によっては、それが問題行動を起こす引き金になるケースが多々ありました。アルバイト先に良い人ばかりがいるとは限りません、高校生だからといって教育的に接するとも思えません。実は、そこには社会の甘い罠が待っていることを理解しなければならないのです。例えば、男子ならば酒やタバコなどの遊びを教えられたり、特に、女子の場合は、恋愛の対象となってしまいます。場合によっては、人生を大きく変えてしまうようなケースも多いのです。ご両親はその点を十分に知って指導してください。

（前田　康晴）

アドバイス

上住節子

　壁宿の子供は、他の子供たちに頼りにされます。そして嫌がらずに話を聞いてあげるという良い性質に恵まれています。頭も良く、気の利いたアイデアを出したりして喜ばれます。子供の時から情報収集と権謀術数に長けて、裏でいろいろ工作するのが好きです。将来は、人びとの良いアドバイザーとしての資質を活かして、教育や政治の世界でその手腕を振るい、富にも恵まれることでしょう。

　大人になると、世間のしきたりを重んじ信頼されますが、自分の考えを頑固なまでに押し通そうとしたり、人との付き合い方や駆引きについて考え過ぎると、一般的には嫌われることになるでしょう。ご両親はこの子を育てるのに、明るく大らかに成長するように心がけてください。

　このお話に出てくる、壁宿の若い高校生は、アルバイト先の男性の甘い言葉に乗りそうになりますが、姉の機転と教師の話で、自分はこれでは良くないし、またその男性の話はおかしいと気付いて、すぐにも離れます。

　姉が妹を連れて教師のもとに相談に行ったのは、肉親としての深い姉妹愛の故でした。それに感じて、彼女はいかにも壁宿らしい行動を取りました。壁宿の人は、普通は物事の良し悪しを正しく受け止めることができます。

奎宿

奎宿の人は、ご先祖さまに助けられたり、周りの人に助けられたりします。その点、自分が恵まれていることを自覚して、心から感謝したいものです。自分を高めるためにいろいろなことにチャレンジしたり、物事をまとめたりする力もあり、人のためにも働きます。

見た目は明るく、分別のある感じです。面白い社会風刺的発想で言葉を発することがあり、決して人に不快感を与えません。

世の中をクールに見ていて、非常に現実的です。また「隠し事」のできる宿といわれ、他人の秘密も決して人に漏(も)らしません。しかし遊び好きで、酒色に耽(ふけ)って、家族を困らせる人もいますから、授かった幸運を活かすようにしたいものです。

奎　宿（けいすく）

顔は二枚目、口を開けば三枚目

Hくん（奎宿）は、お父さんが公務員、お母さんが看護婦さんというインテリ家庭に生まれました。色が浅黒くキリッとしていて同い年の子供の中では背が高く、保育園の頃から女の子にモテモテです。「大きくなったらHくんのお嫁さんになる……」と言って、Hくんを追いかける女の子がたくさんいました。でも、当のHくんは余りそんなことには興味を示さず、『ドラエモン』などのマンガに夢中です。コミカルなテレビ番組が大好きでした。そのせいか、世の中の出来事、大人の恋愛に関する事など、子供ながらにまるで分かった風にエスプリの利いた言葉をテレビコマーシャルの真似など交えてポロッと漏らすので、この意外性に周囲の人たちはびっくりしてしまいます。まさに顔は二枚目、口を開けば三枚目といったところです。

小学生になったHくんは、勉強の面でぐんぐん頭角を表わし始めました。とても成績が良いのです。頭は良いし、面白いし、たちまちクラス一の人気者になってしまいまし

奎宿の相性

星宿			相性度	
婁	尾	星	栄	◎
壁	鬼	房	親	◎
室	井	氐	友	○
胃	箕	張	衰	○
畢	觜	角	危	△
虚	女	軫	成	△
昴	斗	翼	安	×
危	参	亢	壊	×

☆命＝奎　業＝柳　胎＝心

た。

しかし三年生の時に、クラスの中でちょっとした事件が起きました。ある女の子が、学校の帰りに文房具が必要なら買いなさいと、お母さんにもらったお金を入れてきた財布がなくなったというのです。担任の新卒の男の先生は、

「学校にお金を持って来てはいけないんだよね。今後は気をつけなさい。でも起きてしまったのだから、調べなくてはならないよね。もし誰か、何か気がついたことがあったら、今は良いから後で職員室まで来なさい。どこかで見つけたとか、僕が盗りましたとか、正直に言って来なさい。そして返してあげようね。誰にも言わないから安心するんだよ。君たちは三年生なのだから、して良いことと悪いことはちゃんと分かるよね。みんなを信頼しているよ」

と、必死でした。

実は、体育が終わってみんなより早く教室に戻ったHくんは、近所の友だちのBくんが財布を取られた女の子のランドセルを開けていたのを見てしまったのです。きっと登校途中の会話か何かを耳にし、お金を持って来ているということを知ってしまったのでしょう。その男の子は、Hくんに見られたことに気がついたようでした。

でも、Hくんはそのことについて何も先生に言いに行きません。Hくんには友だちを患者にすることがどうしてもできなかったのです。そのことが、Bくんを反省させることになりました。Bくんは正直に先生に言いにいって、問題は無事解決したのです。奎宿の人には、子供の頃からこのように人

の秘密は守ってあげるし、自分の秘密も守るという面もあります。実はHくんは、カブトムシがよく見つかるが所を知っていて、これだけはどんな仲良しの友だちにも内緒です。

友情で楽しい学級を作る

Hくんは六年生になりました。勉強ができて面白いHくんは、たちまちのうちに代表委員に選ばれました。小学校生活最後の思い出の一年を楽しい学級にしようと決心しました。また代表委員会の長になって、新一年生を感動で迎えるとか、学校全体を良くする提案もいっぱいしました。その時の担任のS子先生（参宿）も、たった一年間ですが、精一杯頑張ろうと固く心に誓いました。

Hくんにはこくん（室宿）という仲良しの友だちがクラスの中にできました。男っぽいHくんとは対照的に、Cくんは色が白くてハーフのような美少年、そして声が大きいのです。Hくんの場合は、けっこう〝さび〟が利いて面白いのですが、Cくんはひょうきんそのもので面白いのです。二人が揃うと、授業でもお楽しみ会でも、まるで〝掛合い漫才〟みたいになります。どちらかと言うと、Hくんが〝突っ込み〟でCくんが〝ボケ〟とでもいいましょうか。

ある時、国語の授業で俳句について勉強し、みんなも作ってみようということになりました。二人の作った俳句はこんな具合です。

Cくん「春うらら　スズキもサトウもサイトウも　仲良く遊ぶデブの群れ」

Hくん「ぼくサンタ　楽じゃないなあ　予算ある」

Cくん「クリスマス　自分にごはうび　オクリスマス」

Hくん「天高く　空気もおいしく　太る母さん」

クラスの子供たちには大うけで、S子先生は大弱りしてしまいました。しかしCくんは、

「先生、ちゃんと季節が分かるようになっています。これでいいんでしょう？」

と、大得意です。

「それはみんな川柳と言って……」と、先生が大きな目をキョロキョロさせて言い始めた時、そこでチャイムが鳴ってしまって、

「川柳と俳句の違いは何ですか？」

と、Hくんが突っ込んで質問して来ました。S子先生は次の時間までに俳句と川柳の違いをしっかり勉強して、答えるハメになってしまいました。

かと思うと、Hくん（奎宿）は社会科で貿易の勉強をした時に、「なぜ外国で日本車が喜ばれるか」というテーマで、燃費が良いからとか、小回りが利くからとか、果ては貿易摩擦の問題にまで論が及ぶ研究発表をして、先生もみんなも〝これは半端ではない〟とすっかり感心してしまいました。

修学旅行が楽しく終わり冬になりかけた寒い頃、先生は風邪をひいてしまいましたが、頑張らなくてはと自分の体にムチを打って学校に出勤したのです。その日はあいにく体育がありました。校庭に出るのも辛かったのですが、子供たちの好きな体育を止めるわけには生きません。そんな先生を見て、

Hくんと C くんは、

「先生、僕たちでみんなやりますから、先生はここでみんなのジャンバーを預かって、暖まって見ていてください」

と言って、S子先生を校舎の昇降口の風の来ない所へ連れて行ったのです。そしてクラス全員の意見をまとめてサッカーのチーム作りや役割分担も決め、キックオフとなりました。先生はそんな二人にどんなに感謝して、暖まりながら心の中で手を合わせたことでしょうか。

ところが、突然そうは言っていられない事件が持ち上がりました。Hくんが転んで大怪我をしたのです。クラス全員、女の子たちなんか泣きそうになってHくんの周りに集まっています。養護の先生が来て、救急車で病院に運ばれることになりました。幸い、Hくんの怪我は骨折には至っていなくて、一週間くらい休むことで済みました。奎宿は、ご先祖さまに非常時にはしっかり守って頂けると言います。特にHくんのおばあちゃんは信心深い方だと聞いていましたので、守ってくださったのでしょう。またS子先生（参宿）にまで優しくする気持ちが、ご先祖さまに届いたのかもしれません。

さて、いよいよ卒業の日が近づいて、クラスでお楽しみ会が持たれることになりました。みんなで円陣を組んで、歌や合奏をした後、代わるがわるに余興を披露します。もうこの頃は、二人に負けないくらいクラスの一人ひとりがたくましく、音楽あり踊りありで演物も素晴らしいのです。

Hくんと C くんのこの日の演物は、S子先生の家庭の一コマです。Hくんが先生役、C くんが旦那さま役です。二人は見たこともないのに、想像で即興ですが、S子先生はそれがまた実際とピッタリなので感心して大笑いしてしまいます。それはこんな風です。

Hくん（S子先生）「ただいま。アーア、疲れた。今日学校でね、みんなでサッカーをやってね……」

Cくん（旦那さま）「いいから。早くメシにしようよ。今日のおかずはなんだ？」

Hくん「スーパーでてんぷら買って来たから、今、サラダ作るわね。あら、ご飯とお味噌汁できているのね、ありがとう。ではいただきます。今日学校でね、国語の時間にね……」

Cくん「ワーン、いいかげんにして。僕の話も聞いて……」

Hくん「ではごちそうさま。じゃんけん……。さあ、今晩もまた仕事しなくっちゃ」

Cくん「分かったよ。僕がお皿洗うよ」

Cくんという友だちがいなかったら、もう少し生真面目さが前面に出て、固いイメージのHくんだったかもしれません。またCくんもHくんという友だちのお陰で、クラスや学校全体のことを大きな目で考える視点を身に着けました。二人（奎宿と室宿は《友・衰》の関係）が、がっちり手を組むことによって、みんなは楽しい思い出を作ることができ、一人ひとり自分の考えを持ったキラキラした卒業生として巣立っていったのです。S子先生にとっては子供たちのパワーに感謝感謝の一年間でした。

二人は中学校でも交代で生徒会長をして活躍しました。大人になったH君は国立大学に進んで、会社員になり、C君は大好きな水泳を活かしてサーファーショップを経営しています。友情がお互いが持っている可能性を刺激し合い、お互いの良い面を開花させたという良い例です。二人はおそらく生涯の良い友人として、損得を超えて助け合っていくことでしょう。

（萩原　敬子）

アドバイス

奎宿の子供は、考え方が理路整然としていて実行力もあり、よく努力し、よく働きますので、親は子育てにはあまり苦労しません。周囲の人びとにも、ご先祖さまにも助けられる幸運な宿ですから、感謝の念をしっかりと培（つちか）ってあげたいものです。できる限り良い教育を受けさせてあげるようにすると、将来、社会の一翼を担（にな）う、なくてはならない人間として活躍するでしょう。

クールで現実的になり過ぎないよう、書物やお話を通して夢や理想を持つことの大切さを分からせてあげましょう。隠し事が上手で秘密が保てるので、時と場合によってそれが必要なことも教えてあげましょう。

このお話は友情について考えさせられます。小学生の時の友だち関係は一生涯続くと言われます。それは社会に出てからの生き方につながりますし、大人になってからの人間関係の基礎でもあります。親は良い友だち関係を崩さないように、手助けをしてあげたいものです。

このHくんとCくんが小学校時代の友情を通して身に着けた、目上の人に尽くす習慣やみんなをリードする能力は、大きくなってからもきっと素晴らしい力として活きてくるでしょう。

上住節子

婁宿

婁宿の人は、二十七宿中一番緻密で冷静な観察力を持つ宿です。医師には最適な宿と言われています。生き物の生命を大切にするのもこの宿の特徴です。また計算に強く、手落ちもないので、公務にも向いています。コンピュータやその他の技術的な面にも大変長じています。トップに立つよりも、それらで参謀的な役割で活躍したりすると、大いに力を発揮することができるでしょう。後輩の指導に力を尽くすのも良いでしょう。この資質を善なる方面に活かすことが開運のポイントとなります。ところが、凶の面が強く表われると、外面は穏やかながらも、冷静な目で他人を厳しく批判したり、自分よりもできない人を見下すこともあります。そうなると人びとは離れ、人気も落ちて行き、思わぬ敵を作る原因ともなりますので注意しましょう。自分が持っている善い資質を活かしましょう。

婁　宿（ろうすく）

〝いじめ〟はどこにでも―教師との相性で解決―

今、〝いじめ〟を原因とする中・高生の自殺の問題が連日報道され、教育現場はこの対応に追われ混乱を極めています。

さて、大学時代の友人が久しぶりに上京してきましたので、私は東京で会うことにしました。彼も高校教員であったため、その会話の中心は昔話よりも自然と教育の話になり、今問題化している〝いじめ〟に及びました。友人は〈昴宿〉で、私は〈畢宿〉なので《栄・親》の間柄にあり、気軽に話し合えたのです。

その時、友人は自分のクラスでも〝いじめ〟があり、それを解決した体験を話してくれたのです。それは次のような内容でした。

ある時、友人は高校一年生の担任になったそうです。そのクラスにA君（婁宿）がいたのです。やや笑顔が少ないものの穏やかな様子の生徒に見えたということでした。

入学式から二ヶ月経（た）ったある日の午後、A君から、気持

婁宿の相性

星宿			相性度	
張	箕	胃	栄	◎
心	柳	奎	親	◎
房	鬼	壁	友	○
翼	斗	昴	衰	○
角	虚	觜	危	△
亢	参	危	成	△
軫	女	畢	安	×
氐	井	室	壊	×

☆命＝婁　業＝星　胎＝尾

ちが悪いので保健室で休みたいという話があり、その顔や体の様子から新しい環境にまだ慣れないための疲れと思い、友人はそれを許可しました。そして、A君は保健室でぐっすりと二時間ほど休みました。

すると、その様子を保健室で見ていた養護（保健）の先生が、友人の所にやって来て、

「寝言がすごいから、何かあるのではないでしょうか？」

というのです。心配になった友人は、A君をそのまま保健室のベッドに横たえ、話をすることにしたそうです。

すると彼は、二人しかいないという安心感からか、突然、堰を切ったように話し出し、〝いじめ〟られていることを少々震えた静かな声で訴えるのです。その姿は出口の見えない暗闇の中にいる住人のようで、彼が待ったなしの状態にいることを感じたということでした。

友人は、そのまま事情を聞くことにしました。

この〝いじめ〟は中学の二年生から今まで二年間も、暴言や嫌がらせが頻繁に続いているというのです。その主犯格というのが、クラスの良い意味でのリーダー的存在のB君（觜宿）だったのです。何の因果か、この二人は高校でもまた同じクラスになってしまったのです。

B君は、〈觜宿〉の善なる資質を開花させ、明るくクラスをまとめ、委員長としてリーダーとして申し分ない存在でした。成績も優秀で有名大学の合格も間違いなしといわれ、スポーツも万能で空手道場に通って一年生にして「空手道初段」の腕前でもあったのです。友人は担任として彼に全幅の信

頼を置いていたそうです。

その名をA君から聞いた友人は自分の耳を疑い、しばし呆然としてしまったということでした。

確かに、私も同じ教師として、友人の落胆と驚きは理解できました。

A君はやや涙声になりながら、

「昨日も、お母さんが作ってくれたお弁当に、〝ふりかけだ〟といってチョークの粉をご飯の上にかけるんです。いつの間にかシャーペンやボールペンがなくなります」

と、その〝いじめ〟の具体的内容について話してくれたそうです。

この場合は、B君のA君に対する個人的な〝いじめ〟が中心で、荷担しているのは少数の生徒であったということでした。

A君の両親は、彼が幼少の頃に病弱であったため少々過保護に育てたので、A君には優しい気持ちがある反面、自分の意志をはっきりと表現できないところもありました。そのため、両親にも中学校の先生にも相談できずに自分の胸の中にしまって今まで悩んで来たのです。

友人は中学校から引き続きという現状を重視し、最初にどのような方法であれ、この状態から力づくでもA君を解放しないと精神的に参ってしまうだろうと考えたそうです。精神的限界点に達していると判断したのです。そこで、次のように話をし、安心感を与えました。

「よく話してくれました。勇気がありましたね。とにかく、私が必ずあなたを守りますので心配はいりません。今日は家に帰ってゆっくりと休んで下さい」

と。そして、A君は安心したように「よろしくお願いします」と言って帰宅しました。

私は、A君がすがる思いで友人に話をしたその気持ちを考えると、その勇気に感動し涙が出る思いでした。

友人はそうは言ったものの、早く解決しなければと焦れば焦るほど、なかなか有効な解決策が思い浮かばず、いろいろ考えた末、「小細工はせずに、B君に〝いじめ〟の是非をきちんと話そう」という至極当然の方法で臨むことを決意したそうです。

次の日、さっそくB君と二人で放課後〝いじめ〟について話すことにしました。彼は、真摯な態度で話し合いに臨んでくれました。友人も声を荒げることなく静かな調子でゆっくりと相手の話を聞きながら話すことができたということでした。

その際のキーワードは、〈〝いじめ〟は心を貧しくし、汚くする〉という言葉だったのです。これらを交えながらゆっくりと説得をしたのです。友人は、どうであれ、すぐに〝いじめ〟を止めさせるのが第一義であったので、最後の言葉は、

「私は見て見ぬ振りはしない。二度といじめをしたら許さない！」

という、脅しにも近い強い言葉になってしまいました。この言葉に対してもB君は反発することなく素直に受けいれてくれたのです。これ以後、B君の〝いじめ〟は不思議とピタリとなくなったのです。

なぜこうもB君はこの説得を容易に受けいれてくれたのか、友人にはその理由は分からないと言うことでした。

後日、友人はB君に〝いじめ〟の原因を聞いたそうです。そしたら、A君の自分に対する何気ない批評が耳に入り、勘に触ってしまったからということでした。

次の年、友人は転勤してしまい、B君の受験の手助けはできませんでしたが、有名私大の教育学部に現役で合格したと本人から電話で報告を受けたそうです。

さて、A君が落ち着いて生活を送れるようになると、友人は彼に様々なアドバイスをしたり話を聞いたりと心のケアに力を注いだそうです。なぜなら、多くの〝いじめ〟にあった生徒はそれによって自己を否定してしまい、自分の本来の役割や善なる資質に気付かないまま生活してしまうからです。これに気付かせ自信を持たせ、強くたくましく人生を歩ませることが教師の役割だと考えていたので、カウンセリングをくり返すことによって自信を持たせようとしたのです。

A君には、その後も「他人を批評し口にする」という行為がどうしてもまだ見えましたので、友人は時機を見て寛容な心の大切さをカウンセリングの中で話したのです。このような指導を半年ほどしていましたら、彼に自信が出てきてクラスの中に親しい友人もでき、もともと計算などが得意でしたので二年のクラスは理科系の進学クラスに進みました。結果、その後も楽しい高校生活を送り、大学も有名国立大学の工学部に現役で合格したようです。

これは、A君が私の友人のカウンセリングによって〈婁宿〉本来の善なる資質に気付き、その資質が開花し、進路の面において成功するに至ったものだと私は考えました。

友人が〝いじめ〟を解決できたのは、当然、彼の教師としての熱意と経験によるものですが、同時に〈宿〉の関係による影響もあるのではないかと考えました。

そこでいつものように〈宿〉を分析することとしました。

《宿曜占法》の教えに基づいて人物関係図を作成し、〈宿〉やその関係を解釈してみました。

私の友人の先生は〈昴宿〉で、A君は〈婁宿〉、B君は〈觜宿〉で、先生と二人の生徒は《友・衰》の間柄です。そして、いじめに遭ったA君といじめたB君は《危・成》という間柄でしたので、お互いの性質をわきまえてもっと話し合えば、このようなことは起きなかったでしょう。しかし、先生とはA君もB君も《友・衰》の良い関係なので、生徒たちはこの先生と一緒にいると気分が落ち着いてわだかまりが無く、自分たちの考えていることを話したり、素直に聞き入れたものと判断することができました。さらにB君には「法律に反することは絶対にしないし、心は清らかで人を恨むようなことはしません」という善なる資質もあるので、先生の説得によって〝いじめ〟のことを見詰め直し、止めるきっかけとなったものと考えられます。

このように見てみますと、〈宿〉の関係がこの問題解決に大きな力を発揮していることが分かるのです。

私は、その凄さを目の当たりにし、本当に畏れさえ抱くくらいでした。

また、B君が〝いじめ〟をする資質については、『摩登伽経』の教えに「いざこざを起こすのが好きで、人を損ない、傷つける心を胸裏に宿しています」とあり、見事にそれを見通していました。これにも驚きました。

（前田　康晴）

アドバイス

婁宿の子供は、頭脳明晰な上に何事もよく努力する勤勉さを持ち合わせています。また計算なども緻密でミスがありません。そして、子供ながらにも冷静で着実な判断をして、それに従って行動することができるのです。将来、この善なる資質を活かすようにするためには理数系の方面に進むことがよいと思われます。大学は、工学か医学を学ぶとよいでしょう。また、音楽も得意なので、幼少期からピアノなどの楽器類に親しませると心豊かな子供に育ちます。是非ご両親は、情操教育にも力を注いでください。音楽家にならなくとも、一生涯それを楽しみ、豊かで満ち足りた人生を送ることができるようになります。

身体面では、少々体力がないので無理をするとすぐ寝込んでしまったり熱を出したりして、ご両親に心配をかけることが多くあります。しかし、その体質を理解して適度な運動に心がければ、少しずつですが体力が付き、青年期には問題がなくなります。

ここには、前田先生の友人がいじめの問題を解決した話が語られています。偶然にも、いじめの被害者のA君も加害者のB君も、共に友人（教師）と《友・衰》の関係にありました。これが幸いして二人ともよく説得を聞き入れ、無事に解決に至ったのです。特に、B君は教師の「いじめは決して許さない」という毅然とした態度を心開いて受けいれてくれたのです。〈宿〉の関係力の偉大さを感じた話です。

上住節子

胃宿

胃宿の人は、頭脳明晰（ずのうめいせき）で、陽気で、しかも大胆不敵です。この資質が善く活かされるか悪く働くかで、胃宿の人の一生は大きく変わります。人生は波乱に満ちていますが、忍耐強く自分のやるべきことをやり通すので、人びとから信頼されます。底力のある宿ですから、苦労や災難に遭（あ）っても崩れることはありません。いろいろな困難を克服して、晩年には信望や名誉を得ることもできます。創造性を活かして人のために尽くすことにエネルギーを集中すると、自分も報われる時が来ます。

強い宿ですから、他の人びとも自分と同じくらい強いと思わないよう気をつけねばなりません。自分の考えと合わない人がいても、それを、その人の考えとして認めなければいけません。それでないと人間関係が壊れてしまう場合があります。

胃　宿（いすく）

ピアノに目覚めたお猿さん・Mくん

Mくん（胃宿）は、都心にあるお洒落（しゃれ）で小綺麗な美容院を経営する両親の間に生まれた一粒種の男の子です。美容院では、お客さんのヘアーはお父さん（翼宿）が、メイクやネイルはお母さん（斗宿）が担当しています。芸術家タイプで腕に自信のある働き者のお父さんと、人を美しくしてあげるための努力を惜しまないお母さんは、良いコンビでお店を切り回しています。

Mくんは、晩婚で高齢出産の子供ですから、目に入れても痛くないいくらい可愛（かわい）がられながら、両親の愛情をいっぱい受けて伸び伸びと育ちました。とても活発で愛くるしく魅力いっぱいの男の子です。

両親は《命・業・胎》の関係で、胃宿のMくんとは、お父さん・お母さんのどちらとも《栄・親》の関係です。三人はお互い同士、生涯仲の良い夫婦関係・親子関係で切っても切れない絆（きずな）の強い家族です。

お父さんは、小さい頃に両親からピアノを習うように勧

胃宿の相性

星宿			相性度	
翼	斗	昴	栄	◎
尾	星	婁	親	◎
心	柳	奎	友	○
軫	女	畢	衰	○
亢	危	参	危	△
氐	井	室	成	△
角	虚	觜	安	×
房	鬼	壁	壊	×

☆命＝胃　業＝張　胎＝箕

められましたが、野球に夢中でチャンスを逃しました。しかし心の中では「ピアノが弾けたらいいなぁ」と、いつも思っていたのでした。お父さんは子供の頃、「おじいさんが明治時代に故郷からバイオリン一つを肩に掛けて、芸大受験のために上京した」という話をお母さんから聞いていたので、そんなロマンのある生き方に憧れを持っていたのです。

そんなこともあって、Mくんが四歳になったある日、お父さんはMくんを大手のピアノ体験教室に入れてみたいと思いつきました。連れていったのはお母さんです。面接会場には、女の子が十五名ほど集まっていましたが、男の子はMくん一人でした。

それぞれピアノの前に座って簡単な音出しをするように教えられました。他の子は先生の言う通りにおとなしくしているのに、Mくんときたら頭にタンバリンをかぶり、お猿さんのようにおどけて部屋中走り回り、はしゃぎまくります。

並み居るお母さん方が見詰めている中のことですから、お母さんは恥ずかしくてその場にいたたまれなくなり、Mくんの手を引っ張って帰ってしまいたいくらいでした。

一・二時間後、子供もお母さんも全員席に着き、担当の先生から、

「ピアノを習わせたいと思われる方はおっしゃってください」

と、一人ひとり順番に聞かれました。Mくんのお母さんの番が来て、

「お宅は?」

と聞かれると、突然Mくんはツカツカと前に出て、

「ぼく、ピアノ習いたいです！　教えてください」

と大声で応えたのです。お母さんは驚いて、

「だめよ、何言ってるの！　あなたはお猿さんと同じなんだから。お行儀をお勉強してからまた来ましょう」

とあわてて言いました。ところが先生は、

「お子さんがやりたいと言っているのですから、習わせたらどうですか」

と勧められたので、少し不安でしたが、とにかく通わせることにしました。

ところが教室に通い始めたら、両親も先生もびっくりしてしまいました。毎日必死で練習し、他の子が休むことがあっても一日も休みませんし、どんどん上達していきます。とうとう区の子供ピアノコンテストで、一番年下のMくんが優勝したり、全国大会に出場して、やはり一番年下なのに四位を獲得して努力賞までもらってしまいました。

思いがけないMくんの熱心さと上達ぶりに心を動かされた両親は、ピアノ教室に通わせるのではなく、個人の先生に教えていただくことにしました。そして、コンテストに出るたびに良い成績をもらって帰ってくるのです。少し名が知れてくると、時々芸能界からも子役のお呼びがかかるまでになってしまいました。

そんな時、長い待ち時間の間にもMくんは、

「ぼく、ピアノ弾きます」

と、有名な俳優さんなどの共演者の前で――人前で弾くのが嬉しくて仕方がないみたいに――平気で演奏します。お母さんはMくんの出演のたびに、撮影やロケ・リハーサルに付いていきました。仕事も一時休業してMくんのために頑張ったこともあります。Mくんは現場から帰って来ると、家ではお父さんに撮影中にあった出来事や出逢った人たちのことについて大声で話しまくり、大はしゃぎです。

胃宿の子供は大胆で物おじしない、生来の舞台度胸を授かっています。その上、忍耐強く自分のするべきことを全力でやり通しますから、ピアノにしてもどんどん上達します。その可能性を引き出したのは、翼宿のお父さんの大きな功績と言えるでしょう。

孟母三遷の教え

両親はMくんの学習へのサポートをしてあげようと考え、ピアノの練習音がうるさいのではと、近所への気遣いをすることもなく安心していっそう練習に励める環境を整えようと、自宅を下町から文京区に引越しました。

Mくんが十二歳になる直前、音楽大学付属中学（音中）を受験するかどうかについて、親子三人がトコトン話し合いました。ピアノを趣味としてこれからも楽しみながらやっていくのか、それともプロ芸術家への道を目指して進むのかの岐路に来たのです。両親としては本人が本当にやる気なら、できるだけのことをしてあげたいと思いました。

そしてプロの芸術家として生きる道が大変に厳しいことや、将来、希望の音楽大学に落ちたら、直ちに留学して修行を続ける覚悟もしなければならないことや、それに根無し草の人生になることもあり得ることも話してあげました。

それでもやっぱり、Ｍくんは、

「どんなことがあっても、ぼくは絶対やる！　プロになる。音大に行く！」

という強い意気込みでしたので、両親としても頑張らせることに踏み切ったのでした。

Ｍくんは今、音中に通いながら、芸大の先生の所へも個人レッスンに行っています。ちょっとのミスでもめちゃくちゃに叱る、とても厳しい女の先生です。

大人も子供も心臓をグサリと刺すようなことを言われ、辞めていく人もいっぱいいるというのに、Ｍくんは怒られたからといってちっともめげていません。平気の平左です。強い胃宿の本性をいかんなく発揮して、元気で出かけて行くのです。

先生は、

「私がこんなに厳しくして、まだやって来る子は今までいなかった。こんな子は初めてです」

と言っています。Ｍくんときたら、エネルギーに満ち溢れていて周囲の人が勢いに呑まれ、疲れ果ててしまうくらいです。胃宿特有のトコトン〝陽〟の性格とでも言いましょうか。

そんなＭくんも、厳しく言われた時、たまに帰りがけに押し黙ってしまうことがあります。レッスンの時いつも一緒のお母さんは、それを見て、

「どうしたの？　あんなに良く教えてくださる先生には、本当にありがたいと思って感謝しなさい」

と言い聞かせ、帰りには浅草の観音様に寄ってお参りをさせています。

この先生に、Ｍくんは音楽を基礎の基礎から叩き込まれているので、音中での授業もしっかりと理解することができます。将来プロになるぞという気持ちがますます固まって来ているこの頃です。

音中ではクラス二十人ほどの生徒のうち、男の子はＭくん一人です。とてもモテて、女の子たちはみんなメール・手紙・プレゼント攻勢で大変です。両親は、対女性対策も少しずつ教育していかなくてはならないハメになってしまいました。

今までの道のりで「音中受験をどうするか」がひとつのヤマ場ではありましたが、目的実現に向けて、これからもまだまだ厳しいヤマ場がいっぱい訪れるでしょう。

天賦の才能と根性と明るさに恵まれているＭくんではありますが、両親はＭくんが小さい時から一人の人間として、社会人としてどう生きるかを、厳しく教えて来ました。神仏への畏敬の念、そして人には敬愛の情を持って接すること、人に感謝すること、それに人を外見で判断しないこと、プロへの道は厳しいこと、などです。

この人間教育がいつか実を結び、子供の能力を最大限伸ばしてあげようとする両親の愛情に支えられて、忍耐強くやり抜こうとする胃宿の特有の資質を具えたＭくんが、やがて希望を達成する日が来るのを心待ちにいたしましょう。

（萩原　敬子）

アドバイス　上住節子

胃宿の子供は、エネルギーに満ち溢れ、知恵にも恵まれています。自由奔放ですが、いったん始めたことは最後まで推し進める行動力があります。

将来、この善い資質は多くの人びとを救い、幸運に導くことになるでしょう。自分自身の生涯も輝かしいものとなります。ご両親は子供の善い資質を活かすよう、まず正しいことを重んじる人柄を育てるよう努力してください。

一方、子供が自分勝手な行ないや、傲慢な態度をとる時は、厳しく戒める必要があります。他の子供たちに思い遣りを持って接するよう、両親がまず子供に敬愛の情を示さねばなりません。この宿の子供は、一見、親の手がかからないように見えますが、実は幼時から親の深い慈愛という、精神面でのケアが本当に必要なのです。

このお話の中で、何よりも良かったのは、Mくん自身が心からピアノに魅せられてしっかり勉強し、両親が子供の資質を伸ばそうと一生懸命後押しをして、親子がひとつの目的に向かって進んでいることです。将来そう生易しくないことを理解させていますし、神仏や先生への感謝の念もMくんの心の中に育ませています。ご両親のこの愛情は、Mくんにとって一生の宝物です。

おわりに

毎年秋になると、私は七面山(しちめんざん)に登ったものです。二千五百メートルの嶮(けわ)しい山道を登り切るには、かなり緊張し続けなければなりませんでした。

いつも原稿を書き終えた瞬間に、ふと思い出すのがあのお山修行です。草稿の「おわりに」を書く時には、やっと山門に到着して、いよいよ輝かしいご来光(らいこう)を仰ぐ時のような喜びが溢(あふ)れてきます。

今回は、優秀な二人のお弟子さんたちと、この喜びを分かち合いたいと思います。

私にとって新たな驚きは、教師という天職の尊さ、難しさと、父母の子供に対する慈愛の情の深さでした。

捨身で、夢中になって、四十年近くも小・中学校の生徒の面倒を見てこられた萩原先生と、持てる英知と体力のすべてを駆使して、日夜高校生の指導に尽力されている前田先生のお働きは、全国の先生方のほんの一例に過ぎませんが、本当に胸に迫るものを感じます。

そして、両親の夫婦愛と、子供への純粋な骨肉の愛があってこそ、先生方の努力も始めて実を結ぶことができるのだと、しみじみ感じました。

三十数年間、私も大学の学生たちの顔を視て暮していました。そして若い学生たちの人相には、ご両親の愛情の深さ・濃(こま)やかさの度合いが、くっきりと浮き彫りにされていることを看取(かんしゅ)していました。ある日、近頃休みがちだった男子学生が、やつれ果てて訪ねてきました。その顔を見た瞬間、彼がご両親の濃やかな愛情に育(はぐく)まれて成長してきたことを、すぐに察知できました。

聞けば、親離れをしようと決意して、三ヶ月ほど前に家出をしたものの、帰りたくても帰るに帰れないとのことです。私は笑いをこらえながら言いました。――〝帰り方を教えましょう。先ず、今日の夕暮れお家に帰りなさい。いつものように鼻唄まじりで玄関に着いたら、「只今(ただいま)！」と言ってすぐに自分のお部屋に入るのよ。少し待っていると、「ご飯よ！」とお母さんのお声が聞こえてきますから、いつものような顔をしてテーブルに着いて、夕飯を美味しく頂くの。それから、「ご免なさい！」と謝(あやま)るのよ〟。

彼は、〝そうします！〟と、ニッコリしながら出て行きましたが、その夜お母さまからお礼の電話を戴きました。作戦は〝当たり〟だったのです。その彼も、今では優しい奥さまと家庭を持って自立し、子育てを経験しています。

「愛」は、本書の中心テーマです。愛情があれば、どんなことでも解決できないはずはありません。また、近頃頂いた読者さんからのお手紙に、こういう一節がありました。――

〝二十年ほど前まで、私は何時もテレビを見ながら、子供に何かを言っていました。そんなある日、突然、悲痛な声で子供がこう言ったんです。「お母さん！　私の目を見て話して頂戴！」。ハッとして、私は子供を抱きしめ、「ご免ね、悪かったわ！」と、心から謝りました。それ以来、私の家にはテレビがありません。

どんなに幼い子供でも、必死になって、お父さん・お母さんに愛してもらいたがっているのです。

前回上梓した『宿曜占法―人生喜怒哀楽―』を、占法シリーズの最後と考えていましたが、子育てと子供教育の見直しが、大きな社会問題として取り上げられている折から、谷村英治氏のお計らいで、また一冊を追加することになりました。そして『宿曜占法―密教占星術―』以来、新しい本を出版する度に、毎回お手伝い頂いてきました古いお弟子さんの富澤裕子さんに、今回もまた校正をお願いいたしました。心からお礼を申し上げます。

上住節子

付　録

本命宿早見表

１９７０～２０２０年（昭和45～平成32年）

１９７０年　昭和４５年

月＼日	1	2	3	4	5	6	7	8	9	10	11	12	13	14	15	16	17	18	19	20	21	22	23	24	25	26	27	28	29	30	31
一　月	房	心	尾	箕	斗	女	虚	虚	危	室	壁	奎	婁	胃	昴	畢	觜	参	井	鬼	柳	星	張	翼	軫	角	亢	氐	房	心	尾
二　月	箕	斗	女	虚	危	室	壁	奎	婁	胃	昴	畢	觜	参	井	鬼	柳	星	張	翼	軫	角	亢	氐	房	心	尾	箕			
三　月	斗	女	虚	危	室	壁	奎	奎	婁	胃	昴	畢	觜	参	井	鬼	柳	星	張	翼	軫	角	亢	氐	房	心	尾	箕	斗	女	虚
四　月	危	室	壁	奎	婁	胃	昴	畢	觜	参	井	鬼	柳	星	張	翼	軫	角	亢	氐	房	心	尾	箕	斗	女	虚	危	室	壁	
五　月	奎	婁	胃	昴	畢	觜	参	井	鬼	柳	星	張	翼	軫	角	亢	氐	房	心	尾	箕	斗	女	虚	危	室	壁	奎	婁	胃	昴
六　月	畢	觜	参	参	井	鬼	柳	星	張	翼	軫	角	亢	氐	房	心	尾	箕	斗	女	虚	危	室	壁	奎	婁	胃	昴	畢	觜	
七　月	参	井	鬼	柳	星	張	翼	軫	角	亢	氐	房	心	尾	箕	斗	女	虚	危	室	壁	奎	婁	胃	昴	畢	觜	参	井	鬼	柳
八　月	星	張	翼	軫	角	亢	氐	房	心	尾	箕	斗	女	虚	危	室	壁	奎	婁	胃	昴	畢	觜	参	井	鬼	柳	星	張	翼	軫
九　月	角	亢	鶺	房	心	尾	箕	斗	女	虚	危	室	壁	奎	婁	胃	昴	畢	觜	参	井	鬼	柳	星	張	翼	軫	角	亢	氐	
十　月	房	心	尾	箕	斗	女	虚	危	室	壁	奎	婁	胃	昴	畢	觜	参	井	鬼	柳	星	張	翼	軫	角	亢	氐	房	心	心	尾
十一月	箕	斗	女	虚	危	室	壁	奎	婁	胃	昴	畢	觜	参	井	鬼	柳	星	張	翼	軫	角	亢	氐	房	心	尾	箕	斗	女	
十二月	虚	危	室	壁	奎	婁	胃	昴	畢	觜	参	井	鬼	柳	星	張	翼	軫	角	亢	氐	房	心	尾	箕	斗	女	虚	危	室	壁
月＼日	1	2	3	4	5	6	7	8	9	10	11	12	13	14	15	16	17	18	19	20	21	22	23	24	25	26	27	28	29	30	31

1971年　昭和46年

月＼日	1	2	3	4	5	6	7	8	9	10	11	12	13	14	15	16	17	18	19	20	21	22	23	24	25	26	27	28	29	30	31
一　月	奎	婁	胃	昴	畢	觜	参	井	鬼	柳	星	張	翼	軫	角	亢	氐	房	心	尾	箕	斗	女	虚	危	室	室	壁	奎	婁	胃
二　月	昴	畢	觜	参	井	鬼	柳	星	張	翼	軫	角	亢	氐	房	心	尾	箕	斗	女	虚	危	室	壁	奎	婁	胃	昴			
三　月	畢	觜	参	井	鬼	柳	星	張	翼	軫	角	亢	氐	房	心	尾	箕	斗	女	虚	危	室	壁	奎	婁	胃	胃	昴	畢	觜	参
四　月	井	鬼	柳	星	張	翼	軫	角	亢	氐	房	心	尾	箕	斗	女	虚	危	室	壁	奎	婁	胃	昴	畢	觜	参	井	鬼	柳	
五　月	星	張	翼	軫	角	亢	氐	房	心	尾	箕	斗	女	虚	危	室	壁	奎	婁	胃	昴	畢	觜	参	井	鬼	柳	星	張	翼	軫
六　月	角	亢	氐	房	心	尾	箕	斗	女	虚	危	室	壁	奎	婁	胃	昴	畢	觜	参	井	鬼	参	井	鬼	柳	星	張	翼	軫	
七　月	角	亢	氐	房	心	尾	箕	斗	女	虚	危	室	壁	奎	婁	胃	昴	畢	觜	参	井	鬼	柳	星	張	翼	軫	角	亢	氐	房
八　月	心	尾	箕	斗	女	虚	危	室	壁	奎	婁	胃	昴	畢	觜	参	井	鬼	柳	星	張	翼	軫	角	亢	氐	房	心	尾	箕	斗
九　月	女	虚	危	室	壁	奎	婁	胃	昴	畢	觜	参	井	鬼	柳	星	張	翼	角	亢	氐	房	心	尾	箕	斗	女	虚	危	室	
十　月	壁	奎	婁	胃	昴	畢	觜	参	井	鬼	柳	星	張	翼	軫	角	亢	氐	氐	房	心	尾	箕	斗	女	虚	危	室	壁	奎	婁
十一月	胃	昴	畢	觜	参	井	鬼	柳	星	張	翼	軫	角	亢	氐	房	心	心	尾	箕	斗	女	虚	危	室	壁	奎	婁	胃	昴	
十二月	畢	觜	参	井	鬼	柳	星	張	翼	軫	角	亢	氐	房	心	尾	箕	斗	女	虚	危	室	壁	奎	婁	胃	昴	畢	觜	参	井
月／日	1	2	3	4	5	6	7	8	9	10	11	12	13	14	15	16	17	18	19	20	21	22	23	24	25	26	27	28	29	30	31

1972年　昭和47年

月＼日	1	2	3	4	5	6	7	8	9	10	11	12	13	14	15	16	17	18	19	20	21	22	23	24	25	26	27	28	29	30	31
一　月	鬼	柳	星	張	翼	軫	角	亢	氐	房	心	尾	箕	斗	女	虚	危	室	壁	奎	婁	胃	昴	畢	觜	参	井	鬼	柳	星	張
二　月	翼	軫	角	亢	氐	房	心	尾	箕	斗	女	虚	危	室	室	壁	奎	婁	胃	昴	畢	觜	参	井	鬼	柳	星	張	翼		
三　月	軫	角	亢	氐	房	心	尾	箕	斗	女	虚	危	室	壁	奎	婁	胃	昴	畢	觜	参	井	鬼	柳	星	張	翼	軫	角	亢	氐
四　月	房	心	尾	箕	斗	女	虚	危	室	壁	奎	婁	胃	胃	昴	畢	觜	参	井	鬼	柳	星	張	翼	軫	角	亢	氐	房	心	
五　月	尾	箕	斗	女	虚	危	室	壁	奎	婁	胃	昴	畢	觜	参	井	鬼	柳	星	張	翼	軫	角	亢	氐	房	心	尾	箕	斗	女
六　月	虚	危	室	壁	奎	婁	胃	昴	畢	觜	参	井	鬼	柳	星	張	翼	軫	角	亢	氐	房	心	尾	箕	斗	女	虚	危	室	
七　月	壁	奎	婁	胃	昴	畢	觜	参	井	鬼	鬼	柳	星	張	翼	軫	角	亢	氐	房	心	尾	箕	斗	女	虚	危	室	壁	奎	婁
八　月	胃	昴	畢	觜	参	井	鬼	柳	張	翼	軫	角	亢	氐	房	心	尾	箕	斗	女	虚	危	室	壁	奎	婁	胃	昴	畢	觜	参
九　月	井	鬼	柳	星	張	翼	軫	角	亢	氐	房	心	尾	箕	斗	女	虚	危	室	壁	奎	婁	胃	昴	畢	觜	参	井	鬼	柳	
十　月	星	張	翼	軫	角	亢	氐	房	心	尾	箕	斗	女	虚	危	室	壁	奎	婁	胃	昴	畢	觜	参	井	鬼	柳	星	張	翼	軫
十一月	角	亢	氐	房	心	心	尾	箕	斗	女	虚	危	室	壁	奎	婁	胃	昴	畢	觜	参	井	鬼	柳	星	張	翼	軫	角	亢	
十二月	氐	房	心	尾	箕	斗	女	虚	危	室	壁	奎	婁	胃	昴	畢	觜	参	井	鬼	柳	星	張	翼	軫	角	亢	氐	房	心	尾
月／日	1	2	3	4	5	6	7	8	9	10	11	12	13	14	15	16	17	18	19	20	21	22	23	24	25	26	27	28	29	30	31

１９７３年　昭和４８年

月＼日	1	2	3	4	5	6	7	8	9	10	11	12	13	14	15	16	17	18	19	20	21	22	23	24	25	26	27	28	29	30	31
一　月	箕	斗	女	虚	危	室	壁	奎	婁	胃	昴	畢	觜	参	井	鬼	柳	星	張	翼	軫	角	亢	氐	房	心	尾	箕	斗	女	虚
二　月	危	室	室	壁	奎	婁	胃	昴	畢	觜	参	井	鬼	柳	星	張	翼	軫	角	亢	氐	房	心	尾	箕	斗	女	虚			
三　月	危	室	壁	奎	奎	婁	胃	昴	畢	觜	参	井	鬼	柳	星	張	翼	軫	角	亢	氐	房	心	尾	箕	斗	女	虚	危	室	壁
四　月	奎	婁	胃	昴	畢	觜	参	井	鬼	柳	星	張	翼	軫	角	亢	氐	房	心	尾	箕	斗	女	虚	危	室	壁	奎	婁	胃	
五　月	昴	畢	畢	觜	参	井	鬼	柳	星	張	翼	軫	角	亢	氐	房	心	尾	箕	斗	女	虚	危	室	壁	奎	婁	胃	昴	畢	觜
六　月	参	井	鬼	柳	星	張	翼	軫	角	亢	氐	房	心	尾	箕	斗	女	虚	危	室	壁	奎	婁	胃	昴	畢	觜	参	井	鬼	
七　月	柳	星	張	翼	軫	角	亢	氐	房	心	尾	箕	斗	女	虚	危	室	壁	奎	婁	胃	昴	畢	觜	参	井	鬼	柳	星	張	翼
八　月	軫	角	亢	氐	房	心	尾	箕	斗	女	虚	危	室	壁	奎	婁	胃	昴	畢	觜	参	井	鬼	柳	星	張	翼	角	亢	氐	房
九　月	心	尾	箕	斗	女	虚	危	室	壁	奎	婁	胃	昴	畢	觜	参	井	鬼	柳	星	張	翼	軫	角	亢	氐	房	心	尾	箕	
十　月	斗	女	虚	危	室	壁	奎	婁	胃	昴	畢	觜	参	井	鬼	柳	星	張	翼	軫	角	亢	氐	房	心	心	尾	箕	斗	女	虚
十一月	危	室	壁	奎	婁	胃	昴	畢	觜	参	井	鬼	柳	星	張	翼	軫	角	亢	氐	房	心	尾	箕	斗	女	虚	危	室	壁	
十二月	奎	婁	胃	昴	畢	觜	参	井	鬼	柳	星	張	翼	軫	角	亢	氐	房	心	尾	箕	斗	女	虚	危	室	壁	奎	婁	胃	昴
月／日	1	2	3	4	5	6	7	8	9	10	11	12	13	14	15	16	17	18	19	20	21	22	23	24	25	26	27	28	29	30	31

１９７４年　昭和４９年

月＼日	1	2	3	4	5	6	7	8	9	10	11	12	13	14	15	16	17	18	19	20	21	22	23	24	25	26	27	28	29	30	31
一　月	畢	觜	参	井	鬼	柳	星	張	翼	軫	角	亢	氐	房	心	尾	箕	斗	女	虚	危	室	室	壁	奎	婁	胃	昴	畢	觜	参
二　月	井	鬼	柳	星	張	翼	軫	角	亢	氐	房	心	尾	箕	斗	女	虚	危	室	壁	奎	奎	婁	胃	昴	畢	觜	参			
三　月	井	鬼	柳	星	張	翼	軫	角	亢	氐	房	心	尾	箕	斗	女	虚	危	室	壁	奎	婁	胃	胃	昴	畢	觜	参	井	鬼	柳
四　月	星	張	翼	軫	角	亢	氐	房	心	尾	箕	斗	女	虚	危	室	壁	奎	婁	胃	昴	畢	觜	参	井	鬼	柳	星	張	翼	
五　月	軫	角	亢	氐	房	心	尾	箕	斗	女	虚	危	室	壁	奎	婁	胃	昴	畢	觜	参	畢	觜	参	井	鬼	柳	星	張	翼	軫
六　月	角	亢	氐	房	心	尾	箕	斗	女	虚	危	室	壁	奎	婁	胃	昴	畢	觜	参	井	鬼	柳	星	張	翼	軫	角	亢	氐	
七　月	房	心	尾	箕	斗	女	虚	危	室	壁	奎	婁	胃	昴	畢	觜	参	井	鬼	柳	星	張	翼	軫	角	亢	氐	房	心	尾	箕
八　月	斗	女	虚	危	室	壁	奎	婁	胃	昴	畢	觜	参	井	鬼	柳	星	張	翼	軫	角	亢	氐	房	心	尾	箕	斗	女	虚	危
九　月	室	壁	奎	婁	胃	昴	畢	觜	参	井	鬼	柳	星	張	翼	角	亢	氐	房	心	尾	箕	斗	女	虚	危	室	壁	奎	婁	
十　月	胃	昴	畢	觜	参	井	鬼	柳	星	張	翼	軫	角	亢	氐	房	心	尾	箕	斗	女	虚	危	室	壁	奎	婁	胃	昴	畢	觜
十一月	参	井	鬼	柳	星	張	翼	軫	角	亢	氐	房	心	心	尾	箕	斗	女	虚	危	室	壁	奎	婁	胃	昴	畢	觜	参	井	
十二月	鬼	柳	星	張	翼	軫	角	亢	氐	房	心	尾	箕	斗	女	虚	危	室	壁	奎	婁	胃	昴	畢	觜	参	井	鬼	柳	星	張
月／日	1	2	3	4	5	6	7	8	9	10	11	12	13	14	15	16	17	18	19	20	21	22	23	24	25	26	27	28	29	30	31

1975年　昭和50年

月＼日	1	2	3	4	5	6	7	8	9	10	11	12	13	14	15	16	17	18	19	20	21	22	23	24	25	26	27	28	29	30	31
一　月	翼	軫	角	亢	氐	房	心	尾	箕	斗	女	虚	危	室	壁	奎	婁	胃	昴	畢	觜	参	井	鬼	柳	星	張	翼	軫	角	亢
二　月	氐	房	心	尾	箕	斗	女	虚	危	室	室	壁	奎	婁	胃	昴	畢	觜	参	井	鬼	柳	星	張	翼	軫	角	亢			
三　月	氐	房	心	尾	箕	斗	女	虚	危	室	壁	奎	奎	婁	胃	昴	畢	觜	参	井	鬼	柳	星	張	翼	軫	角	亢	氐	房	心
四　月	尾	箕	斗	女	虚	危	室	壁	奎	婁	胃	胃	昴	畢	觜	参	井	鬼	柳	星	張	翼	軫	角	亢	氐	房	心	尾	箕	
五　月	斗	女	虚	危	室	壁	奎	婁	胃	昴	畢	觜	参	井	鬼	柳	星	張	翼	軫	角	亢	氐	房	心	尾	箕	斗	女	虚	危
六　月	室	壁	奎	婁	胃	昴	畢	觜	参	参	井	鬼	柳	星	張	翼	軫	角	亢	氐	房	心	尾	箕	斗	女	虚	危	室	壁	
七　月	奎	婁	胃	昴	畢	觜	参	井	鬼	柳	星	張	翼	軫	角	亢	氐	房	心	尾	箕	斗	女	虚	危	室	壁	奎	婁	胃	昴
八　月	畢	觜	参	井	鬼	柳	張	翼	軫	角	亢	氐	房	心	尾	箕	斗	女	虚	危	室	壁	奎	婁	胃	昴	畢	觜	参	井	鬼
九　月	柳	星	張	翼	軫	角	亢	氐	房	心	尾	其	斗	女	虚	危	室	壁	奎	婁	胃	昴	畢	觜	参	井	鬼	柳	星	張	
十　月	翼	軫	角	亢	氐	房	心	尾	箕	斗	女	虚	危	室	壁	奎	婁	胃	昴	畢	觜	参	井	鬼	柳	星	張	翼	軫	角	亢
十一月	氐	房	心	尾	箕	斗	女	虚	危	室	壁	奎	婁	胃	昴	畢	觜	参	井	鬼	柳	星	張	翼	軫	角	亢	氐	房	心	
十二月	尾	箕	斗	女	虚	危	室	壁	奎	婁	胃	昴	畢	觜	参	井	鬼	柳	星	張	翼	軫	角	亢	氐	房	心	尾	箕	斗	女
月／日	1	2	3	4	5	6	7	8	9	10	11	12	13	14	15	16	17	18	19	20	21	22	23	24	25	26	27	28	29	30	31

1976年　昭和51年

月＼日	1	2	3	4	5	6	7	8	9	10	11	12	13	14	15	16	17	18	19	20	21	22	23	24	25	26	27	28	29	30	31
一　月	虚	危	室	壁	奎	婁	胃	昴	畢	觜	参	井	鬼	柳	星	張	翼	軫	角	亢	氐	房	心	尾	箕	斗	女	虚	危	室	室
二　月	壁	奎	婁	胃	昴	畢	觜	参	井	鬼	柳	星	張	翼	軫	角	亢	氐	房	心	尾	箕	斗	女	虚	危	室	壁	奎		
三　月	奎	婁	胃	昴	畢	觜	参	井	鬼	柳	星	張	翼	軫	角	亢	氐	房	心	尾	箕	斗	女	虚	危	室	壁	奎	婁	胃	胃
四　月	昴	畢	觜	参	井	鬼	柳	星	張	翼	軫	角	亢	氐	房	心	尾	箕	斗	女	虚	危	室	壁	奎	婁	胃	昴	畢	觜	
五　月	参	井	鬼	柳	星	張	翼	軫	角	亢	氐	房	心	尾	箕	斗	女	虚	危	室	壁	奎	婁	胃	昴	畢	觜	参	参	井	鬼
六　月	柳	星	張	翼	軫	角	亢	氐	房	心	尾	箕	斗	女	虚	危	室	壁	奎	婁	胃	昴	畢	觜	参	井	鬼	柳	星	張	
七　月	翼	軫	角	亢	氐	房	心	尾	箕	斗	女	虚	危	室	壁	奎	婁	胃	昴	畢	觜	参	井	鬼	柳	星	張	翼	軫	角	亢
八　月	氐	房	心	尾	箕	斗	女	虚	危	室	壁	奎	婁	胃	昴	畢	觜	参	井	鬼	柳	星	張	翼	角	亢	氐	房	心	尾	箕
九　月	斗	女	虚	危	室	壁	奎	婁	胃	昴	畢	觜	参	井	鬼	柳	星	張	翼	軫	角	亢	氐	角	亢	氐	房	心	尾	箕	
十　月	斗	女	虚	危	室	壁	奎	婁	胃	昴	畢	觜	参	井	鬼	柳	星	張	翼	軫	角	亢	氐	房	心	尾	箕	斗	女	虚	危
十一月	室	壁	奎	婁	胃	昴	畢	觜	参	井	鬼	柳	星	張	翼	軫	角	亢	氐	房	心	尾	箕	斗	女	虚	危	室	壁	奎	
十二月	婁	胃	昴	畢	觜	参	井	鬼	柳	星	張	翼	軫	角	亢	氐	房	心	尾	箕	斗	女	虚	危	室	壁	奎	婁	胃	昴	畢
月／日	1	2	3	4	5	6	7	8	9	10	11	12	13	14	15	16	17	18	19	20	21	22	23	24	25	26	27	28	29	30	31

１９７７年　昭和５２年

月＼日	1	2	3	4	5	6	7	8	9	10	11	12	13	14	15	16	17	18	19	20	21	22	23	24	25	26	27	28	29	30	31
一　月	觜	参	井	鬼	柳	星	張	翼	軫	角	亢	氐	房	心	尾	箕	斗	女	虚	危	室	壁	奎	婁	胃	昴	畢	觜	参	井	鬼
二　月	柳	星	張	翼	軫	角	亢	氐	房	心	尾	箕	斗	女	虚	危	室	室	壁	奎	婁	胃	昴	畢	觜	参	井	鬼			
三　月	柳	星	張	翼	軫	角	亢	氐	房	心	尾	箕	斗	女	虚	危	室	壁	奎	奎	婁	胃	昴	畢	觜	参	井	鬼	柳	星	張
四　月	翼	軫	角	亢	氐	房	心	尾	箕	斗	女	虚	危	室	壁	奎	婁	胃	昴	畢	觜	参	井	鬼	柳	星	張	翼	軫	角	
五　月	亢	氐	房	心	尾	箕	斗	女	虚	危	室	壁	奎	婁	胃	昴	畢	畢	觜	参	井	鬼	柳	星	張	翼	軫	角	亢	氐	房
六　月	心	尾	箕	斗	女	虚	危	室	壁	奎	婁	胃	昴	畢	觜	参	参	井	鬼	柳	星	張	翼	軫	角	亢	氐	房	心	尾	
七　月	箕	斗	女	虚	危	室	壁	奎	婁	胃	昴	畢	觜	参	井	鬼	柳	星	張	翼	軫	角	亢	氐	房	心	尾	箕	斗	女	虚
八　月	危	室	壁	奎	婁	胃	昴	畢	觜	参	井	鬼	柳	星	張	翼	軫	角	亢	氐	房	心	尾	箕	斗	女	虚	危	室	壁	奎
九　月	婁	胃	昴	畢	觜	参	井	鬼	柳	星	張	翼	角	亢	氐	房	心	尾	箕	斗	女	虚	危	室	壁	奎	婁	胃	昴	畢	
十　月	觜	参	井	鬼	柳	星	張	翼	軫	角	亢	氐	氐	房	心	尾	箕	斗	女	虚	危	室	壁	奎	婁	胃	昴	畢	觜	参	井
十一月	鬼	柳	星	張	翼	軫	角	亢	氐	房	心	尾	箕	斗	女	虚	危	室	壁	奎	婁	胃	昴	畢	觜	参	井	鬼	柳	星	
十二月	張	翼	軫	角	亢	氐	房	心	尾	箕	斗	女	虚	危	室	壁	奎	婁	胃	昴	畢	觜	参	井	鬼	柳	星	張	翼	軫	角
月／日	1	2	3	4	5	6	7	8	9	10	11	12	13	14	15	16	17	18	19	20	21	22	23	24	25	26	27	28	29	30	31

１９７８年　昭和５３年

月＼日	1	2	3	4	5	6	7	8	9	10	11	12	13	14	15	16	17	18	19	20	21	22	23	24	25	26	27	28	29	30	31
一　月	亢	氐	房	心	尾	箕	斗	女	虚	危	室	壁	奎	婁	胃	昴	畢	觜	参	井	鬼	柳	星	張	翼	軫	角	亢	氐	房	心
二　月	尾	箕	斗	女	虚	危	室	壁	奎	婁	胃	昴	畢	觜	参	井	鬼	柳	星	張	翼	軫	角	亢	氐	房	心	尾			
三　月	箕	斗	女	虚	危	室	壁	奎	奎	婁	胃	昴	畢	觜	参	井	鬼	柳	星	張	翼	軫	角	亢	氐	房	心	尾	箕	斗	女
四　月	虚	危	室	壁	奎	婁	胃	昴	畢	觜	参	井	鬼	柳	星	張	翼	軫	角	亢	氐	房	心	尾	箕	斗	女	虚	危	室	
五　月	壁	奎	婁	胃	昴	畢	畢	觜	参	井	鬼	柳	星	張	翼	軫	角	亢	氐	房	心	尾	箕	斗	女	虚	危	室	壁	奎	婁
六　月	胃	昴	畢	觜	参	参	井	鬼	柳	星	張	翼	軫	角	亢	氐	房	心	尾	箕	斗	女	虚	危	室	壁	奎	婁	胃	昴	
七　月	畢	觜	参	井	鬼	柳	星	張	翼	軫	角	亢	氐	房	心	尾	箕	斗	女	虚	危	室	壁	奎	婁	胃	昴	畢	觜	参	井
八　月	鬼	柳	星	張	翼	軫	角	亢	氐	房	心	尾	箕	斗	女	虚	危	室	壁	奎	婁	胃	昴	畢	觜	参	井	鬼	柳	星	張
九　月	翼	軫	角	亢	氐	房	心	尾	箕	斗	女	虚	危	室	壁	奎	婁	胃	昴	畢	觜	参	井	鬼	柳	星	張	翼	軫	角	
十　月	亢	氐	房	心	尾	箕	斗	女	虚	危	室	壁	奎	婁	胃	昴	畢	觜	参	井	鬼	柳	星	張	翼	軫	角	亢	氐	房	心
十一月	心	尾	箕	斗	女	虚	危	室	壁	奎	婁	胃	昴	畢	觜	参	井	鬼	柳	星	張	翼	軫	角	亢	氐	房	心	尾	斗	
十二月	女	虚	危	室	壁	奎	婁	胃	昴	畢	觜	参	井	鬼	柳	星	張	翼	軫	角	亢	氐	房	心	尾	箕	斗	女	虚	虚	危
月／日	1	2	3	4	5	6	7	8	9	10	11	12	13	14	15	16	17	18	19	20	21	22	23	24	25	26	27	28	29	30	31

1979年　昭和54年

月＼日	1	2	3	4	5	6	7	8	9	10	11	12	13	14	15	16	17	18	19	20	21	22	23	24	25	26	27	28	29	30	31
一　月	室	壁	奎	婁	胃	昴	畢	觜	参	井	鬼	柳	星	張	翼	軫	角	亢	氐	房	心	尾	箕	斗	女	虚	危	室	壁	奎	婁
二　月	胃	昴	畢	觜	参	井	鬼	柳	星	張	翼	軫	角	亢	氐	房	心	尾	箕	斗	女	虚	危	室	壁	奎	奎	婁			
三　月	胃	昴	畢	觜	参	井	鬼	柳	星	張	翼	軫	角	亢	氐	房	心	尾	箕	斗	女	虚	危	室	壁	奎	婁	胃	昴	畢	觜
四　月	参	井	鬼	柳	星	張	翼	軫	角	亢	氐	房	心	尾	箕	斗	女	虚	危	室	壁	奎	婁	胃	昴	畢	觜	参	井	鬼	
五　月	柳	星	張	翼	軫	角	亢	氐	房	心	尾	箕	斗	女	虚	危	室	壁	奎	婁	胃	昴	畢	觜	参	参	井	鬼	柳	星	張
六　月	翼	軫	角	亢	氐	房	心	尾	箕	斗	女	虚	危	室	壁	奎	婁	胃	昴	畢	觜	参	井	鬼	柳	星	張	翼	軫	角	
七　月	亢	氐	房	心	尾	箕	斗	女	虚	危	室	壁	奎	婁	胃	昴	畢	觜	参	井	鬼	柳	星	鬼	柳	星	張	翼	軫	角	亢
八　月	氐	房	心	尾	箕	斗	女	虚	危	室	壁	奎	婁	胃	昴	畢	觜	参	井	鬼	柳	星	張	翼	軫	角	亢	氐	房	心	尾
九　月	箕	斗	女	虚	危	室	壁	奎	婁	胃	昴	畢	觜	参	井	鬼	柳	星	張	翼	角	亢	氐	房	心	尾	箕	斗	女	虚	
十　月	危	室	壁	奎	婁	胃	昴	畢	觜	参	井	鬼	柳	星	張	翼	軫	角	亢	氐	氐	房	心	尾	箕	斗	女	虚	危	室	壁
十一月	奎	婁	胃	昴	畢	觜	参	井	鬼	柳	星	張	翼	軫	角	亢	氐	房	心	心	尾	箕	斗	女	虚	危	室	壁	奎	婁	
十二月	胃	昴	畢	觜	参	井	鬼	柳	星	張	翼	軫	角	亢	氐	房	心	尾	斗	女	虚	危	室	壁	奎	婁	胃	昴	畢	觜	参
月／日	1	2	3	4	5	6	7	8	9	10	11	12	13	14	15	16	17	18	19	20	21	22	23	24	25	26	27	28	29	30	31

1980年　昭和55年

月＼日	1	2	3	4	5	6	7	8	9	10	11	12	13	14	15	16	17	18	19	20	21	22	23	24	25	26	27	28	29	30	31
一　月	井	鬼	柳	星	張	翼	軫	角	亢	氐	房	心	尾	箕	斗	女	虚	虚	危	室	壁	奎	婁	胃	昴	畢	觜	参	井	鬼	柳
二　月	星	張	翼	軫	角	亢	氐	房	心	尾	箕	斗	女	虚	危	室	壁	奎	婁	胃	昴	畢	觜	参	井	鬼	柳	星	張		
三　月	翼	軫	角	亢	氐	房	心	尾	箕	斗	女	虚	危	室	壁	奎	奎	婁	胃	昴	畢	觜	参	井	鬼	柳	星	張	翼	軫	角
四　月	亢	氐	房	心	尾	箕	斗	女	虚	危	室	壁	奎	婁	胃	昴	畢	觜	参	井	鬼	柳	星	張	翼	軫	角	亢	氐	房	
五　月	心	尾	箕	斗	女	虚	危	室	壁	奎	婁	胃	昴	畢	觜	参	井	鬼	柳	星	張	翼	軫	角	亢	氐	房	心	尾	箕	斗
六　月	女	虚	危	室	壁	奎	婁	胃	昴	畢	觜	参	参	井	鬼	柳	星	張	翼	軫	角	亢	氐	房	心	尾	箕	斗	女	虚	
七　月	危	室	壁	奎	婁	胃	昴	畢	觜	参	井	鬼	柳	星	張	翼	軫	角	亢	氐	房	心	尾	箕	斗	女	虚	危	室	壁	奎
八　月	婁	胃	昴	畢	觜	参	井	鬼	柳	星	張	翼	軫	角	亢	氐	房	心	尾	箕	斗	女	虚	危	室	壁	奎	婁	胃	昴	畢
九　月	觜	参	井	鬼	柳	星	張	翼	角	亢	氐	房	心	尾	箕	斗	女	虚	危	室	壁	奎	婁	胃	昴	畢	觜	参	井	鬼	
十　月	柳	星	張	翼	軫	角	亢	氐	氐	房	心	尾	箕	斗	女	虚	危	室	壁	奎	婁	胃	昴	畢	觜	参	井	鬼	柳	星	張
十一月	翼	軫	角	亢	氐	房	心	心	尾	箕	斗	女	虚	危	室	壁	奎	婁	胃	昴	畢	觜	参	井	鬼	柳	星	張	翼	軫	
十二月	角	亢	氐	房	心	尾	斗	女	虚	危	室	壁	奎	婁	胃	昴	畢	觜	参	井	鬼	柳	星	張	翼	軫	角	亢	氐	房	心
月／日	1	2	3	4	5	6	7	8	9	10	11	12	13	14	15	16	17	18	19	20	21	22	23	24	25	26	27	28	29	30	31

１９８１年　昭和５６年

月＼日	1	2	3	4	5	6	7	8	9	10	11	12	13	14	15	16	17	18	19	20	21	22	23	24	25	26	27	28	29	30	31
一　月	尾	箕	斗	女	虚	虚	危	室	壁	奎	婁	胃	昴	畢	觜	参	井	鬼	柳	星	張	翼	軫	角	亢	氐	房	心	尾	箕	斗
二　月	女	虚	危	室	室	壁	奎	婁	胃	昴	畢	觜	参	井	鬼	柳	星	張	翼	軫	角	亢	氐	房	心	尾	箕	斗			
三　月	女	虚	危	室	壁	奎	婁	胃	昴	畢	觜	参	井	鬼	柳	星	張	翼	軫	角	亢	氐	房	心	尾	箕	斗	女	虚	危	室
四　月	壁	奎	婁	胃	胃	昴	畢	觜	参	井	鬼	柳	星	張	翼	軫	角	亢	氐	房	心	尾	箕	斗	女	虚	危	室	壁	奎	
五　月	婁	胃	昴	畢	觜	参	井	鬼	柳	星	張	翼	軫	角	亢	氐	房	心	尾	箕	斗	女	虚	危	室	壁	奎	婁	胃	昴	畢
六　月	觜	参	井	鬼	柳	星	張	翼	軫	角	亢	氐	房	心	尾	箕	斗	女	虚	危	室	壁	奎	婁	胃	昴	畢	觜	参	井	
七　月	鬼	鬼	柳	星	張	翼	軫	角	亢	氐	房	心	尾	箕	斗	女	虚	危	室	壁	奎	婁	胃	昴	畢	觜	参	井	鬼	柳	張
八　月	翼	軫	角	亢	氐	房	心	尾	箕	斗	女	虚	危	室	壁	奎	婁	胃	昴	畢	觜	参	井	鬼	柳	星	張	翼	角	亢	氐
九　月	房	心	尾	箕	斗	女	虚	危	室	壁	奎	婁	胃	昴	畢	觜	参	井	鬼	柳	星	張	翼	軫	角	亢	氐	氐	房	心	
十　月	尾	箕	斗	女	虚	危	室	壁	奎	婁	胃	昴	畢	觜	参	井	鬼	柳	星	張	翼	軫	角	亢	氐	房	心	心	尾	箕	斗
十一月	女	虚	危	室	壁	奎	婁	胃	昴	畢	觜	参	井	鬼	柳	星	張	翼	軫	角	亢	氐	房	心	尾	斗	女	虚	危	室	
十二月	壁	奎	婁	胃	昴	畢	觜	参	井	鬼	柳	星	張	翼	軫	角	亢	氐	房	心	尾	箕	斗	女	虚	虚	危	室	壁	奎	婁
月＼日	1	2	3	4	5	6	7	8	9	10	11	12	13	14	15	16	17	18	19	20	21	22	23	24	25	26	27	28	29	30	31

１９８２年　昭和５７年

月＼日	1	2	3	4	5	6	7	8	9	10	11	12	13	14	15	16	17	18	19	20	21	22	23	24	25	26	27	28	29	30	31
一　月	胃	昴	畢	觜	参	井	鬼	柳	星	張	翼	軫	角	亢	氐	房	心	尾	箕	斗	女	虚	危	室	室	壁	奎	婁	胃	昴	畢
二　月	觜	参	井	鬼	柳	星	張	翼	軫	角	亢	氐	房	心	尾	箕	斗	女	虚	危	室	壁	奎	奎	婁	胃	昴	畢			
三　月	觜	参	井	鬼	柳	星	張	翼	軫	角	亢	氐	房	心	尾	箕	斗	女	虚	危	室	壁	奎	婁	胃	昴	畢	觜	参	井	鬼
四　月	柳	星	張	翼	軫	角	亢	氐	房	心	尾	箕	斗	女	虚	危	室	壁	奎	婁	胃	昴	畢	畢	觜	参	井	鬼	柳	星	
五　月	張	翼	軫	角	亢	氐	房	心	尾	箕	斗	女	虚	危	室	壁	奎	婁	胃	昴	畢	觜	畢	觜	参	井	鬼	柳	星	張	翼
六　月	軫	角	亢	氐	房	心	尾	箕	斗	女	虚	危	室	壁	奎	婁	胃	昴	畢	觜	参	井	鬼	柳	星	張	翼	軫	角	亢	
七　月	氐	房	心	尾	箕	斗	女	虚	危	室	壁	奎	婁	胃	昴	畢	觜	参	井	鬼	鬼	柳	星	張	翼	軫	角	亢	氐	房	心
八　月	尾	箕	斗	女	虚	危	室	壁	奎	婁	胃	昴	畢	觜	参	井	鬼	柳	張	翼	軫	角	亢	氐	房	心	尾	箕	斗	女	虚
九　月	危	室	壁	奎	婁	胃	昴	畢	觜	参	井	鬼	柳	星	張	翼	角	亢	氐	房	心	尾	箕	斗	女	虚	危	室	壁	奎	
十　月	婁	胃	昴	畢	觜	参	井	鬼	柳	星	張	翼	軫	角	亢	氐	氐	房	心	尾	箕	斗	女	虚	危	室	壁	奎	婁	胃	昴
十一月	畢	觜	参	井	鬼	柳	星	張	翼	軫	角	亢	氐	房	心	尾	箕	斗	女	虚	危	室	壁	奎	婁	胃	昴	畢	觜	参	
十二月	井	鬼	柳	星	張	翼	軫	角	亢	氐	房	心	尾	箕	斗	女	虚	危	室	壁	奎	婁	胃	昴	畢	觜	参	井	鬼	柳	星
月＼日	1	2	3	4	5	6	7	8	9	10	11	12	13	14	15	16	17	18	19	20	21	22	23	24	25	26	27	28	29	30	31

1983年　昭和58年

月＼日	1	2	3	4	5	6	7	8	9	10	11	12	13	14	15	16	17	18	19	20	21	22	23	24	25	26	27	28	29	30	31
一　月	張	翼	軫	角	亢	氐	房	心	尾	箕	斗	女	虚	虚	危	室	壁	奎	婁	胃	昴	畢	觜	参	井	鬼	柳	星	張	翼	軫
二　月	角	亢	氐	房	心	尾	箕	斗	女	虚	危	室	室	壁	奎	婁	胃	昴	畢	觜	参	井	鬼	柳	星	張	翼	軫			
三　月	角	亢	氐	房	心	尾	箕	斗	女	虚	危	室	壁	奎	奎	婁	胃	昴	畢	觜	参	井	鬼	柳	星	張	翼	軫	角	亢	氐
四　月	房	心	尾	箕	斗	女	虚	危	室	壁	奎	婁	胃	昴	畢	觜	参	井	鬼	柳	星	張	翼	軫	角	亢	氐	房	心	尾	
五　月	箕	斗	女	虚	危	室	壁	奎	婁	胃	昴	畢	畢	觜	参	井	鬼	柳	星	張	翼	軫	角	亢	氐	房	心	尾	箕	斗	女
六　月	虚	危	室	壁	奎	婁	胃	昴	畢	觜	参	井	鬼	柳	星	張	翼	軫	角	亢	氐	房	心	尾	箕	斗	女	虚	危	室	
七　月	壁	奎	婁	胃	昴	畢	觜	参	井	鬼	柳	星	張	翼	軫	角	亢	氐	房	心	尾	箕	斗	女	虚	危	室	壁	奎	婁	胃
八　月	昴	畢	觜	参	井	鬼	柳	星	張	翼	軫	角	亢	氐	房	心	尾	箕	斗	女	虚	危	室	壁	奎	婁	胃	昴	畢	觜	参
九　月	井	鬼	柳	星	張	翼	角	亢	氐	房	心	尾	箕	斗	女	虚	危	室	壁	奎	婁	胃	昴	畢	觜	参	井	鬼	柳	星	
十　月	張	翼	軫	角	亢	氐	房	心	尾	箕	斗	女	虚	危	室	壁	奎	婁	胃	昴	畢	觜	参	井	鬼	柳	星	張	翼	軫	角
十一月	亢	氐	房	心	心	尾	箕	斗	女	虚	危	室	壁	奎	婁	胃	昴	畢	觜	参	井	鬼	柳	星	張	翼	軫	角	亢	氐	
十二月	房	心	尾	斗	女	虚	危	室	壁	奎	婁	胃	昴	畢	觜	参	井	鬼	柳	星	張	翼	軫	角	亢	氐	房	心	尾	箕	斗
月／日	1	2	3	4	5	6	7	8	9	10	11	12	13	14	15	16	17	18	19	20	21	22	23	24	25	26	27	28	29	30	31

1984年　昭和59年

月＼日	1	2	3	4	5	6	7	8	9	10	11	12	13	14	15	16	17	18	19	20	21	22	23	24	25	26	27	28	29	30	31
一　月	女	虚	虚	危	室	壁	奎	婁	胃	昴	畢	觜	参	井	鬼	柳	星	張	翼	軫	角	亢	氐	房	心	尾	箕	斗	女	虚	危
二　月	室	室	壁	奎	婁	胃	昴	畢	觜	参	井	鬼	柳	星	張	翼	軫	角	亢	氐	房	心	尾	箕	斗	女	虚	危	室		
三　月	壁	奎	奎	婁	胃	昴	畢	觜	参	井	鬼	柳	星	張	翼	軫	角	亢	氐	房	心	尾	箕	斗	女	虚	危	室	壁	奎	婁
四　月	胃	昴	畢	觜	参	井	鬼	柳	星	張	翼	軫	角	亢	氐	房	心	尾	箕	斗	女	虚	危	室	壁	奎	婁	胃	昴	畢	
五　月	畢	觜	参	井	鬼	柳	星	張	翼	軫	角	亢	氐	房	心	尾	箕	斗	女	虚	危	室	壁	奎	婁	胃	昴	畢	觜	参	参
六　月	井	鬼	柳	星	張	翼	軫	角	亢	氐	房	心	尾	箕	斗	女	虚	危	室	壁	奎	婁	胃	昴	畢	觜	参	井	鬼	柳	
七　月	星	張	翼	軫	角	亢	氐	房	心	尾	箕	斗	女	虚	危	室	壁	奎	婁	胃	昴	畢	觜	参	井	鬼	柳	張	翼	軫	角
八　月	亢	氐	房	心	尾	箕	斗	女	虚	危	室	壁	奎	婁	胃	昴	畢	觜	参	井	鬼	柳	星	張	翼	軫	角	亢	氐	房	心
九　月	尾	箕	斗	女	虚	危	室	壁	奎	婁	胃	昴	畢	觜	参	井	鬼	柳	星	張	翼	軫	角	亢	氐	房	心	尾	箕	斗	
十　月	女	虚	危	室	壁	奎	婁	胃	昴	畢	觜	参	井	鬼	柳	星	張	翼	軫	角	亢	氐	房	心	尾	箕	斗	女	虚	危	室
十一月	壁	奎	婁	胃	昴	畢	觜	参	井	鬼	柳	星	張	翼	軫	角	亢	氐	房	心	尾	箕	心	尾	箕	斗	女	虚	危	室	
十二月	壁	奎	婁	胃	昴	畢	觜	参	井	鬼	柳	星	張	翼	軫	角	亢	氐	房	心	尾	斗	女	虚	危	室	壁	奎	婁	胃	昴
月／日	1	2	3	4	5	6	7	8	9	10	11	12	13	14	15	16	17	18	19	20	21	22	23	24	25	26	27	28	29	30	31

1985年　昭和60年

日／月	1	2	3	4	5	6	7	8	9	10	11	12	13	14	15	16	17	18	19	20	21	22	23	24	25	26	27	28	29	30	31
一　月	畢	觜	参	井	鬼	柳	星	張	翼	軫	角	亢	氐	房	心	尾	箕	斗	女	虚	虚	危	室	壁	奎	婁	胃	昴	畢	觜	参
二　月	井	鬼	柳	星	張	翼	軫	角	亢	氐	房	心	尾	箕	斗	女	虚	危	室	室	壁	奎	婁	胃	昴	畢	觜	参			
三　月	井	鬼	柳	星	張	翼	軫	角	亢	氐	房	心	尾	箕	斗	女	虚	危	室	壁	奎	婁	胃	昴	畢	觜	参	井	鬼	柳	星
四　月	張	翼	軫	角	亢	氐	房	心	尾	箕	斗	女	虚	危	室	壁	奎	婁	胃	胃	昴	畢	觜	参	井	鬼	柳	星	張	翼	
五　月	軫	角	亢	氐	房	心	尾	箕	斗	女	虚	危	室	壁	奎	婁	胃	昴	畢	畢	觜	参	井	鬼	柳	星	張	翼	軫	角	亢
六　月	氐	房	心	尾	箕	斗	女	虚	危	室	壁	奎	婁	胃	昴	畢	觜	参	井	鬼	柳	星	張	翼	軫	角	亢	氐	房	心	
七　月	尾	箕	斗	女	虚	危	室	壁	奎	婁	胃	昴	畢	觜	参	井	鬼	鬼	柳	星	張	翼	軫	角	亢	氐	房	心	尾	箕	斗
八　月	女	虚	危	室	壁	奎	婁	胃	昴	畢	觜	参	井	鬼	柳	張	翼	軫	角	亢	氐	房	心	尾	箕	斗	女	虚	危	室	壁
九　月	奎	婁	胃	昴	畢	觜	参	井	鬼	柳	星	張	翼	軫	角	亢	氐	房	心	尾	箕	斗	女	虚	危	室	壁	奎	婁	胃	
十　月	昴	畢	觜	参	井	鬼	柳	星	張	翼	軫	角	亢	氐	房	心	尾	箕	斗	女	虚	危	室	壁	奎	婁	胃	昴	畢	觜	参
十一月	井	鬼	柳	星	張	翼	軫	角	亢	氐	房	心	尾	箕	斗	女	虚	危	室	壁	奎	婁	胃	昴	畢	觜	参	井	鬼	柳	
十二月	星	張	翼	軫	角	亢	氐	房	心	尾	箕	斗	女	虚	危	室	壁	奎	婁	胃	昴	畢	觜	参	井	鬼	柳	星	張	翼	軫
月／日	1	2	3	4	5	6	7	8	9	10	11	12	13	14	15	16	17	18	19	20	21	22	23	24	25	26	27	28	29	30	31

1986年　昭和61年

日／月	1	2	3	4	5	6	7	8	9	10	11	12	13	14	15	16	17	18	19	20	21	22	23	24	25	26	27	28	29	30	31
一　月	角	亢	氐	房	心	尾	箕	斗	女	虚	危	室	壁	奎	婁	胃	昴	畢	觜	参	井	鬼	柳	星	張	翼	軫	角	亢	氐	房
二　月	心	尾	箕	斗	女	虚	危	室	室	壁	奎	婁	胃	昴	畢	觜	参	井	鬼	柳	星	張	翼	軫	角	亢	氐	房			
三　月	心	尾	箕	斗	女	虚	危	室	壁	奎	婁	胃	昴	畢	觜	参	井	鬼	柳	星	張	翼	軫	角	亢	氐	房	心	尾	箕	斗
四　月	女	虚	危	室	壁	奎	婁	胃	胃	昴	畢	觜	参	井	鬼	柳	星	張	翼	軫	角	亢	氐	房	心	尾	箕	斗	女	虚	
五　月	危	室	壁	奎	婁	胃	昴	畢	畢	觜	参	井	鬼	柳	星	張	翼	軫	角	亢	氐	房	心	尾	箕	斗	女	虚	危	室	壁
六　月	奎	婁	胃	昴	畢	觜	参	井	鬼	柳	星	張	翼	軫	角	亢	氐	房	心	尾	箕	斗	女	虚	危	室	壁	奎	婁	胃	
七　月	昴	畢	觜	参	井	鬼	鬼	柳	星	張	翼	軫	角	亢	氐	房	心	尾	箕	斗	女	虚	危	室	壁	奎	婁	胃	昴	畢	觜
八　月	参	井	鬼	柳	星	張	翼	軫	角	亢	氐	房	心	尾	箕	斗	女	虚	危	室	壁	奎	婁	胃	昴	畢	觜	参	井	鬼	柳
九　月	星	張	翼	角	亢	氐	房	心	尾	箕	斗	女	虚	危	室	壁	奎	婁	胃	昴	畢	觜	参	井	鬼	柳	星	張	翼	軫	
十　月	角	亢	氐	氐	房	心	尾	箕	斗	女	虚	危	室	壁	奎	婁	胃	昴	畢	觜	参	井	鬼	柳	星	張	翼	軫	角	亢	氐
十一月	房	心	尾	箕	斗	女	虚	危	室	壁	奎	婁	胃	昴	畢	觜	参	井	鬼	柳	星	張	翼	軫	角	亢	氐	房	心	尾	
十二月	箕	斗	女	虚	危	室	壁	奎	婁	胃	昴	畢	觜	参	井	鬼	柳	星	張	翼	軫	角	亢	氐	房	心	尾	箕	斗	女	虚
月／日	1	2	3	4	5	6	7	8	9	10	11	12	13	14	15	16	17	18	19	20	21	22	23	24	25	26	27	28	29	30	31

１９８７年　昭和６２年

月＼日	1	2	3	4	5	6	7	8	9	10	11	12	13	14	15	16	17	18	19	20	21	22	23	24	25	26	27	28	29	30	31
一　月	危	室	壁	奎	婁	胃	昴	畢	觜	参	井	鬼	柳	星	張	翼	軫	角	亢	氐	房	心	尾	箕	斗	女	虚	危	室	壁	奎
二　月	婁	胃	昴	畢	觜	参	井	鬼	柳	星	張	翼	軫	角	亢	氐	房	心	尾	箕	斗	女	虚	危	室	壁	奎	奎			
三　月	婁	胃	昴	畢	觜	参	井	鬼	柳	星	張	翼	軫	角	亢	氐	房	心	尾	箕	斗	女	虚	危	室	壁	奎	婁	胃	昴	畢
四　月	觜	参	井	鬼	柳	星	張	翼	軫	角	亢	氐	房	心	尾	箕	斗	女	虚	危	室	壁	奎	婁	胃	昴	畢	畢	觜	参	
五　月	井	鬼	柳	星	張	翼	軫	角	亢	氐	房	心	尾	箕	斗	女	虚	危	室	壁	奎	婁	胃	昴	畢	觜	参	井	鬼	柳	星
六　月	張	翼	軫	角	亢	氐	房	心	尾	箕	斗	女	虚	危	室	壁	奎	婁	胃	昴	畢	觜	参	井	鬼	鬼	柳	星	張	翼	
七　月	軫	角	亢	氐	房	心	尾	箕	斗	女	虚	危	室	壁	奎	婁	胃	昴	畢	觜	参	井	鬼	柳	星	鬼	柳	星	張	翼	軫
八　月	角	亢	氐	房	心	尾	箕	斗	女	虚	危	室	壁	奎	婁	胃	昴	畢	觜	参	井	鬼	柳	張	翼	軫	角	亢	氐	房	心
九　月	尾	箕	斗	女	虚	危	室	壁	奎	婁	胃	昴	畢	觜	参	井	鬼	柳	星	張	翼	軫	角	亢	氐	房	心	尾	箕	斗	
十　月	女	虚	危	室	壁	奎	婁	胃	昴	畢	觜	参	井	鬼	柳	星	張	翼	軫	角	亢	氐	氐	房	心	尾	箕	斗	女	虚	危
十一月	室	壁	奎	婁	胃	昴	畢	觜	参	井	鬼	柳	星	張	翼	軫	角	亢	氐	房	心	尾	箕	斗	女	虚	危	室	壁	奎	
十二月	婁	胃	昴	畢	觜	参	井	鬼	柳	星	張	翼	軫	角	亢	氐	房	心	尾	箕	斗	女	虚	危	室	壁	奎	婁	胃	昴	畢
月／日	1	2	3	4	5	6	7	8	9	10	11	12	13	14	15	16	17	18	19	20	21	22	23	24	25	26	27	28	29	30	31

１９８８年　昭和６３年

月＼日	1	2	3	4	5	6	7	8	9	10	11	12	13	14	15	16	17	18	19	20	21	22	23	24	25	26	27	28	29	30	31
一　月	觜	参	井	鬼	柳	星	張	翼	軫	角	亢	氐	房	心	尾	箕	斗	女	虚	危	室	壁	奎	婁	胃	昴	畢	觜	参	井	鬼
二　月	柳	星	張	翼	軫	角	亢	氐	房	心	尾	箕	斗	女	虚	危	室	壁	奎	婁	胃	昴	畢	觜	参	井	鬼	柳	星		
三　月	張	翼	軫	角	亢	氐	房	心	尾	箕	斗	女	虚	危	室	壁	奎	奎	婁	胃	昴	畢	觜	参	井	鬼	柳	星	張	翼	軫
四　月	角	亢	氐	房	心	尾	箕	斗	女	虚	危	室	壁	奎	婁	胃	昴	畢	觜	参	井	鬼	柳	星	張	翼	軫	角	亢	氐	
五　月	房	心	尾	箕	斗	女	虚	危	室	壁	奎	婁	胃	昴	畢	畢	觜	参	井	鬼	柳	星	張	翼	軫	角	亢	氐	房	心	尾
六　月	箕	斗	女	虚	危	室	壁	奎	婁	胃	昴	畢	觜	参	井	鬼	柳	星	張	翼	軫	角	亢	氐	房	心	尾	箕	斗	女	
七　月	虚	危	室	壁	奎	婁	胃	昴	畢	觜	参	井	鬼	鬼	柳	星	張	翼	軫	角	亢	氐	房	心	尾	箕	斗	女	虚	危	室
八　月	壁	奎	婁	胃	昴	畢	觜	参	井	鬼	柳	張	翼	軫	角	亢	氐	房	心	尾	箕	斗	女	虚	危	室	壁	奎	婁	胃	昴
九　月	畢	觜	参	井	鬼	柳	星	張	翼	軫	角	亢	氐	房	心	尾	箕	斗	女	虚	危	室	壁	奎	婁	胃	昴	畢	觜	参	
十　月	井	鬼	柳	星	張	翼	軫	角	亢	氐	氐	房	心	尾	箕	斗	女	虚	危	室	壁	奎	婁	胃	昴	畢	觜	参	井	鬼	柳
十一月	星	張	翼	軫	角	亢	氐	房	心	尾	箕	斗	女	虚	危	室	壁	奎	婁	胃	昴	畢	觜	参	井	鬼	柳	星	張	翼	
十二月	軫	角	亢	氐	房	心	尾	箕	斗	女	虚	危	室	壁	奎	婁	胃	昴	畢	觜	参	井	鬼	柳	星	張	翼	軫	角	亢	氐
月／日	1	2	3	4	5	6	7	8	9	10	11	12	13	14	15	16	17	18	19	20	21	22	23	24	25	26	27	28	29	30	31

1989年　平成元年（昭和64年）

日／月	1	2	3	4	5	6	7	8	9	10	11	12	13	14	15	16	17	18	19	20	21	22	23	24	25	26	27	28	29	30	31
一　月	房	心	尾	箕	斗	女	虚	虚	危	室	壁	奎	婁	胃	昴	畢	觜	参	井	鬼	柳	星	張	翼	軫	角	亢	氐	房	心	尾
二　月	箕	斗	女	虚	危	室	壁	奎	婁	胃	昴	畢	觜	参	井	鬼	柳	星	張	翼	軫	角	亢	氐	房	心	尾	箕			
三　月	斗	女	虚	危	室	壁	奎	奎	婁	胃	昴	畢	觜	参	井	鬼	柳	星	張	翼	軫	角	亢	氐	房	心	尾	箕	斗	女	虚
四　月	危	室	壁	奎	婁	胃	昴	畢	觜	参	井	鬼	柳	星	張	翼	軫	角	亢	氐	房	心	尾	箕	斗	女	虚	危	室	壁	
五　月	奎	婁	胃	昴	畢	觜	参	井	鬼	柳	星	張	翼	軫	角	亢	氐	房	心	尾	箕	斗	女	虚	危	室	壁	奎	婁	胃	昴
六　月	畢	觜	参	参	井	鬼	柳	星	張	翼	軫	角	亢	氐	房	心	尾	箕	斗	女	虚	危	室	壁	奎	婁	胃	昴	畢	觜	
七　月	参	井	鬼	柳	星	張	翼	軫	角	亢	氐	房	心	尾	箕	斗	女	虚	危	室	壁	奎	婁	胃	昴	畢	觜	参	井	鬼	柳
八　月	星	張	翼	軫	角	亢	氐	房	心	尾	箕	斗	女	虚	危	室	壁	奎	婁	胃	昴	畢	觜	参	井	鬼	柳	星	張	翼	角
九　月	亢	氐	房	心	尾	箕	斗	女	虚	危	室	壁	奎	婁	胃	昴	畢	觜	参	井	鬼	柳	星	張	翼	軫	角	亢	氐	氐	
十　月	房	心	尾	箕	斗	女	虚	危	室	壁	奎	婁	胃	昴	畢	觜	参	井	鬼	柳	星	張	翼	軫	角	亢	氐	房	心	尾	箕
十一月	斗	女	虚	危	室	壁	奎	婁	胃	昴	畢	觜	参	井	鬼	柳	星	張	翼	軫	角	亢	氐	尾	心	尾	箕	斗	女	虚	
十二月	危	室	壁	奎	婁	胃	昴	畢	觜	参	井	鬼	柳	星	張	翼	軫	角	亢	氐	房	心	尾	箕	斗	女	虚	虚	危	室	壁
月／日	1	2	3	4	5	6	7	8	9	10	11	12	13	14	15	16	17	18	19	20	21	22	23	24	25	26	27	28	29	30	31

1990年　平成 2 年

日／月	1	2	3	4	5	6	7	8	9	10	11	12	13	14	15	16	17	18	19	20	21	22	23	24	25	26	27	28	29	30	31
一　月	奎	婁	胃	昴	畢	觜	参	井	鬼	柳	星	張	翼	軫	角	亢	氐	房	心	尾	箕	斗	女	虚	危	室	室	壁	奎	婁	胃
二　月	昴	畢	觜	参	井	鬼	柳	星	張	翼	軫	角	亢	氐	房	心	尾	箕	斗	女	虚	危	室	壁	奎	婁	胃	昴			
三　月	畢	觜	参	井	鬼	柳	星	張	翼	軫	角	亢	氐	房	心	尾	箕	斗	女	虚	危	室	壁	奎	婁	胃	胃	昴	畢	觜	参
四　月	井	鬼	柳	星	張	翼	軫	角	亢	氐	房	心	尾	箕	斗	女	虚	危	室	壁	奎	婁	胃	昴	畢	觜	参	井	鬼	柳	
五　月	星	張	翼	軫	角	亢	氐	房	心	尾	箕	斗	女	虚	危	室	壁	奎	婁	胃	昴	畢	觜	参	井	鬼	柳	星	張	翼	軫
六　月	角	亢	氐	房	心	尾	箕	斗	女	虚	危	室	壁	奎	婁	胃	昴	畢	觜	参	井	鬼	参	井	鬼	柳	星	張	翼	軫	
七　月	角	亢	氐	房	心	尾	箕	斗	女	虚	危	室	壁	奎	婁	胃	昴	畢	觜	参	井	鬼	柳	星	張	翼	軫	角	亢	氐	房
八　月	心	尾	箕	斗	女	虚	危	室	壁	奎	婁	胃	昴	畢	觜	参	井	鬼	柳	張	翼	軫	角	亢	氐	房	心	尾	箕	斗	女
九　月	虚	危	室	壁	奎	婁	胃	昴	畢	觜	参	井	鬼	柳	星	張	翼	軫	角	亢	氐	房	心	尾	箕	斗	女	虚	危	室	
十　月	壁	奎	婁	胃	昴	畢	觜	参	井	鬼	柳	星	張	翼	軫	角	亢	氐	房	心	尾	箕	斗	女	虚	危	室	壁	奎	婁	胃
十一月	昴	畢	觜	参	井	鬼	柳	星	張	翼	軫	角	亢	氐	房	心	心	尾	箕	斗	女	虚	危	室	壁	奎	婁	胃	昴	畢	
十二月	觜	参	井	鬼	柳	星	張	翼	軫	角	亢	氐	房	心	尾	箕	斗	女	虚	危	室	壁	奎	婁	胃	昴	畢	觜	参	井	鬼
月／日	1	2	3	4	5	6	7	8	9	10	11	12	13	14	15	16	17	18	19	20	21	22	23	24	25	26	27	28	29	30	31

1991年　平成 3 年

月＼日	1	2	3	4	5	6	7	8	9	10	11	12	13	14	15	16	17	18	19	20	21	22	23	24	25	26	27	28	29	30	31
一　月	柳	星	張	翼	軫	角	亢	氐	房	心	尾	箕	斗	女	虚	虚	危	室	壁	奎	婁	胃	昴	畢	觜	参	井	鬼	柳	星	張
二　月	翼	軫	角	亢	氐	房	心	尾	箕	斗	女	虚	危	室	室	壁	奎	婁	胃	昴	畢	觜	参	井	鬼	柳	星	張			
三　月	翼	軫	角	亢	氐	房	心	尾	箕	斗	女	虚	危	室	壁	奎	婁	胃	昴	畢	觜	参	井	鬼	柳	星	張	翼	軫	角	亢
四　月	氐	房	心	尾	箕	斗	女	虚	危	室	壁	奎	婁	胃	胃	昴	畢	觜	参	井	鬼	柳	星	張	翼	軫	角	亢	氐	房	
五　月	心	尾	箕	斗	女	虚	危	室	壁	奎	婁	胃	昴	畢	觜	参	井	鬼	柳	星	張	翼	軫	角	亢	氐	房	心	尾	箕	斗
六　月	女	虚	危	室	壁	奎	婁	胃	昴	畢	觜	参	井	鬼	柳	星	張	翼	軫	角	亢	氐	房	心	尾	箕	斗	女	虚	危	
七　月	室	壁	奎	婁	胃	昴	畢	觜	参	井	鬼	鬼	柳	星	張	翼	軫	角	亢	氐	房	心	尾	箕	斗	女	虚	危	室	壁	奎
八　月	婁	胃	昴	畢	觜	参	井	鬼	柳	張	翼	軫	角	亢	氐	房	心	尾	箕	斗	女	虚	危	室	壁	奎	婁	胃	昴	畢	觜
九　月	参	井	鬼	柳	星	張	翼	角	亢	氐	房	心	尾	箕	斗	女	虚	危	室	壁	奎	婁	胃	昴	畢	觜	参	井	鬼	柳	
十　月	星	張	翼	軫	角	亢	氐	氐	房	心	尾	箕	斗	女	虚	危	室	壁	奎	婁	胃	昴	畢	觜	参	井	鬼	柳	星	張	翼
十一月	軫	角	亢	氐	房	心	尾	箕	斗	女	虚	危	室	壁	奎	婁	胃	昴	畢	觜	参	井	鬼	柳	星	張	翼	軫	角	亢	
十二月	氐	房	心	尾	箕	斗	女	虚	危	室	壁	奎	婁	胃	昴	畢	觜	参	井	鬼	柳	星	張	翼	軫	角	亢	氐	房	心	尾
月／日	1	2	3	4	5	6	7	8	9	10	11	12	13	14	15	16	17	18	19	20	21	22	23	24	25	26	27	28	29	30	31

1992年　平成 4 年

月＼日	1	2	3	4	5	6	7	8	9	10	11	12	13	14	15	16	17	18	19	20	21	22	23	24	25	26	27	28	29	30	31
一　月	箕	斗	女	虚	虚	危	室	壁	奎	婁	胃	昴	畢	觜	参	井	鬼	柳	星	張	翼	軫	角	亢	氐	房	心	尾	箕	斗	女
二　月	虚	危	室	室	壁	奎	婁	胃	昴	畢	觜	参	井	鬼	柳	星	張	翼	軫	角	亢	氐	房	心	尾	箕	斗	女	虚		
三　月	危	室	壁	奎	婁	胃	昴	畢	觜	参	井	鬼	柳	星	張	翼	軫	角	亢	氐	房	心	尾	箕	斗	女	虚	危	室	壁	奎
四　月	婁	胃	胃	昴	畢	觜	参	井	鬼	柳	星	張	翼	軫	角	亢	氐	房	心	尾	箕	斗	女	虚	危	室	壁	奎	婁	胃	
五　月	昴	畢	畢	觜	参	井	鬼	柳	星	張	翼	軫	角	亢	氐	房	心	尾	箕	斗	女	虚	危	室	壁	奎	婁	胃	昴	畢	觜
六　月	参	井	鬼	柳	星	張	翼	軫	角	亢	氐	房	心	尾	箕	斗	女	虚	危	室	壁	奎	要	胃	昴	畢	觜	参	井	鬼	
七　月	柳	星	張	翼	軫	角	亢	氐	房	心	尾	箕	斗	女	虚	危	室	壁	奎	婁	胃	昴	畢	觜	参	井	鬼	柳	星	張	翼
八　月	軫	角	亢	氐	房	心	尾	箕	斗	女	虚	危	室	壁	奎	婁	胃	昴	畢	觜	参	井	鬼	柳	星	張	翼	角	亢	氐	房
九　月	心	尾	箕	斗	女	虚	危	室	壁	奎	婁	胃	昴	畢	觜	参	井	鬼	柳	星	張	翼	軫	角	亢	氐	房	心	尾	箕	
十　月	斗	女	虚	危	室	壁	奎	婁	胃	昴	畢	觜	参	井	鬼	柳	星	張	翼	軫	角	亢	氐	房	心	心	尾	箕	斗	女	虚
十一月	危	室	壁	奎	婁	胃	昴	畢	觜	参	井	鬼	柳	星	張	翼	軫	角	亢	氐	房	心	尾	斗	女	虚	危	室	壁	奎	
十二月	婁	胃	昴	畢	觜	参	井	鬼	柳	星	張	翼	軫	角	亢	氐	房	心	尾	箕	斗	女	虚	虚	危	室	壁	奎	婁	胃	昴
月／日	1	2	3	4	5	6	7	8	9	10	11	12	13	14	15	16	17	18	19	20	21	22	23	24	25	26	27	28	29	30	31

1993年　平成 5 年

月＼日	1	2	3	4	5	6	7	8	9	10	11	12	13	14	15	16	17	18	19	20	21	22	23	24	25	26	27	28	29	30	31
一　月	畢	觜	参	井	鬼	柳	星	張	翼	軫	角	亢	氐	房	心	尾	箕	斗	女	虚	危	室	室	壁	奎	婁	胃	昴	畢	觜	参
二　月	井	鬼	柳	星	張	翼	軫	角	亢	氐	房	心	尾	箕	斗	女	虚	危	室	壁	奎	婁	胃	昴	畢	觜	参	井			
三　月	鬼	柳	星	張	翼	軫	角	亢	氐	房	心	尾	箕	斗	女	虚	危	室	壁	奎	婁	胃	胃	昴	畢	觜	参	井	鬼	柳	星
四　月	張	翼	軫	角	亢	氐	房	心	尾	箕	斗	女	虚	危	室	壁	奎	婁	胃	昴	畢	胃	昴	畢	觜	参	井	鬼	柳	星	
五　月	張	翼	軫	角	亢	氐	房	心	尾	箕	斗	女	虚	危	室	壁	奎	婁	胃	昴	畢	觜	参	井	鬼	柳	星	張	翼	軫	角
六　月	亢	氐	房	心	尾	箕	斗	女	虚	危	室	壁	奎	婁	胃	昴	畢	觜	参	参	井	鬼	柳	星	張	翼	軫	角	亢	氐	
七　月	房	心	尾	箕	斗	女	虚	危	室	壁	奎	婁	胃	昴	畢	觜	参	井	鬼	柳	星	張	翼	軫	角	亢	氐	房	心	尾	箕
八　月	斗	女	虚	危	室	壁	奎	婁	胃	昴	畢	觜	参	井	鬼	柳	星	張	翼	軫	角	亢	氐	房	心	尾	箕	斗	女	虚	危
九　月	室	壁	奎	婁	胃	昴	畢	觜	参	井	鬼	柳	星	張	翼	角	亢	氐	房	心	尾	箕	斗	女	虚	危	室	壁	奎	婁	
十　月	胃	昴	畢	觜	参	井	鬼	柳	星	張	翼	軫	角	亢	氐	房	心	尾	箕	斗	女	虚	危	室	壁	奎	婁	胃	昴	畢	觜
十一月	参	井	鬼	柳	星	張	翼	軫	角	亢	氐	房	心	心	尾	箕	斗	女	虚	危	室	壁	奎	婁	胃	昴	畢	觜	参	井	
十二月	鬼	柳	星	張	翼	軫	角	亢	氐	房	心	尾	斗	女	虚	危	室	壁	奎	婁	胃	昴	畢	觜	参	井	鬼	柳	星	張	翼
月＼日	1	2	3	4	5	6	7	8	9	10	11	12	13	14	15	16	17	18	19	20	21	22	23	24	25	26	27	28	29	30	31

1994年　平成 6 年

月＼日	1	2	3	4	5	6	7	8	9	10	11	12	13	14	15	16	17	18	19	20	21	22	23	24	25	26	27	28	29	30	31
一　月	軫	角	亢	氐	房	心	尾	箕	斗	女	虚	虚	危	室	壁	奎	婁	胃	昴	畢	觜	参	井	鬼	柳	星	張	翼	軫	角	亢
二　月	氐	房	心	尾	箕	斗	女	虚	危	室	壁	奎	婁	胃	昴	畢	觜	参	井	鬼	柳	星	張	翼	軫	角	亢	氐			
三　月	房	心	尾	箕	斗	女	虚	危	室	壁	奎	奎	婁	胃	昴	畢	觜	参	井	鬼	柳	星	張	翼	軫	角	亢	氐	房	心	尾
四　月	箕	斗	女	虚	危	室	壁	奎	婁	胃	胃	昴	畢	觜	参	井	鬼	柳	星	張	翼	軫	角	亢	氐	房	心	尾	箕	斗	
五　月	女	虚	危	室	壁	奎	婁	胃	昴	畢	畢	觜	参	井	鬼	柳	星	張	翼	軫	角	亢	氐	房	心	尾	箕	斗	女	虚	危
六　月	室	壁	奎	婁	胃	昴	畢	觜	参	井	鬼	柳	星	張	翼	軫	角	亢	氐	房	心	尾	箕	斗	女	虚	危	室	壁	奎	
七　月	婁	胃	昴	畢	觜	参	井	鬼	鬼	柳	星	張	翼	軫	角	亢	氐	房	心	尾	箕	斗	女	虚	危	室	壁	奎	婁	胃	昴
八　月	畢	觜	参	井	鬼	柳	張	翼	軫	角	亢	氐	房	心	尾	箕	斗	女	虚	危	室	壁	奎	婁	胃	昴	畢	觜	参	井	鬼
九　月	柳	星	張	翼	軫	角	亢	氐	房	心	尾	箕	斗	女	虚	危	室	壁	奎	婁	胃	昴	畢	觜	参	井	鬼	柳	星	張	
十　月	翼	軫	角	亢	氐	房	心	尾	箕	斗	女	虚	危	室	壁	奎	婁	胃	昴	畢	觜	参	井	鬼	柳	星	張	翼	軫	角	亢
十一月	氐	房	心	尾	箕	斗	女	虚	危	室	壁	奎	婁	胃	昴	畢	觜	参	井	鬼	柳	星	張	翼	軫	角	亢	氐	房	心	
十二月	尾	箕	斗	女	虚	危	室	壁	奎	婁	胃	昴	畢	觜	参	井	鬼	柳	星	張	翼	軫	角	亢	氐	房	心	尾	箕	斗	女
月＼日	1	2	3	4	5	6	7	8	9	10	11	12	13	14	15	16	17	18	19	20	21	22	23	24	25	26	27	28	29	30	31

1995年　平成 7 年

月＼日	1	2	3	4	5	6	7	8	9	10	11	12	13	14	15	16	17	18	19	20	21	22	23	24	25	26	27	28	29	30	31
一　月	虚	危	室	壁	奎	婁	胃	昴	畢	觜	参	井	鬼	柳	星	張	翼	軫	角	亢	氐	房	心	尾	箕	斗	女	虚	危	室	室
二　月	壁	奎	婁	胃	昴	畢	觜	参	井	鬼	柳	星	張	翼	軫	角	亢	氐	房	心	尾	箕	斗	女	虚	危	室	壁			
三　月	奎	婁	胃	昴	畢	觜	参	井	鬼	柳	星	張	翼	軫	角	亢	氐	房	心	尾	箕	斗	女	虚	危	室	壁	奎	婁	胃	胃
四　月	昴	畢	觜	参	井	鬼	柳	星	張	翼	軫	角	亢	氐	房	心	尾	箕	斗	女	虚	危	室	壁	奎	婁	胃	昴	畢	畢	
五　月	觜	参	井	鬼	柳	星	張	翼	軫	角	亢	氐	房	心	尾	箕	斗	女	虚	危	室	壁	奎	婁	胃	昴	畢	觜	参	井	鬼
六　月	柳	星	張	翼	軫	角	亢	氐	房	心	尾	箕	斗	女	虚	危	室	壁	奎	婁	胃	昴	畢	觜	参	井	鬼	鬼	柳	星	
七　月	張	翼	軫	角	亢	氐	房	心	尾	箕	斗	女	虚	危	室	壁	奎	婁	胃	昴	畢	觜	参	井	鬼	柳	張	翼	軫	角	亢
八　月	氐	房	心	尾	箕	斗	女	虚	危	室	壁	奎	婁	胃	昴	畢	觜	参	井	鬼	柳	星	張	翼	軫	角	亢	氐	房	心	尾
九　月	箕	斗	女	虚	危	室	壁	奎	婁	胃	昴	畢	觜	参	井	鬼	柳	星	張	翼	軫	角	亢	氐	角	亢	氐	房	心	尾	
十　月	箕	斗	女	虚	危	室	壁	奎	婁	胃	昴	畢	觜	参	井	鬼	柳	星	張	翼	軫	角	亢	氐	房	心	尾	箕	斗	女	虚
十一月	危	室	壁	奎	婁	胃	昴	畢	觜	参	井	鬼	柳	星	張	翼	軫	角	亢	氐	房	心	尾	箕	斗	女	虚	危	室	壁	
十二月	奎	婁	胃	昴	畢	觜	参	井	鬼	柳	星	張	翼	軫	角	亢	氐	房	心	尾	箕	斗	女	虚	危	室	壁	奎	婁	胃	昴
月／日	1	2	3	4	5	6	7	8	9	10	11	12	13	14	15	16	17	18	19	20	21	22	23	24	25	26	27	28	29	30	31

1996年　平成 8 年

月＼日	1	2	3	4	5	6	7	8	9	10	11	12	13	14	15	16	17	18	19	20	21	22	23	24	25	26	27	28	29	30	31
一　月	畢	觜	参	井	鬼	柳	星	張	翼	軫	角	亢	氐	房	心	尾	箕	斗	女	虚	危	室	壁	奎	婁	胃	昴	畢	觜	参	井
二　月	鬼	柳	星	張	翼	軫	角	亢	氐	房	心	尾	箕	斗	女	虚	危	室	室	壁	奎	婁	胃	昴	畢	觜	参	井	鬼		
三　月	柳	星	張	翼	軫	角	亢	氐	房	心	尾	箕	斗	女	虚	危	室	壁	奎	婁	胃	昴	畢	觜	参	井	鬼	柳	星	張	翼
四　月	軫	角	亢	氐	房	心	尾	箕	斗	女	虚	危	室	壁	奎	婁	胃	胃	昴	畢	觜	参	井	鬼	柳	星	張	翼	軫	角	
五　月	亢	氐	房	心	尾	箕	斗	女	虚	危	室	壁	奎	婁	胃	昴	畢	觜	参	井	鬼	柳	星	張	翼	軫	角	亢	氐	房	心
六　月	尾	箕	斗	女	虚	危	室	壁	奎	婁	胃	昴	畢	觜	参	参	井	鬼	柳	星	張	翼	軫	角	亢	氐	房	心	尾	箕	
七　月	斗	女	虚	危	室	壁	奎	婁	胃	昴	畢	觜	参	井	鬼	鬼	柳	星	張	翼	軫	角	亢	氐	房	心	尾	箕	斗	女	虚
八　月	危	室	壁	奎	婁	胃	昴	畢	觜	参	井	鬼	柳	張	翼	軫	角	亢	氐	房	心	尾	箕	斗	女	虚	危	室	壁	奎	婁
九　月	胃	昴	畢	觜	参	井	鬼	柳	星	張	翼	軫	角	亢	氐	房	心	尾	箕	斗	女	虚	危	室	壁	奎	婁	胃	昴	畢	
十　月	觜	参	井	鬼	柳	星	張	翼	軫	角	亢	氐	房	心	尾	箕	斗	女	虚	危	室	壁	奎	婁	胃	昴	畢	觜	参	井	鬼
十一月	柳	星	張	翼	軫	角	亢	氐	房	心	心	尾	箕	斗	女	虚	危	室	壁	奎	婁	胃	昴	畢	觜	参	井	鬼	柳	星	
十二月	張	翼	軫	角	亢	氐	房	心	尾	箕	斗	女	虚	危	室	壁	奎	婁	胃	昴	畢	觜	参	井	鬼	柳	星	張	翼	軫	角
月／日	1	2	3	4	5	6	7	8	9	10	11	12	13	14	15	16	17	18	19	20	21	22	23	24	25	26	27	28	29	30	31

1997年　平成 9 年

月＼日	1	2	3	4	5	6	7	8	9	10	11	12	13	14	15	16	17	18	19	20	21	22	23	24	25	26	27	28	29	30	31
一　月	亢	氐	房	心	尾	箕	斗	女	虚	危	室	壁	奎	婁	胃	昴	畢	觜	参	井	鬼	柳	星	張	翼	軫	角	亢	氐	房	心
二　月	尾	箕	斗	女	虚	危	室	壁	奎	婁	胃	昴	畢	觜	参	井	鬼	柳	星	張	翼	軫	角	亢	氐	房	心	尾			
三　月	箕	斗	女	虚	危	室	壁	奎	奎	婁	胃	昴	畢	觜	参	井	鬼	柳	星	張	翼	軫	角	亢	氐	房	心	尾	箕	斗	女
四　月	虚	危	室	壁	奎	婁	胃	昴	畢	觜	参	井	鬼	柳	星	張	翼	軫	角	亢	氐	房	心	尾	箕	斗	女	虚	危	室	
五　月	壁	奎	婁	胃	昴	畢	畢	觜	参	井	鬼	柳	星	張	翼	軫	角	亢	氐	房	心	尾	箕	斗	女	虚	危	室	壁	奎	婁
六　月	胃	昴	畢	觜	参	井	鬼	柳	星	張	翼	軫	角	亢	氐	房	心	尾	箕	斗	女	虚	危	室	壁	奎	婁	胃	昴	畢	
七　月	觜	参	井	鬼	鬼	柳	星	張	翼	軫	角	亢	氐	房	心	尾	箕	斗	女	虚	危	室	壁	奎	婁	胃	昴	畢	觜	参	井
八　月	鬼	柳	張	翼	軫	角	亢	氐	房	心	尾	箕	斗	女	虚	危	室	壁	奎	婁	胃	昴	畢	觜	参	井	鬼	柳	星	張	翼
九　月	軫	角	亢	氐	房	心	尾	箕	斗	女	虚	危	室	壁	奎	婁	胃	昴	畢	觜	参	井	鬼	柳	星	張	翼	軫	角	亢	
十　月	氐	氐	房	心	尾	箕	斗	女	虚	危	室	壁	奎	婁	胃	昴	畢	觜	参	井	鬼	柳	星	張	翼	軫	角	亢	氐	房	心
十一月	尾	箕	斗	女	虚	危	室	壁	奎	婁	胃	昴	畢	觜	参	井	鬼	柳	星	張	翼	軫	角	亢	氐	房	心	尾	箕	斗	
十二月	女	虚	危	室	壁	奎	婁	胃	昴	畢	觜	参	井	鬼	柳	星	張	翼	軫	角	亢	氐	房	心	尾	箕	斗	女	虚	虚	危
月／日	1	2	3	4	5	6	7	8	9	10	11	12	13	14	15	16	17	18	19	20	21	22	23	24	25	26	27	28	29	30	31

1998年　平成10年

月＼日	1	2	3	4	5	6	7	8	9	10	11	12	13	14	15	16	17	18	19	20	21	22	23	24	25	26	27	28	29	30	31
一　月	室	壁	奎	婁	胃	昴	畢	觜	参	井	鬼	柳	星	張	翼	軫	角	亢	氐	房	心	尾	箕	斗	女	虚	危	室	壁	奎	婁
二　月	胃	昴	畢	觜	参	井	鬼	柳	星	張	翼	軫	角	亢	氐	房	心	尾	箕	斗	女	虚	危	室	壁	奎	奎	婁			
三　月	胃	昴	畢	觜	参	井	鬼	柳	星	張	翼	軫	角	亢	氐	房	心	尾	箕	斗	女	虚	危	室	壁	奎	婁	胃	昴	畢	觜
四　月	参	井	鬼	柳	星	張	翼	軫	角	亢	氐	房	心	尾	箕	斗	女	虚	危	室	壁	奎	婁	胃	昴	畢	觜	参	井	鬼	
五　月	柳	星	張	翼	軫	角	亢	氐	房	心	尾	箕	斗	女	虚	危	室	壁	奎	婁	胃	昴	畢	觜	参	参	井	鬼	柳	星	張
六　月	翼	軫	角	亢	氐	房	心	尾	箕	斗	女	虚	危	室	壁	奎	婁	胃	昴	畢	觜	参	井	参	井	鬼	柳	星	張	翼	
七　月	軫	角	亢	氐	房	心	尾	箕	斗	女	虚	危	室	壁	奎	婁	胃	昴	畢	觜	参	井	鬼	柳	星	張	翼	軫	角	亢	氐
八　月	房	心	尾	箕	斗	女	虚	危	室	壁	奎	婁	胃	昴	畢	觜	参	井	鬼	柳	星	張	翼	軫	角	亢	氐	房	心	尾	箕
九　月	斗	女	虚	危	室	壁	奎	婁	胃	昴	畢	觜	参	井	鬼	柳	星	張	翼	軫	角	亢	氐	房	心	尾	箕	斗	女	虚	
十　月	危	室	壁	奎	婁	胃	昴	畢	觜	参	井	鬼	柳	星	張	翼	軫	角	亢	氐	房	心	尾	箕	斗	女	虚	危	室	壁	奎
十一月	婁	胃	昴	畢	觜	参	井	鬼	柳	星	張	翼	軫	角	亢	氐	房	心	心	尾	箕	斗	女	虚	危	室	壁	奎	婁	胃	
十二月	昴	畢	觜	参	井	鬼	柳	星	張	翼	軫	角	亢	氐	房	心	尾	箕	斗	女	虚	危	室	壁	奎	婁	胃	昴	畢	觜	参
月／日	1	2	3	4	5	6	7	8	9	10	11	12	13	14	15	16	17	18	19	20	21	22	23	24	25	26	27	28	29	30	31

1999年　平成11年

月＼日	1	2	3	4	5	6	7	8	9	10	11	12	13	14	15	16	17	18	19	20	21	22	23	24	25	26	27	28	29	30	31
一　月	井	鬼	柳	星	張	翼	軫	角	亢	氐	房	心	尾	箕	斗	女	虚	危	室	壁	奎	婁	胃	昴	畢	觜	参	井	鬼	柳	星
二　月	張	翼	軫	角	亢	氐	房	心	尾	箕	斗	女	虚	危	室	室	壁	奎	婁	胃	昴	畢	觜	参	井	鬼	柳	星			
三　月	張	翼	軫	角	亢	氐	房	心	尾	箕	斗	女	虚	危	室	壁	奎	奎	婁	胃	昴	畢	觜	参	井	鬼	柳	星	張	翼	軫
四　月	角	亢	氐	房	心	尾	箕	斗	女	虚	危	室	壁	奎	婁	胃	昴	畢	觜	参	井	鬼	柳	星	張	翼	軫	角	亢	氐	
五　月	房	心	尾	箕	斗	女	虚	危	室	壁	奎	婁	胃	昴	畢	觜	参	井	鬼	柳	星	張	翼	軫	角	亢	氐	房	心	尾	箕
六　月	斗	女	虚	危	室	壁	奎	婁	胃	昴	畢	觜	参	参	井	鬼	柳	星	張	翼	軫	角	亢	氐	房	心	尾	箕	斗	女	
七　月	虚	危	室	壁	奎	婁	胃	昴	畢	觜	参	井	鬼	柳	星	張	翼	軫	角	亢	氐	房	心	尾	箕	斗	女	虚	危	室	壁
八　月	奎	婁	胃	昴	畢	觜	参	井	鬼	柳	張	翼	軫	角	亢	氐	房	心	尾	箕	斗	女	虚	危	室	壁	奎	婁	胃	昴	畢
九　月	觜	参	井	鬼	柳	星	張	翼	軫	角	亢	氐	房	心	尾	箕	斗	女	虚	危	室	壁	奎	婁	胃	昴	畢	觜	参	井	
十　月	鬼	柳	星	張	翼	軫	角	亢	氐	房	心	尾	箕	斗	女	虚	危	室	壁	奎	婁	胃	昴	畢	觜	参	井	鬼	柳	星	張
十一月	翼	軫	角	亢	氐	房	心	心	尾	箕	斗	女	虚	危	室	壁	奎	婁	胃	昴	畢	觜	参	井	鬼	柳	星	張	翼	軫	
十二月	角	亢	氐	房	心	尾	箕	斗	女	虚	危	室	壁	奎	婁	胃	昴	畢	觜	参	井	鬼	柳	星	張	翼	軫	角	亢	氐	房
月／日	1	2	3	4	5	6	7	8	9	10	11	12	13	14	15	16	17	18	19	20	21	22	23	24	25	26	27	28	29	30	31

2000年　平成12年

月＼日	1	2	3	4	5	6	7	8	9	10	11	12	13	14	15	16	17	18	19	20	21	22	23	24	25	26	27	28	29	30	31
一　月	心	尾	箕	斗	女	虚	虚	危	室	壁	奎	婁	胃	昴	畢	觜	参	井	鬼	柳	星	張	翼	軫	角	亢	氐	房	心	尾	箕
二　月	斗	女	虚	危	室	壁	奎	婁	胃	昴	畢	觜	参	井	鬼	柳	星	張	翼	軫	角	亢	氐	房	心	尾	箕	斗	女		
三　月	虚	危	室	壁	奎	奎	婁	胃	昴	畢	觜	参	井	鬼	柳	星	張	翼	軫	角	亢	氐	房	心	尾	箕	斗	女	虚	危	室
四　月	壁	奎	婁	胃	胃	昴	畢	觜	参	井	鬼	柳	星	張	翼	軫	角	亢	氐	房	心	尾	箕	斗	女	虚	危	室	壁	奎	
五　月	婁	胃	昴	畢	觜	参	井	鬼	柳	星	張	翼	軫	角	亢	氐	房	心	尾	箕	斗	女	虚	危	室	壁	奎	婁	胃	昴	畢
六　月	觜	参	井	鬼	柳	星	張	翼	軫	角	亢	氐	房	心	尾	箕	斗	女	虚	危	室	壁	奎	婁	胃	昴	畢	觜	参	井	
七　月	鬼	鬼	柳	星	張	翼	軫	角	亢	氐	房	心	尾	箕	斗	女	虚	危	室	壁	奎	婁	胃	昴	畢	觜	参	井	鬼	柳	張
八　月	翼	軫	角	亢	氐	房	心	尾	箕	斗	女	虚	危	室	壁	奎	婁	胃	昴	畢	觜	参	井	鬼	柳	星	張	翼	角	亢	氐
九　月	房	心	尾	箕	斗	女	虚	危	室	壁	奎	婁	胃	昴	畢	觜	参	井	鬼	柳	星	張	翼	軫	角	亢	氐	氐	房	心	
十　月	尾	箕	斗	女	虚	危	室	壁	奎	婁	胃	昴	畢	觜	参	井	鬼	柳	星	張	翼	軫	角	亢	氐	房	心	尾	箕	斗	女
十一月	虚	危	室	壁	奎	婁	胃	昴	畢	觜	参	井	鬼	柳	星	張	翼	軫	角	亢	氐	房	心	尾	箕	斗	女	虚	危	室	
十二月	壁	奎	婁	胃	昴	畢	觜	参	井	鬼	柳	星	張	翼	軫	角	亢	氐	房	心	尾	箕	斗	女	虚	虚	危	室	壁	奎	婁
月／日	1	2	3	4	5	6	7	8	9	10	11	12	13	14	15	16	17	18	19	20	21	22	23	24	25	26	27	28	29	30	31

２００１年　平成１３年

日／月	1	2	3	4	5	6	7	8	9	10	11	12	13	14	15	16	17	18	19	20	21	22	23	24	25	26	27	28	29	30	31
一　月	胃	昴	畢	觜	参	并	鬼	柳	星	張	翼	軫	角	亢	氐	房	心	尾	箕	斗	女	虚	危	室	壁	奎	婁	胃	昴	畢	觜
二　月	参	井	鬼	柳	星	張	翼	軫	角	亢	氐	房	心	尾	箕	斗	女	虚	危	室	壁	奎	奎	婁	胃	昴	畢	觜			
三　月	参	井	鬼	柳	星	張	翼	軫	角	亢	氐	房	心	尾	箕	斗	女	虚	危	室	壁	奎	婁	胃	胃	昴	畢	觜	参	井	鬼
四　月	柳	星	張	翼	軫	角	亢	氐	房	心	尾	箕	斗	女	虚	危	室	壁	奎	婁	胃	昴	畢	觜	参	井	鬼	柳	星	張	
五　月	翼	軫	角	亢	氐	房	心	尾	箕	斗	女	虚	危	室	壁	奎	婁	胃	昴	畢	觜	参	畢	觜	参	井	鬼	柳	星	張	翼
六　月	軫	角	亢	氐	房	心	尾	箕	斗	女	虚	危	室	壁	奎	婁	胃	昴	畢	觜	参	井	鬼	柳	星	張	翼	軫	角	亢	
七　月	氐	房	心	尾	箕	斗	女	虚	危	室	壁	奎	婁	胃	昴	畢	觜	参	井	鬼	鬼	柳	星	張	翼	軫	角	亢	氐	房	心
八　月	尾	箕	斗	女	虚	危	室	壁	奎	婁	胃	昴	畢	觜	参	井	鬼	柳	張	翼	軫	角	亢	氐	房	心	尾	箕	斗	女	虚
九　月	危	室	壁	奎	婁	胃	昴	畢	觜	参	井	鬼	柳	星	張	翼	角	亢	氐	房	心	尾	箕	斗	女	虚	危	室	壁	奎	
十　月	婁	胃	昴	畢	觜	参	井	鬼	柳	星	張	翼	軫	角	亢	氐	氐	房	心	尾	箕	斗	女	虚	危	室	壁	奎	婁	胃	昴
十一月	畢	觜	参	井	鬼	柳	星	張	翼	軫	角	亢	氐	房	心	尾	箕	斗	女	虚	危	室	壁	奎	婁	胃	昴	畢	觜	参	
十二月	井	鬼	柳	星	張	翼	軫	角	亢	氐	房	心	尾	箕	斗	女	虚	危	室	壁	奎	婁	胃	昴	畢	觜	参	井	鬼	柳	星
月／日	1	2	3	4	5	6	7	8	9	10	11	12	13	14	15	16	17	18	19	20	21	22	23	24	25	26	27	28	29	30	31

２００２年　平成１４年

日／月	1	2	3	4	5	6	7	8	9	10	11	12	13	14	15	16	17	18	19	20	21	22	23	24	25	26	27	28	29	30	31
一　月	張	翼	軫	角	亢	氐	房	心	尾	箕	斗	女	虚	危	室	壁	奎	婁	胃	昴	畢	觜	参	井	鬼	柳	星	張	翼	軫	角
二　月	亢	氐	房	心	尾	箕	斗	女	虚	危	室	室	壁	奎	婁	胃	昴	畢	觜	参	井	鬼	柳	星	張	翼	軫	角			
三　月	亢	氐	房	心	尾	箕	斗	女	虚	危	室	壁	奎	奎	婁	胃	昴	畢	觜	参	井	鬼	柳	星	張	翼	軫	角	亢	氐	房
四　月	心	尾	箕	斗	女	虚	危	室	壁	奎	婁	胃	胃	昴	畢	觜	参	井	鬼	柳	星	張	翼	軫	角	亢	氐	房	心	尾	
五　月	箕	斗	女	虚	危	室	壁	奎	婁	胃	昴	畢	觜	参	井	鬼	柳	星	張	翼	軫	角	亢	氐	房	心	尾	箕	斗	女	虚
六　月	危	室	壁	奎	婁	胃	昴	畢	觜	参	参	井	鬼	柳	星	張	翼	軫	角	亢	氐	房	心	尾	箕	斗	女	虚	危	室	
七　月	壁	奎	婁	胃	昴	畢	觜	参	井	鬼	柳	星	張	翼	軫	角	亢	氐	房	心	尾	箕	斗	女	虚	危	室	壁	奎	婁	胃
八　月	昴	畢	觜	参	井	鬼	柳	星	張	翼	軫	角	亢	氐	房	心	尾	箕	斗	女	虚	危	室	壁	奎	婁	胃	昴	畢	觜	参
九　月	井	鬼	柳	星	張	翼	角	亢	氐	房	心	尾	箕	斗	女	虚	危	室	壁	奎	婁	胃	昴	畢	觜	参	井	鬼	柳	星	
十　月	張	翼	軫	角	亢	氐	房	心	尾	箕	斗	女	虚	危	室	壁	奎	婁	胃	昴	畢	觜	参	井	鬼	柳	星	張	翼	軫	角
十一月	亢	氐	房	心	心	尾	箕	斗	女	虚	危	室	壁	奎	婁	胃	昴	畢	觜	参	井	鬼	柳	星	張	翼	軫	角	亢	氐	
十二月	房	心	尾	斗	女	虚	危	室	壁	奎	婁	胃	昴	畢	觜	参	井	鬼	柳	星	張	翼	軫	角	亢	氐	房	心	尾	箕	斗
月／日	1	2	3	4	5	6	7	8	9	10	11	12	13	14	15	16	17	18	19	20	21	22	23	24	25	26	27	28	29	30	31

2003年　平成15年

月＼日	1	2	3	4	5	6	7	8	9	10	11	12	13	14	15	16	17	18	19	20	21	22	23	24	25	26	27	28	29	30	31
一　月	女	虚	虚	危	室	壁	奎	婁	胃	昴	畢	觜	参	井	鬼	柳	星	張	翼	軫	角	亢	氐	房	心	尾	箕	斗	女	虚	危
二　月	室	壁	奎	婁	胃	昴	畢	觜	参	井	鬼	柳	星	張	翼	軫	角	亢	氐	房	心	尾	箕	斗	女	虚	危	室			
三　月	壁	奎	奎	婁	胃	昴	畢	觜	参	井	鬼	柳	星	張	翼	軫	角	亢	氐	房	心	尾	箕	斗	女	虚	危	室	壁	奎	婁
四　月	胃	胃	昴	畢	觜	参	井	鬼	柳	星	張	翼	軫	角	亢	氐	房	心	尾	箕	斗	女	虚	危	室	壁	奎	婁	胃	昴	
五　月	畢	觜	参	井	鬼	柳	星	張	翼	軫	角	亢	氐	房	心	尾	箕	斗	女	虚	危	室	壁	奎	婁	胃	昴	畢	觜	参	参
六　月	井	鬼	柳	星	張	翼	軫	角	亢	氐	房	心	尾	箕	斗	女	虚	危	室	壁	奎	婁	胃	昴	畢	觜	参	井	鬼	鬼	
七　月	柳	星	張	翼	軫	角	亢	氐	房	心	尾	箕	斗	女	虚	危	室	壁	奎	婁	胃	昴	畢	觜	参	井	鬼	柳	張	翼	軫
八　月	角	亢	氐	房	心	尾	箕	斗	女	虚	危	室	壁	奎	婁	胃	昴	畢	觜	参	井	鬼	柳	星	張	翼	軫	角	亢	氐	房
九　月	心	尾	箕	斗	女	虚	危	奎	壁	奎	婁	胃	昴	畢	觜	参	井	鬼	柳	星	張	翼	軫	角	亢	氐	房	心	尾	箕	
十　月	斗	女	虚	危	室	壁	奎	婁	胃	昴	畢	觜	参	井	鬼	柳	星	張	翼	軫	角	亢	氐	房	心	尾	箕	斗	女	虚	危
十一月	室	壁	奎	婁	胃	昴	畢	觜	参	井	鬼	柳	星	張	翼	軫	角	亢	氐	房	心	尾	箕	斗	女	虚	危	室	壁	奎	
十二月	婁	胃	昴	畢	觜	参	井	鬼	柳	星	張	翼	軫	角	亢	氐	房	心	尾	箕	斗	女	虚	危	室	壁	奎	婁	胃	昴	畢
日＼月	1	2	3	4	5	6	7	8	9	10	11	12	13	14	15	16	17	18	19	20	21	22	23	24	25	26	27	28	29	30	31

2004年　平成16年

月＼日	1	2	3	4	5	6	7	8	9	10	11	12	13	14	15	16	17	18	19	20	21	22	23	24	25	26	27	28	29	30	31
一　月	觜	参	井	鬼	柳	星	張	翼	軫	角	亢	氐	房	心	尾	箕	斗	女	虚	危	室	室	壁	奎	婁	胃	昴	畢	觜	参	井
二　月	鬼	柳	星	張	翼	軫	角	亢	氐	房	心	尾	箕	斗	女	虚	危	室	壁	奎	婁	胃	昴	畢	觜	参	井	鬼	柳		
三　月	星	張	翼	軫	角	亢	氐	房	心	尾	箕	斗	女	虚	危	室	壁	奎	婁	胃	奎	婁	胃	昴	畢	觜	参	井	鬼	柳	星
四　月	張	翼	軫	角	亢	氐	房	心	尾	箕	斗	女	虚	危	室	壁	奎	婁	胃	昴	畢	觜	参	井	鬼	柳	星	張	翼	軫	
五　月	角	亢	氐	房	心	尾	箕	斗	女	虚	危	室	壁	奎	婁	胃	昴	畢	畢	觜	参	井	鬼	柳	星	張	翼	軫	角	亢	氐
六　月	房	心	尾	箕	斗	女	虚	危	室	壁	奎	婁	胃	昴	畢	觜	参	参	井	鬼	柳	星	張	翼	軫	角	亢	氐	房	心	
七　月	尾	箕	斗	女	虚	危	室	壁	奎	婁	胃	昴	畢	觜	参	井	鬼	柳	星	張	翼	軫	角	亢	氐	房	心	尾	箕	斗	女
八　月	虚	危	室	壁	奎	婁	胃	昴	畢	觜	参	井	鬼	柳	星	張	翼	軫	角	亢	氐	房	心	尾	箕	斗	女	虚	危	室	壁
九　月	奎	婁	胃	昴	畢	觜	参	井	鬼	柳	星	張	翼	角	亢	氐	房	心	尾	箕	斗	女	虚	危	室	壁	奎	婁	胃	昴	
十　月	畢	觜	参	井	鬼	柳	星	張	翼	軫	角	亢	氐	氐	房	心	尾	箕	斗	女	虚	危	室	壁	奎	婁	胃	昴	畢	觜	参
十一月	井	鬼	柳	星	張	翼	軫	角	亢	氐	房	心	尾	箕	斗	女	虚	危	室	壁	奎	婁	胃	昴	畢	觜	参	井	鬼	柳	
十二月	星	張	翼	軫	角	亢	氐	房	心	尾	箕	斗	女	虚	危	室	壁	奎	婁	胃	昴	畢	觜	参	井	鬼	柳	星	張	翼	軫
日＼月	1	2	3	4	5	6	7	8	9	10	11	12	13	14	15	16	17	18	19	20	21	22	23	24	25	26	27	28	29	30	31

２００５年　平成１７年

月＼日	1	2	3	4	5	6	7	8	9	10	11	12	13	14	15	16	17	18	19	20	21	22	23	24	25	26	27	28	29	30	31
一　月	角	亢	氐	房	心	尾	箕	斗	女	虚	危	室	壁	奎	婁	胃	昴	畢	觜	参	井	鬼	柳	星	張	翼	軫	角	亢	氐	房
二　月	心	尾	箕	斗	女	虚	危	室	室	壁	奎	婁	胃	昴	畢	觜	参	井	鬼	柳	星	張	翼	軫	角	亢	氐	房			
三　月	心	尾	箕	斗	女	虚	危	室	壁	奎	婁	胃	昴	畢	觜	参	井	鬼	柳	星	張	翼	軫	角	亢	氐	房	心	尾	箕	斗
四　月	女	虚	危	室	壁	奎	婁	胃	胃	昴	畢	觜	参	井	鬼	柳	星	張	翼	軫	角	亢	氐	房	心	尾	箕	斗	女	虚	
五　月	危	室	壁	奎	婁	胃	昴	畢	觜	参	井	鬼	柳	星	張	翼	軫	角	亢	氐	房	心	尾	箕	斗	女	虚	危	室	壁	奎
六　月	婁	胃	昴	畢	觜	参	参	井	鬼	柳	星	張	翼	軫	角	亢	氐	房	心	尾	箕	斗	女	虚	危	室	壁	奎	婁	胃	
七　月	昴	畢	觜	参	井	鬼	柳	星	張	翼	軫	角	亢	氐	房	心	尾	箕	斗	女	虚	危	室	壁	奎	婁	胃	昴	畢	觜	参
八　月	井	鬼	柳	星	張	翼	軫	角	亢	氐	房	心	尾	箕	斗	女	虚	危	室	壁	奎	婁	胃	昴	畢	觜	参	井	鬼	柳	星
九　月	張	翼	軫	角	亢	氐	房	心	尾	箕	斗	女	虚	危	室	壁	奎	婁	胃	昴	畢	觜	参	井	鬼	柳	星	張	翼	軫	
十　月	角	亢	氐	房	心	尾	箕	斗	女	虚	危	室	壁	奎	婁	胃	昴	畢	觜	参	井	鬼	柳	星	張	翼	軫	角	亢	氐	房
十一月	心	心	尾	箕	斗	女	虚	危	室	壁	奎	婁	胃	昴	畢	觜	参	井	鬼	柳	星	張	翼	軫	角	亢	氐	房	心	尾	
十二月	斗	女	虚	危	室	壁	奎	婁	胃	昴	畢	觜	参	井	鬼	柳	星	張	翼	軫	角	亢	氐	房	心	尾	箕	斗	女	虚	虚
月／日	1	2	3	4	5	6	7	8	9	10	11	12	13	14	15	16	17	18	19	20	21	22	23	24	25	26	27	28	29	30	31

２００６年　平成１８年

月＼日	1	2	3	4	5	6	7	8	9	10	11	12	13	14	15	16	17	18	19	20	21	22	23	24	25	26	27	28	29	30	31
一　月	危	室	壁	奎	婁	胃	昴	畢	觜	参	井	鬼	柳	星	張	翼	軫	角	亢	氐	房	心	尾	箕	斗	女	虚	危	室	壁	奎
二　月	婁	胃	昴	畢	觜	参	井	鬼	柳	星	張	翼	軫	角	亢	氐	房	心	尾	箕	斗	女	虚	危	室	壁	奎	奎			
三　月	婁	胃	昴	畢	觜	参	井	鬼	柳	星	張	翼	軫	角	亢	氐	房	心	尾	箕	斗	女	虚	危	室	壁	奎	婁	胃	昴	畢
四　月	觜	参	井	鬼	柳	星	張	翼	軫	角	亢	氐	房	心	尾	箕	斗	女	虚	危	室	壁	奎	婁	胃	昴	畢	畢	觜	参	
五　月	井	鬼	柳	星	張	翼	軫	角	亢	氐	房	心	尾	箕	斗	女	虚	危	室	壁	奎	婁	胃	昴	畢	觜	参	井	鬼	柳	星
六　月	張	翼	軫	角	亢	氐	房	心	尾	箕	斗	女	虚	危	室	壁	奎	婁	胃	昴	畢	觜	参	井	鬼	鬼	柳	星	張	翼	
七　月	軫	角	亢	氐	房	心	尾	箕	斗	女	虚	危	室	壁	奎	婁	胃	昴	畢	觜	参	井	鬼	柳	張	翼	軫	角	亢	氐	房
八　月	心	尾	箕	斗	女	虚	危	室	壁	奎	婁	胃	昴	畢	觜	参	井	鬼	柳	星	張	翼	軫	張	翼	軫	角	亢	氐	房	心
九　月	尾	箕	斗	女	虚	危	室	壁	奎	婁	胃	昴	畢	觜	参	井	鬼	柳	星	張	翼	角	亢	氐	房	心	尾	箕	斗	女	
十　月	虚	危	室	壁	奎	婁	胃	昴	畢	觜	参	井	鬼	柳	星	張	翼	軫	角	亢	氐	氐	房	心	尾	箕	斗	女	虚	危	室
十一月	壁	奎	婁	胃	昴	畢	觜	参	井	鬼	柳	星	張	翼	軫	角	亢	氐	房	心	心	尾	箕	斗	女	虚	危	室	壁	奎	
十二月	婁	胃	昴	畢	觜	参	井	鬼	柳	星	張	翼	軫	角	亢	氐	房	心	尾	斗	女	虚	危	室	壁	奎	婁	胃	昴	畢	觜
月／日	1	2	3	4	5	6	7	8	9	10	11	12	13	14	15	16	17	18	19	20	21	22	23	24	25	26	27	28	29	30	31

２００７年　平成１９年

日／月	1	2	3	4	5	6	7	8	9	10	11	12	13	14	15	16	17	18	19	20	21	22	23	24	25	26	27	28	29	30	31
一　月	参	井	鬼	柳	星	張	翼	軫	角	亢	氐	房	心	尾	箕	斗	女	虚	虚	危	室	壁	奎	婁	胃	昴	畢	觜	参	井	鬼
二　月	柳	星	張	翼	軫	角	亢	氐	房	心	尾	箕	斗	女	虚	危	室	室	壁	奎	婁	胃	昴	畢	觜	参	井	鬼			
三　月	柳	星	張	翼	軫	角	亢	氐	房	心	尾	箕	斗	女	虚	危	室	壁	奎	婁	胃	昴	畢	觜	参	井	鬼	柳	星	張	翼
四　月	軫	角	亢	氐	房	心	尾	箕	斗	女	虚	危	室	壁	奎	婁	胃	昴	畢	觜	参	井	鬼	柳	星	張	翼	軫	角	亢	
五　月	氐	房	心	尾	箕	斗	女	虚	危	室	壁	奎	婁	胃	昴	畢	畢	觜	参	井	鬼	柳	星	張	翼	軫	角	亢	氐	房	心
六　月	尾	箕	斗	女	虚	危	室	壁	奎	婁	胃	昴	畢	觜	参	井	鬼	柳	星	張	翼	軫	角	亢	氐	房	心	尾	箕	斗	
七　月	女	虚	危	室	壁	奎	婁	胃	昴	畢	觜	参	井	鬼	柳	星	張	翼	軫	角	亢	氐	房	心	尾	箕	斗	女	虚	危	室
八　月	壁	奎	婁	胃	昴	畢	觜	参	井	鬼	柳	星	張	翼	軫	角	亢	氐	房	心	尾	箕	斗	女	虚	危	室	壁	奎	婁	胃
九　月	昴	畢	觜	参	井	鬼	柳	星	張	翼	角	亢	氐	房	心	尾	箕	斗	女	虚	危	室	壁	奎	婁	胃	昴	畢	觜	参	
十　月	井	鬼	柳	星	張	翼	軫	角	亢	氐	氐	房	心	尾	箕	斗	女	虚	危	室	壁	奎	婁	胃	昴	畢	觜	参	井	鬼	柳
十一月	星	張	翼	軫	角	亢	氐	房	心	心	尾	箕	斗	女	虚	危	室	壁	奎	婁	胃	昴	畢	觜	参	井	鬼	柳	星	張	
十二月	翼	軫	角	亢	氐	房	心	尾	箕	斗	女	虚	危	室	壁	奎	婁	胃	昴	畢	觜	参	井	鬼	柳	星	張	翼	軫	角	亢
月／日	1	2	3	4	5	6	7	8	9	10	11	12	13	14	15	16	17	18	19	20	21	22	23	24	25	26	27	28	29	30	31

２００８年　平成２０年

日／月	1	2	3	4	5	6	7	8	9	10	11	12	13	14	15	16	17	18	19	20	21	22	23	24	25	26	27	28	29	30	31
一　月	氐	房	心	尾	箕	斗	女	虚	危	室	壁	奎	婁	胃	昴	畢	觜	参	井	鬼	柳	星	張	翼	軫	角	亢	氐	房	心	尾
二　月	箕	斗	女	虚	危	室	室	壁	奎	婁	胃	昴	畢	觜	参	井	鬼	柳	星	張	翼	軫	角	亢	氐	房	心	尾	箕		
三　月	斗	女	虚	危	室	壁	奎	奎	婁	胃	昴	畢	觜	参	井	鬼	柳	星	張	翼	軫	角	亢	氐	房	心	尾	箕	斗	女	虚
四　月	危	室	壁	奎	婁	胃	昴	畢	觜	参	井	鬼	柳	星	張	翼	軫	角	亢	氐	男	心	尾	箕	斗	女	虚	危	室	壁	
五　月	奎	婁	胃	昴	畢	觜	参	井	鬼	柳	星	張	翼	軫	角	亢	氐	房	心	尾	箕	斗	女	虚	危	室	壁	奎	婁	胃	昴
六　月	畢	觜	参	参	井	鬼	柳	星	張	翼	軫	角	亢	氐	房	心	尾	箕	斗	女	虚	危	室	壁	奎	婁	胃	昴	畢	觜	
七　月	参	井	鬼	柳	星	張	翼	軫	角	亢	氐	房	心	尾	箕	斗	女	虚	危	室	壁	奎	婁	胃	昴	畢	觜	参	井	鬼	柳
八　月	張	翼	軫	角	亢	氐	房	心	尾	箕	斗	女	虚	危	室	壁	奎	婁	胃	昴	畢	觜	参	井	鬼	柳	星	張	翼	軫	角
九　月	亢	氐	房	心	尾	箕	斗	女	虚	危	室	壁	奎	婁	胃	昴	畢	觜	参	井	鬼	柳	星	張	翼	軫	角	亢	氐	房	
十　月	心	尾	箕	斗	女	虚	危	室	壁	奎	婁	胃	昴	畢	觜	参	井	鬼	柳	星	張	翼	軫	角	亢	氐	房	心	心	尾	箕
十一月	斗	女	虚	危	室	壁	奎	婁	胃	昴	畢	觜	参	井	鬼	柳	星	張	翼	軫	角	亢	氐	房	心	尾	箕	斗	女	虚	
十二月	危	室	壁	奎	婁	胃	昴	畢	觜	参	井	鬼	柳	星	張	翼	軫	角	亢	氐	房	心	尾	箕	斗	女	虚	危	室	壁	奎
月／日	1	2	3	4	5	6	7	8	9	10	11	12	13	14	15	16	17	18	19	20	21	22	23	24	25	26	27	28	29	30	31

2009年　平成21年

日／月	1	2	3	4	5	6	7	8	9	10	11	12	13	14	15	16	17	18	19	20	21	22	23	24	25	26	27	28	29	30	31
一　月	婁	胃	昴	畢	觜	参	井	鬼	柳	星	張	翼	軫	角	亢	氐	房	心	尾	箕	斗	女	虚	危	室	室	壁	奎	婁	胃	昴
二　月	畢	觜	参	井	鬼	柳	星	張	翼	軫	角	亢	氐	房	心	尾	箕	斗	女	虚	危	室	壁	奎	奎	婁	胃	昴			
三　月	畢	觜	参	井	鬼	柳	星	張	翼	軫	角	亢	氐	房	心	尾	箕	斗	女	虚	危	室	壁	奎	婁	胃	胃	昴	畢	觜	参
四　月	井	鬼	柳	星	張	翼	軫	角	亢	氐	房	心	尾	箕	斗	女	虚	危	室	壁	奎	婁	胃	昴	畢	觜	参	井	鬼	柳	
五　月	星	張	翼	軫	角	亢	氐	房	心	尾	箕	斗	女	虚	危	室	壁	奎	婁	胃	昴	畢	觜	参	井	鬼	柳	星	張	翼	軫
六　月	角	亢	氐	房	心	尾	箕	斗	女	虚	危	室	壁	奎	婁	胃	昴	畢	觜	参	井	鬼	参	井	鬼	柳	星	張	翼	軫	
七　月	角	亢	氐	房	心	尾	箕	斗	女	虚	危	室	壁	奎	婁	胃	昴	畢	觜	参	井	鬼	柳	星	張	翼	軫	角	亢	氐	房
八　月	心	尾	箕	斗	女	虚	危	室	壁	奎	婁	胃	昴	畢	觜	参	井	鬼	柳	張	翼	軫	角	亢	氐	房	心	尾	箕	斗	女
九　月	虚	危	室	壁	奎	婁	胃	昴	畢	觜	参	井	鬼	柳	星	張	翼	軫	角	亢	氐	房	心	尾	箕	斗	女	虚	危	室	
十　月	壁	奎	婁	胃	昴	畢	觜	参	井	鬼	柳	星	張	翼	軫	角	亢	氐	房	心	尾	箕	斗	女	虚	危	室	壁	奎	婁	胃
十一月	昴	畢	觜	参	井	鬼	柳	星	張	翼	軫	角	亢	氐	房	心	心	尾	箕	斗	女	虚	危	室	壁	奎	婁	胃	昴	畢	
十二月	觜	参	井	鬼	柳	星	張	翼	軫	角	亢	氐	房	心	尾	斗	女	虚	危	室	壁	奎	婁	胃	昴	畢	觜	参	井	鬼	柳
月／日	1	2	3	4	5	6	7	8	9	10	11	12	13	14	15	16	17	18	19	20	21	22	23	24	25	26	27	28	29	30	31

2010年　平成22年

日／月	1	2	3	4	5	6	7	8	9	10	11	12	13	14	15	16	17	18	19	20	21	22	23	24	25	26	27	28	29	30	31
一　月	星	張	翼	軫	角	亢	氐	房	心	尾	箕	斗	女	虚	虚	危	室	壁	奎	婁	胃	昴	畢	觜	参	井	鬼	柳	星	張	翼
二　月	軫	角	亢	氐	房	心	尾	箕	斗	女	虚	危	室	室	壁	奎	婁	胃	昴	畢	觜	参	井	鬼	柳	星	張	翼			
三　月	軫	角	亢	氐	房	心	尾	箕	斗	女	虚	危	室	壁	奎	奎	婁	胃	昴	畢	觜	参	井	鬼	柳	星	張	翼	軫	角	亢
四　月	氐	房	心	尾	箕	斗	女	虚	危	室	壁	奎	婁	胃	昴	畢	觜	参	井	鬼	柳	星	張	翼	軫	角	亢	氐	房	心	
五　月	尾	箕	斗	女	虚	危	室	壁	奎	婁	胃	昴	畢	畢	觜	参	井	鬼	柳	星	張	翼	軫	角	亢	氐	房	心	尾	箕	斗
六　月	女	虚	危	室	壁	奎	婁	胃	昴	畢	觜	参	井	鬼	柳	星	張	翼	軫	角	亢	氐	房	心	尾	箕	斗	女	虚	危	
七　月	室	壁	奎	婁	胃	昴	畢	觜	参	井	鬼	鬼	柳	星	張	翼	軫	角	亢	氐	房	心	尾	箕	斗	女	虚	危	室	壁	奎
八　月	婁	胃	昴	畢	觜	参	井	鬼	柳	張	翼	軫	角	亢	氐	房	心	尾	箕	斗	女	虚	危	室	壁	奎	婁	胃	昴	畢	觜
九　月	参	井	鬼	柳	星	張	翼	角	亢	氐	房	心	尾	箕	斗	女	虚	危	室	壁	奎	婁	胃	昴	畢	觜	参	井	鬼	柳	
十　月	星	張	翼	軫	角	亢	氐	氐	房	心	尾	箕	斗	女	虚	危	室	壁	奎	婁	胃	昴	畢	觜	参	井	鬼	柳	星	張	翼
十一月	軫	角	亢	氐	房	心	尾	箕	斗	女	虚	危	室	壁	奎	婁	胃	昴	畢	觜	参	井	鬼	柳	星	張	翼	軫	角	亢	
十二月	氐	房	心	尾	箕	斗	女	虚	危	室	壁	奎	婁	胃	昴	畢	觜	参	井	鬼	柳	星	張	翼	軫	角	亢	氐	房	心	尾
月／日	1	2	3	4	5	6	7	8	9	10	11	12	13	14	15	16	17	18	19	20	21	22	23	24	25	26	27	28	29	30	31

2011年　平成23年

月＼日	1	2	3	4	5	6	7	8	9	10	11	12	13	14	15	16	17	18	19	20	21	22	23	24	25	26	27	28	29	30	31
一　月	箕	斗	女	虚	危	室	壁	奎	婁	胃	昴	畢	觜	参	井	鬼	柳	星	張	翼	軫	角	亢	氐	房	心	尾	箕	斗	女	虚
二　月	危	室	室	壁	奎	婁	胃	昴	畢	觜	参	井	鬼	柳	星	張	翼	軫	角	亢	氐	房	心	尾	箕	斗	女	虚			
三　月	危	室	壁	奎	奎	婁	胃	昴	畢	觜	参	井	鬼	柳	星	張	翼	軫	角	亢	氐	房	心	尾	箕	斗	女	虚	危	室	壁
四　月	奎	婁	胃	昴	畢	觜	参	井	鬼	柳	星	張	翼	軫	角	亢	氐	房	心	尾	箕	斗	女	虚	危	室	壁	奎	婁	胃	
五　月	昴	畢	畢	觜	参	井	鬼	柳	星	張	翼	軫	角	亢	氐	房	心	尾	箕	斗	女	虚	危	室	壁	奎	婁	胃	昴	畢	觜
六　月	参	参	井	鬼	柳	星	張	翼	軫	角	亢	氐	房	心	尾	箕	斗	女	虚	危	室	壁	奎	婁	胃	昴	畢	觜	参	井	
七　月	鬼	柳	星	張	翼	軫	角	亢	氐	房	心	尾	箕	斗	女	虚	危	室	壁	奎	婁	胃	昴	畢	觜	参	井	鬼	柳	星	張
八　月	翼	軫	角	亢	氐	房	心	尾	箕	斗	女	虚	危	室	壁	奎	婁	胃	昴	畢	觜	参	井	鬼	柳	星	張	翼	角	亢	氐
九　月	房	心	尾	箕	斗	女	虚	危	室	壁	奎	婁	胃	昴	畢	觜	参	井	鬼	柳	星	張	翼	軫	角	亢	氐	房	心	尾	
十　月	箕	斗	女	虚	危	室	壁	奎	婁	胃	昴	畢	觜	参	井	鬼	柳	星	張	翼	軫	角	亢	氐	房	心	心	尾	箕	斗	女
十一月	虚	危	室	壁	奎	婁	胃	昴	畢	觜	参	井	鬼	柳	星	張	翼	軫	角	亢	氐	房	心	尾	斗	女	虚	危	室	壁	
十二月	奎	婁	胃	昴	畢	觜	参	井	鬼	柳	星	張	翼	軫	角	亢	氐	房	心	尾	箕	斗	女	虚	虚	危	室	壁	奎	婁	胃
月／日	1	2	3	4	5	6	7	8	9	10	11	12	13	14	15	16	17	18	19	20	21	22	23	24	25	26	27	28	29	30	31

2012年　平成24年

月＼日	1	2	3	4	5	6	7	8	9	10	11	12	13	14	15	16	17	18	19	20	21	22	23	24	25	26	27	28	29	30	31
一　月	昴	畢	觜	参	井	鬼	柳	星	張	翼	軫	角	亢	氐	房	心	尾	箕	斗	女	虚	危	室	壁	奎	婁	胃	昴	畢	觜	参
二　月	井	鬼	柳	星	張	翼	軫	角	亢	氐	房	心	尾	箕	斗	女	虚	危	室	壁	奎	奎	婁	胃	昴	畢	觜	参	井		
三　月	鬼	柳	星	張	翼	軫	角	亢	氐	房	心	尾	箕	斗	女	虚	危	室	壁	奎	婁	胃	昴	畢	觜	参	井	鬼	柳	星	張
四　月	翼	軫	角	亢	氐	房	心	尾	箕	斗	女	虚	危	室	壁	奎	婁	胃	昴	畢	畢	觜	参	井	鬼	柳	星	張	翼	軫	
五　月	角	亢	氐	房	心	尾	箕	斗	女	虚	危	室	壁	奎	婁	胃	昴	畢	觜	参	畢	觜	参	井	鬼	柳	星	張	翼	軫	角
六　月	亢	氐	房	心	尾	箕	斗	女	虚	危	室	壁	奎	婁	胃	昴	畢	觜	参	井	鬼	柳	星	張	翼	軫	角	亢	氐	房	
七　月	心	尾	箕	斗	女	虚	危	室	壁	奎	婁	胃	昴	畢	觜	参	井	鬼	鬼	柳	星	張	翼	軫	角	亢	氐	房	心	尾	箕
八　月	斗	女	虚	危	室	壁	奎	婁	胃	昴	畢	觜	参	井	鬼	柳	張	翼	軫	角	亢	氐	房	心	尾	箕	斗	女	虚	危	室
九　月	壁	奎	婁	胃	昴	畢	觜	参	井	鬼	柳	星	張	翼	軫	角	亢	氐	房	心	尾	箕	斗	女	虚	危	室	壁	奎	婁	
十　月	胃	昴	畢	觜	参	井	鬼	柳	星	張	翼	軫	角	亢	氐	房	心	尾	箕	斗	女	虚	危	室	壁	奎	婁	胃	昴	畢	觜
十一月	参	井	鬼	柳	星	張	翼	軫	角	亢	氐	房	心	心	尾	箕	斗	女	虚	危	室	壁	奎	婁	胃	昴	畢	觜	参	井	
十二月	鬼	柳	星	張	翼	軫	角	亢	氐	房	心	尾	斗	女	虚	危	室	壁	奎	婁	胃	昴	畢	觜	参	井	鬼	柳	星	張	翼
月／日	1	2	3	4	5	6	7	8	9	10	11	12	13	14	15	16	17	18	19	20	21	22	23	24	25	26	27	28	29	30	31

2013年　平成25年

月＼日	1	2	3	4	5	6	7	8	9	10	11	12	13	14	15	16	17	18	19	20	21	22	23	24	25	26	27	28	29	30	31
一　月	軫	角	亢	氐	房	心	尾	箕	斗	女	虚	虚	危	室	壁	奎	婁	胃	昴	畢	觜	参	井	鬼	柳	星	張	翼	軫	角	亢
二　月	氐	房	心	尾	箕	斗	女	虚	危	室	壁	奎	婁	胃	昴	畢	觜	参	井	鬼	柳	星	張	翼	軫	角	亢	氐			
三　月	房	心	尾	箕	斗	女	虚	危	室	壁	奎	奎	婁	胃	昴	畢	觜	参	井	鬼	柳	星	張	翼	軫	角	亢	氐	房	心	尾
四　月	箕	斗	女	虚	危	室	壁	奎	婁	胃	昴	畢	觜	参	井	鬼	柳	星	張	翼	軫	角	亢	氐	房	心	尾	箕	斗	女	
五　月	虚	危	室	壁	奎	婁	胃	昴	畢	畢	觜	参	井	鬼	柳	星	張	翼	軫	角	亢	氐	房	心	尾	箕	斗	女	虚	危	室
六　月	壁	奎	婁	胃	昴	畢	觜	参	参	井	鬼	柳	星	張	翼	軫	角	亢	氐	房	心	尾	箕	斗	女	虚	危	室	壁	奎	
七　月	婁	胃	昴	畢	觜	参	井	鬼	柳	星	張	翼	軫	角	亢	氐	房	心	尾	箕	斗	女	虚	危	室	壁	奎	婁	胃	昴	畢
八　月	觜	参	井	鬼	柳	星	張	翼	軫	角	亢	氐	房	心	尾	箕	斗	女	虚	危	室	壁	奎	婁	胃	昴	畢	觜	参	井	鬼
九　月	柳	星	張	翼	角	亢	氐	房	心	尾	箕	斗	女	虚	危	室	壁	奎	婁	胃	昴	畢	觜	参	井	鬼	柳	星	張	翼	
十　月	軫	角	亢	氐	氐	房	心	尾	箕	斗	女	虚	危	室	壁	奎	婁	胃	昴	畢	觜	参	井	鬼	柳	星	張	翼	軫	角	亢
十一月	氐	房	心	尾	箕	斗	女	虚	危	室	壁	奎	婁	胃	昴	畢	觜	参	井	鬼	柳	星	張	翼	軫	角	亢	氐	房	心	
十二月	尾	箕	斗	女	虚	危	室	壁	奎	婁	胃	昴	畢	觜	参	井	鬼	柳	星	張	翼	軫	角	亢	氐	房	心	尾	箕	斗	女
月／日	1	2	3	4	5	6	7	8	9	10	11	12	13	14	15	16	17	18	19	20	21	22	23	24	25	26	27	28	29	30	31

2014年　平成26年

月＼日	1	2	3	4	5	6	7	8	9	10	11	12	13	14	15	16	17	18	19	20	21	22	23	24	25	26	27	28	29	30	31
一　月	虚	危	室	壁	奎	婁	胃	昴	畢	觜	参	井	鬼	柳	星	張	翼	軫	角	亢	氐	房	心	尾	箕	斗	女	虚	危	室	室
二　月	壁	奎	婁	胃	昴	畢	觜	参	井	鬼	柳	星	張	翼	軫	角	亢	氐	房	心	尾	箕	斗	女	虚	危	室	壁			
三　月	奎	婁	胃	昴	畢	觜	参	井	鬼	柳	星	張	翼	軫	角	亢	氐	房	心	尾	箕	斗	女	虚	危	室	壁	奎	婁	胃	胃
四　月	昴	畢	觜	参	井	鬼	柳	星	張	翼	軫	角	亢	氐	房	心	尾	箕	斗	女	虚	危	室	壁	奎	婁	胃	昴	畢	觜	
五　月	参	井	鬼	柳	星	張	翼	軫	角	亢	氐	房	心	尾	箕	斗	女	虚	危	室	壁	奎	婁	胃	昴	畢	觜	参	参	井	鬼
六　月	柳	星	張	翼	軫	角	亢	氐	房	心	尾	箕	斗	女	虚	危	室	壁	奎	婁	胃	昴	畢	觜	参	井	鬼	柳	星	張	
七　月	翼	軫	角	亢	氐	房	心	尾	箕	斗	女	虚	危	室	壁	奎	婁	胃	昴	畢	觜	参	井	鬼	柳	星	張	翼	軫	角	亢
八　月	氐	房	心	尾	箕	斗	女	虚	危	室	壁	奎	婁	胃	昴	畢	觜	参	井	鬼	柳	星	張	翼	角	亢	氐	房	心	尾	箕
九　月	斗	女	虚	危	室	壁	奎	婁	胃	昴	畢	觜	参	井	鬼	柳	星	張	翼	軫	角	亢	氐	氐	房	心	尾	箕	斗	女	
十　月	虚	危	室	壁	奎	婁	胃	昴	畢	觜	参	井	鬼	柳	星	張	翼	軫	角	亢	氐	房	心	氐	房	心	尾	箕	斗	女	虚
十一月	危	室	壁	奎	婁	胃	昴	畢	觜	参	井	鬼	柳	星	張	翼	軫	角	亢	氐	房	心	尾	箕	斗	女	虚	危	室	壁	
十二月	奎	婁	胃	昴	畢	觜	参	井	鬼	柳	星	張	翼	軫	角	亢	氐	房	心	尾	箕	斗	女	虚	危	室	壁	奎	婁	胃	昴
月／日	1	2	3	4	5	6	7	8	9	10	11	12	13	14	15	16	17	18	19	20	21	22	23	24	25	26	27	28	29	30	31

2015年　平成27年

月＼日	1	2	3	4	5	6	7	8	9	10	11	12	13	14	15	16	17	18	19	20	21	22	23	24	25	26	27	28	29	30	31
一　月	畢	觜	参	井	鬼	柳	星	張	翼	軫	角	亢	氐	房	心	尾	箕	斗	女	虚	危	室	壁	奎	婁	胃	昴	畢	觜	参	井
二　月	鬼	柳	星	張	翼	軫	角	亢	氐	房	心	尾	箕	斗	女	虚	危	室	室	壁	奎	婁	胃	昴	畢	觜	参	井			
三　月	鬼	柳	星	張	翼	軫	角	亢	氐	房	心	尾	箕	斗	女	虚	危	室	壁	奎	婁	胃	昴	畢	觜	参	井	鬼	柳	星	張
四　月	翼	軫	角	亢	氐	房	心	尾	箕	斗	女	虚	危	室	壁	奎	婁	胃	胃	昴	畢	觜	参	井	鬼	柳	星	張	翼	軫	
五　月	角	亢	氐	房	心	尾	箕	斗	女	虚	危	室	壁	奎	婁	胃	昴	畢	觜	参	井	鬼	柳	星	張	翼	軫	角	亢	氐	房
六　月	心	尾	箕	斗	女	虚	危	室	壁	奎	婁	胃	昴	畢	觜	参	井	鬼	柳	星	張	翼	軫	角	亢	氐	房	心	尾	箕	
七　月	斗	女	虚	危	室	壁	奎	婁	胃	昴	畢	觜	参	井	鬼	鬼	柳	星	張	翼	軫	角	亢	氐	房	心	尾	箕	斗	女	虚
八　月	危	室	壁	奎	婁	胃	昴	畢	觜	参	井	鬼	柳	張	翼	軫	角	亢	氐	房	心	尾	箕	斗	女	虚	危	室	壁	奎	婁
九　月	胃	昴	畢	觜	参	井	鬼	柳	星	張	翼	軫	角	亢	氐	房	心	尾	箕	斗	女	虚	危	室	壁	奎	婁	胃	昴	畢	
十　月	觜	参	井	鬼	柳	星	張	翼	軫	角	亢	氐	氐	房	心	尾	箕	斗	女	虚	危	室	壁	奎	婁	胃	昴	畢	觜	参	井
十一月	鬼	柳	星	張	翼	軫	角	亢	氐	房	心	心	尾	箕	斗	女	虚	危	室	壁	奎	婁	胃	昴	畢	觜	参	井	鬼	柳	
十二月	星	張	翼	軫	角	亢	氐	房	心	尾	斗	女	虚	危	室	壁	奎	婁	胃	昴	畢	觜	参	井	鬼	柳	星	張	翼	軫	角
月／日	1	2	3	4	5	6	7	8	9	10	11	12	13	14	15	16	17	18	19	20	21	22	23	24	25	26	27	28	29	30	31

2016年　平成28年

月＼日	1	2	3	4	5	6	7	8	9	10	11	12	13	14	15	16	17	18	19	20	21	22	23	24	25	26	27	28	29	30	31
一　月	亢	氐	房	心	尾	箕	斗	女	虚	虚	危	室	壁	奎	婁	胃	昴	畢	觜	参	井	鬼	柳	星	張	翼	軫	角	亢	氐	房
二　月	心	尾	箕	斗	女	虚	危	室	壁	奎	婁	胃	昴	畢	觜	参	井	鬼	柳	星	張	翼	軫	角	亢	氐	房	心	尾		
三　月	箕	斗	女	虚	危	室	壁	奎	奎	婁	胃	昴	畢	觜	参	井	鬼	柳	星	張	翼	軫	角	亢	氐	房	心	尾	箕	斗	女
四　月	虚	危	室	壁	奎	婁	胃	昴	畢	觜	参	井	鬼	柳	星	張	翼	軫	角	亢	氐	房	心	尾	箕	斗	女	虚	危	室	
五　月	壁	奎	婁	胃	昴	畢	畢	觜	参	井	鬼	柳	星	張	翼	軫	角	亢	氐	房	心	尾	箕	斗	女	虚	危	室	壁	奎	婁
六　月	胃	昴	畢	觜	参	井	鬼	柳	星	張	翼	軫	角	亢	氐	房	心	尾	箕	斗	女	虚	危	室	壁	奎	婁	胃	昴	畢	
七　月	觜	参	井	鬼	柳	星	張	翼	軫	角	亢	氐	房	心	尾	箕	斗	女	虚	危	室	壁	奎	婁	胃	昴	畢	觜	参	井	鬼
八　月	柳	星	張	翼	軫	角	亢	氐	房	心	尾	箕	斗	女	虚	危	室	壁	奎	婁	胃	昴	畢	觜	参	井	鬼	柳	星	張	翼
九　月	角	亢	氐	房	心	尾	箕	斗	女	虚	危	室	壁	奎	婁	胃	昴	畢	觜	参	井	鬼	柳	星	張	翼	軫	角	亢	氐	
十　月	氐	房	心	尾	箕	斗	女	虚	危	室	壁	奎	婁	胃	昴	畢	觜	参	井	鬼	柳	星	張	翼	軫	角	亢	氐	房	心	心
十一月	尾	箕	斗	女	虚	危	室	壁	奎	婁	胃	昴	畢	觜	参	井	鬼	柳	星	張	翼	軫	角	亢	氐	房	心	尾	斗	女	
十二月	虚	危	室	壁	奎	婁	胃	昴	畢	觜	参	井	鬼	柳	星	張	翼	軫	角	亢	氐	房	心	尾	箕	斗	女	虚	虚	危	室
月／日	1	2	3	4	5	6	7	8	9	10	11	12	13	14	15	16	17	18	19	20	21	22	23	24	25	26	27	28	29	30	31

2017年　平成29年

日／月	1	2	3	4	5	6	7	8	9	10	11	12	13	14	15	16	17	18	19	20	21	22	23	24	25	26	27	28	29	30	31
一　月	壁	奎	婁	胃	昴	畢	觜	参	井	鬼	柳	星	張	翼	軫	角	亢	氐	房	心	尾	箕	斗	女	虚	箕	室	室	壁	奎	婁
二　月	胃	昴	畢	觜	参	井	鬼	柳	星	張	翼	軫	角	亢	氐	房	心	尾	箕	斗	女	虚	危	室	壁	奎	婁	胃			
三　月	昴	畢	觜	参	井	鬼	柳	星	張	翼	軫	角	亢	氐	房	心	尾	箕	斗	女	虚	危	室	壁	奎	婁	胃	胃	昴	畢	觜
四　月	参	井	鬼	柳	星	張	翼	軫	角	亢	氐	房	心	尾	箕	斗	女	虚	危	室	壁	奎	婁	胃	昴	畢	觜	参	井	鬼	
五　月	柳	星	張	翼	軫	角	亢	氐	房	心	尾	箕	斗	女	虚	危	室	壁	奎	婁	胃	昴	畢	觜	参	参	井	鬼	柳	星	張
六　月	翼	軫	角	亢	氐	房	心	尾	箕	斗	女	虚	危	室	壁	奎	婁	胃	昴	畢	觜	参	井	鬼	柳	星	張	翼	軫	角	
七　月	亢	氐	房	心	尾	箕	斗	女	虚	危	室	壁	奎	婁	胃	昴	畢	觜	参	井	鬼	柳	鬼	柳	星	張	翼	軫	角	亢	氐
八　月	房	心	尾	箕	斗	女	虚	危	室	壁	奎	婁	胃	昴	畢	觜	参	井	鬼	柳	星	張	翼	軫	角	亢	氐	房	心	尾	箕
九　月	斗	女	虚	危	室	壁	奎	婁	胃	昴	畢	觜	参	井	鬼	柳	星	張	翼	角	亢	氐	房	心	尾	箕	斗	女	虚	危	
十　月	室	壁	奎	婁	胃	昴	畢	觜	参	井	鬼	柳	星	張	翼	軫	角	亢	氐	氐	房	心	尾	箕	斗	女	虚	危	室	壁	奎
十一月	婁	胃	昴	畢	觜	参	井	鬼	柳	星	張	翼	軫	角	亢	氐	房	心	尾	箕	斗	女	虚	危	室	壁	奎	婁	胃	昴	
十二月	畢	觜	参	井	鬼	柳	星	張	翼	軫	角	亢	氐	房	心	尾	箕	斗	女	虚	危	室	壁	奎	婁	胃	昴	畢	觜	参	井
月／日	1	2	3	4	5	6	7	8	9	10	11	12	13	14	15	16	17	18	19	20	21	22	23	24	25	26	27	28	29	30	31

2018年　平成30年

日／月	1	2	3	4	5	6	7	8	9	10	11	12	13	14	15	16	17	18	19	20	21	22	23	24	25	26	27	28	29	30	31
一　月	鬼	柳	星	張	翼	軫	角	亢	氐	房	心	尾	箕	斗	女	虚	虚	危	室	壁	奎	婁	胃	昴	畢	觜	参	井	鬼	柳	星
二　月	張	翼	軫	角	亢	氐	房	心	尾	箕	斗	女	虚	危	室	室	壁	奎	婁	胃	昴	畢	觜	参	井	鬼	柳	星			
三　月	張	翼	軫	角	亢	氐	房	心	尾	箕	斗	女	虚	危	室	壁	奎	婁	胃	昴	畢	觜	参	井	鬼	柳	星	張	翼	軫	角
四　月	亢	氐	房	心	尾	箕	斗	女	虚	危	室	壁	奎	婁	胃	胃	昴	畢	觜	参	井	鬼	柳	星	張	翼	軫	角	亢	氐	
五　月	房	心	尾	箕	斗	女	虚	危	室	壁	奎	婁	胃	昴	畢	觜	参	井	鬼	柳	星	張	翼	軫	角	亢	氐	房	心	尾	箕
六　月	斗	女	虚	危	室	壁	奎	婁	胃	昴	畢	觜	参	参	井	鬼	柳	星	張	翼	軫	角	亢	氐	房	心	尾	箕	斗	女	
七　月	虚	危	室	壁	奎	婁	胃	昴	畢	觜	参	井	鬼	柳	星	張	翼	軫	角	亢	氐	房	心	尾	箕	斗	女	虚	危	室	壁
八　月	奎	婁	胃	昴	畢	觜	参	井	鬼	柳	張	翼	軫	角	亢	氐	房	心	尾	箕	斗	女	虚	危	室	壁	奎	婁	胃	昴	畢
九　月	觜	参	井	鬼	柳	星	張	翼	軫	角	亢	氐	房	心	尾	箕	斗	女	虚	危	室	壁	奎	婁	胃	昴	畢	觜	参	井	
十　月	鬼	柳	星	張	翼	軫	角	亢	氐	房	心	尾	箕	斗	女	虚	危	室	壁	奎	婁	胃	昴	畢	觜	参	井	鬼	柳	星	張
十一月	翼	軫	角	亢	氐	房	心	心	尾	箕	斗	女	虚	危	室	壁	奎	婁	胃	昴	畢	觜	参	井	鬼	柳	星	張	翼	軫	
十二月	角	亢	氐	房	心	尾	斗	女	虚	危	室	壁	奎	婁	胃	昴	畢	觜	参	井	鬼	柳	星	張	翼	軫	角	亢	氐	房	心
月／日	1	2	3	4	5	6	7	8	9	10	11	12	13	14	15	16	17	18	19	20	21	22	23	24	25	26	27	28	29	30	31

2019年　平成31年

月＼日	1	2	3	4	5	6	7	8	9	10	11	12	13	14	15	16	17	18	19	20	21	22	23	24	25	26	27	28	29	30	31
一　月	尾	箕	斗	女	虚	虚	危	室	壁	奎	婁	胃	昴	畢	觜	参	井	鬼	柳	星	張	翼	軫	角	亢	氐	房	心	尾	箕	斗
二　月	女	虚	危	室	室	壁	奎	婁	胃	昴	畢	觜	参	井	鬼	柳	星	張	翼	軫	角	亢	氐	房	心	尾	箕	斗			
三　月	女	虚	危	室	壁	奎	婁	胃	昴	畢	觜	参	井	鬼	柳	星	張	翼	軫	角	亢	氐	房	心	尾	箕	斗	女	虚	危	室
四　月	壁	奎	婁	胃	胃	昴	畢	觜	参	井	鬼	柳	星	張	翼	軫	角	亢	氐	房	心	尾	箕	斗	女	虚	危	室	壁	奎	
五　月	婁	胃	昴	畢	畢	觜	参	井	鬼	柳	星	張	翼	軫	角	亢	氐	房	心	尾	箕	斗	女	虚	危	室	壁	奎	婁	胃	昴
六　月	畢	觜	参	井	鬼	柳	星	張	翼	軫	角	亢	氐	房	心	尾	箕	斗	女	虚	危	室	壁	奎	婁	胃	昴	畢	觜	参	
七　月	井	鬼	鬼	柳	星	張	翼	軫	角	亢	氐	房	心	尾	箕	斗	女	虚	危	室	壁	奎	婁	胃	昴	畢	觜	参	井	鬼	柳
八　月	張	翼	軫	角	亢	氐	房	心	尾	箕	斗	女	虚	危	室	壁	奎	婁	胃	昴	畢	觜	参	井	鬼	柳	星	張	翼	角	亢
九　月	氐	房	心	尾	箕	斗	女	虚	危	室	壁	奎	婁	胃	昴	畢	觜	参	井	鬼	柳	星	張	翼	軫	角	亢	氐	氐	房	
十　月	心	尾	箕	斗	女	虚	危	室	壁	奎	婁	胃	昴	畢	觜	参	井	鬼	柳	星	張	翼	軫	角	亢	氐	房	心	尾	箕	斗
十一月	女	虚	危	室	壁	奎	婁	胃	昴	畢	觜	参	井	鬼	柳	星	張	翼	軫	角	亢	氐	房	心	尾	斗	女	虚	危	室	
十二月	壁	奎	婁	胃	昴	畢	觜	参	井	鬼	柳	星	張	翼	軫	角	亢	氐	房	心	尾	箕	斗	女	虚	虚	危	室	壁	奎	婁
月／日	1	2	3	4	5	6	7	8	9	10	11	12	13	14	15	16	17	18	19	20	21	22	23	24	25	26	27	28	29	30	31

2020年　平成32年

月＼日	1	2	3	4	5	6	7	8	9	10	11	12	13	14	15	16	17	18	19	20	21	22	23	24	25	26	27	28	29	30	31
一　月	胃	昴	畢	觜	参	井	鬼	柳	星	張	翼	軫	角	亢	氐	房	心	尾	箕	斗	女	虚	危	室	室	壁	奎	婁	胃	昴	畢
二　月	觜	参	井	鬼	柳	星	張	翼	軫	角	亢	氐	房	心	尾	箕	斗	女	虚	危	室	壁	奎	婁	胃	昴	畢	觜	参		
三　月	井	鬼	柳	星	張	翼	軫	角	亢	氐	房	心	尾	箕	斗	女	虚	危	室	壁	奎	婁	胃	胃	昴	畢	觜	参	井	鬼	柳
四　月	星	張	翼	軫	角	亢	氐	房	心	尾	箕	斗	女	虚	危	室	壁	奎	婁	胃	昴	畢	畢	觜	参	井	鬼	柳	星	張	
五　月	翼	軫	角	亢	氐	房	心	尾	箕	斗	女	虚	危	室	壁	奎	婁	胃	昴	畢	觜	参	畢	觜	参	井	鬼	柳	星	張	翼
六　月	軫	角	亢	氐	房	心	尾	箕	斗	女	虚	危	室	壁	奎	婁	胃	昴	畢	觜	参	井	鬼	柳	星	張	翼	軫	角	亢	
七　月	氐	房	心	尾	箕	斗	女	虚	危	室	壁	奎	婁	胃	昴	畢	觜	参	井	鬼	鬼	柳	星	張	翼	軫	角	亢	氐	房	心
八　月	尾	箕	斗	女	虚	危	室	壁	奎	婁	胃	昴	畢	觜	参	井	鬼	柳	張	翼	軫	角	亢	氐	房	心	尾	箕	斗	女	虚
九　月	危	室	壁	奎	婁	胃	昴	畢	觜	参	井	鬼	柳	星	張	翼	角	亢	氐	房	心	尾	箕	斗	女	虚	危	室	壁	奎	
十　月	婁	胃	昴	畢	觜	参	井	鬼	柳	星	張	翼	軫	角	亢	氐	氐	房	心	尾	箕	斗	女	虚	危	室	壁	奎	婁	胃	昴
十一月	畢	觜	参	井	鬼	柳	星	張	翼	軫	角	亢	氐	房	心	尾	箕	斗	女	虚	危	室	壁	奎	婁	胃	昴	畢	觜	参	
十二月	井	鬼	柳	星	張	翼	軫	角	亢	氐	房	心	尾	箕	斗	女	虚	危	室	壁	奎	婁	胃	昴	畢	觜	参	井	鬼	柳	星
月／日	1	2	3	4	5	6	7	8	9	10	11	12	13	14	15	16	17	18	19	20	21	22	23	24	25	26	27	28	29	30	31

著者紹介

萩原敬子（はぎわら　けいこ）

東京日暮里に生まれ、京橋で育つ。

都立目黒高校時代、昭和三十五年度全国高校英語弁論大会で優勝。慶応義塾大学文学部文学科（英文学専攻）卒業。

神奈川県立小・中学校教諭として三十七年間勤務。特に会話を重視する実用英語教育に専念、効果を上げる。二〇〇三年退職。その間、欧米諸国を十数回視察し、英国に短期留学す。南ドイツ・ターベルタール公立高等学校（日本の大学教養学部に相当）校長C・シェルハース女史（音声・言語学者）と親交を結び、相互訪問して、外国語教育について意見を交換。

教員生活後半から運命学に関心を持ち、上住節子氏に師事して宿曜占法を学ぶ。ホームページ「上住節子有心庵・運命学講座」のデザインと英文「Study of Fortune」（宿曜占法英語版）の英訳を担当。

現在：宿曜師。ホームページデザイナーとして、数々のホームページを作成。

住所：〒一四五―〇〇六五　東京都大田区東雪谷二―一七―一―五〇五

著者紹介

前田康晴（まえだ　やすはる）

昭和三十三年一月二十八日・茨城県北茨城市生まれ。

二松学舎大学文学部中国文学科卒業。千葉大学大学院教育学研究科（国語教育専攻）修了。

専門分野：中国古代思想（論語・孟子・荀子・韓非子）
中国古代宗教学（詩経）・漢文教育

著作：新釈漢文体系『詩経』（上・中・下）・研究資料『漢文学・思想１』・『鮮やかな弁論術―孟子―』以上、明治書院。『１００の古典、１００のことば』・『日本のこころ、１００のことば』以上、分担執筆・明徳出版。高等学校教科書『国語総合』『古典』（明治書院）などの編集委員（執筆担当）。

現在：千葉県立高校教諭（国語科）。千葉県立高校初の課外授業として、「訪問介護員二級取得講座」を開設。
平成十八年度「文部科学大臣優良教員」受賞。

運命論に興味を持ち、上住節子氏に師事。それを教育の「場」における生徒に対するカウンセリングに用いる有効性についても研究中。最近は、漢文教育と漢文素材を基にした「教育論」の展開を模索している。

住所：〒二八八―〇八〇五　千葉県銚子市上野町二三八―一四

編著者紹介

上住節子（うえず　みせつこ）

東京京橋に生まれる。下谷根岸小学校、共立女子中学、山脇学園高等学校を経て、明治学院大学英文科、および（アメリカ）ジョージ・ワシントン大学大学院卒業。

元、玉川大学文学部外国語学科助教授。

アメリカ留学中、人間の運命に関心を持ち、以後、欧米、アジア、大洋州、中近東の約三〇ヵ国を訪ねて、運命学者や各種占術家と交友を結ぶ。

壬生台舜第二十六世浅草寺貫首の下で得度し「有心」の法名を戴く。

著書：『宿曜占法—密教占星術』（平成二年）、『宿曜占法Ⅱ—密教の星占い』（平成十一年）、『宿曜占法　本命宿早見表』（平成十一年）、『宿曜と法華経—宿曜占法開運法』（平成十五年）、『宿曜占法—人生喜怒哀楽』（平成十七年）以上、大蔵出版。『算命占法・上』（平成十四年）、『算命占法・下—占技秘解』（平成十四年）以上、東洋書院など。

現在：運命学の実践的アドバイザー。『宿曜占法新聞』発行者。宿曜占法の講座・講演などに従事。

住所：〒一〇四-〇〇三一　東京都中央区京橋二-一一-一二　上住ビル5F

上住節子有心庵ホームページ：http://www.bt.din.or.jp/~yushin/

宿曜占法で子供を育む

2007年 7月30日　初版第1刷発行

編著者　上住節子

発行者　青山賢治

〒113-0033 東京都文京区本郷3-24-6
本郷サンハイツ404

発行所　大蔵出版株式会社

TEL. 03-5805-1203　FAX. 03-5805-1204
http://www.daizoshuppan.jp/

装幀　(株)ニューロン

印刷・製本　(株)厚徳社

ISBN978-4-8043-3066-2 C0039

栄　親

友　衰

危　成

安　壊

命業胎